美国体育专业认证制度研究

贾明学 著

人民体育出版社

图书在版编目（CIP）数据

美国体育专业认证制度研究 / 贾明学著. --北京：人民体育出版社，2021
 ISBN 978-7-5009-6053-9

Ⅰ.①美… Ⅱ.①贾… Ⅲ.①高等学校-体育专业-认证-制度-研究-美国 Ⅳ.①G817.125

中国版本图书馆 CIP 数据核字（2021）第106323号

*

人 民 体 育 出 版 社 出 版 发 行
北京中献拓方科技发展有限公司印刷
新 华 书 店 经 销
*
880×1230 32开本 9.5印张 240千字
2021年9月第1版 2021年9月第1次印刷
*
ISBN 978-7-5009-6053-9
定价：45.00元

社址：北京市东城区体育馆路8号（天坛公园东门）
电话：67151482（发行部） 邮编：100061
传真：67151483 邮购：67118491
网址：www.sportspublish.cn
（购买本社图书，如遇有缺损页可与邮购部联系）

前　言

本科教育是我国高等教育体系的主体部分，担负着为国家培养高层次、高素质人才的重要任务，本科教育质量在一定程度上代表了一个国家科学技术和经济竞争的能力和水平。作为我国高等教育组成部分的体育本科教育，在"科教兴体""体育强国"和"健康中国"战略实施中发挥着不可替代的作用。随着我国高等教育规模的持续扩大，如何提高体育本科专业教育质量，如何促进体育专业教育的健康发展，这些问题都需要进行深入研究。

专业认证是国际高等教育质量保障的主要形式，随着我国"六卓越一拔尖"计划2.0的实施、《高等学校体育学类本科专业教学质量国家标准》的颁布及师范类专业认证的推进，专业认证必将成为今后我国体育学类本科专业教育质量保障的主要形式。因此，如何构建一套科学合理的体育专业认证体系就成为目前亟待解决的问题。美国是世界高等教育强国，也是世界体育强国，美国高等体育院校不仅培养出了世界一流的教练员和运动员，也培养出了适合社会不同行业发展需求的体育专业人才。美国高等体育专业教育成绩的取得，与其长期形成的体育专业认证制度密不可分。

本书以美国体育专业认证制度为研究对象，围绕"认证什么""谁来认证""如何认证"3个问题，对美国体育教师教育、教练教育、体育管理和运动科学4个专业的认证体系展开论述；从法律依据、组织机构、质量标准和实施流程4个要素入手分析美国体育专业认证的成功经验，并结合我国国情提出有针对性的建议，以期为我国体育专业认证制度的建立提供借鉴。

全书共分6章。第一章为绪论，包括研究背景、研究意义，探讨了体育专业、专业认证、认证制度等相关概念，为本研究限定了研究范围。在此基础上对国内外相关文献进行综述，指明了研究目的和研究方法。第二章为美国体育教师教育专业认证制度，分析了体育教师教育专业认证历程、专业认证标准体系和专业认证过程，总结了美国体育教师教育专业认证制度的特点，并结合我国体育教育专业认证实施提出了优化策略。第三章为美国教练教育专业认证制度，分析了教练教育专业认证的背景和历程、专业认证标准体系和认证过程，总结了美国教练教育专业认证的特点。第四章为美国体育管理专业认证制度，分析了美国体育管理专业认证的发展历程、认证标准体系及其具体内容、认证程序，总结了美国体育管理专业认证的特点。第五章为美国运动科学专业认证制度，分析了美国运动科学专业性质及其认证特征、不同认证机构的关系、认证标准体系内容、专业认证流程，总结了美国运动科学专业认证的特点，提出了完善我国运动康复专业建设的建议。第六章为美国体育专业认证制度的借鉴与启示，系统总结美国体育专业认证的经验，分析我国体育专业认证实施的背景和意义，从法律法规、激励政策、组织机构、质量标准、专家组建、认证流程等方面提出体育专业认证制度的构建途径。

客观审视我国体育学类本科专业教学改革的现状，在吸收国外体育专业认证制度有益经验的基础上，按照专业认证的基本要求和行动逻辑推动我国体育学类本科专业教学改革是必然趋势。在我国师范类专业认证实施背景下，本书抛砖引玉，期望能够尽快构建具有中国特色的体育学类专业认证制度。

鉴于水平有限，加之时间紧迫，书中不可避免地存在诸多不足之处及需要改进完善的地方，敬请各位专家、学者批评指正。

著者

2021年5月于温州

目 录

第一章 绪论 …………………………………… （1）

第一节 问题提出与研究意义 …………………… （1）

第二节 认证背景与核心概念 …………………… （5）

第三节 相关文献综述 …………………………… （15）

第四节 研究目的与方法 ………………………… （25）

第二章 美国体育教师教育专业认证制度 ………… （27）

第一节 美国体育教师教育专业认证发展历程
………………………………………… （27）

第二节 美国体育教师教育专业认证标准 ………… （34）

第三节 美国体育教师教育专业认证过程 ………… （54）

第四节 美国体育教师教育专业认证的特点与启示
………………………………………… （74）

第三章　美国教练教育专业认证制度 ……………（83）

第一节　美国教练教育专业认证的历史沿革 ………（83）

第二节　美国教练教育专业认证标准体系 …………（92）

第三节　美国教练教育专业认证过程 ………………（122）

第四节　美国教练教育专业认证制度的特点与启示

………………………………………………（128）

第四章　美国体育管理专业认证制度 ……………（136）

第一节　美国体育管理专业认证的历史沿革 ………（137）

第二节　美国体育管理专业认证标准体系 …………（140）

第三节　美国体育管理专业认证程序 ………………（157）

第四节　美国体育管理专业认证的特点与启示 ……（161）

第五章　美国运动科学专业认证制度 ……………（173）

第一节　美国运动科学专业认证简析 ………………（173）

第二节　美国运动科学专业认证标准 ………………（176）

第三节　美国运动科学专业认证程序 ………………（201）

第四节　美国运动科学专业认证的特点与启示 ……（224）

第六章　美国体育专业认证制度的借鉴与启示……（234）

第一节　美国体育专业认证经验总结 …………（234）
第二节　我国体育专业认证制度的构建 …………（246）

参考文献 ……………………………………………（272）

第一章 绪论

第一节 问题提出与研究意义

一、问题提出

20世纪80年代以来,随着世界高等教育的发展由精英教育向大众教育进而向普及教育迈进,高等教育质量成为学界和各国政府教育改革普遍关注的焦点问题。因此,如何适应高等教育规模快速增长的要求进行战略选择,进而建立一个合理、透明、高效的高等教育质量保障机制,已经成为各国政府迫切需要解决的问题之一。相对于其他国家而言,教育质量保障机制的建立对中国有更为显著的意义。中国在20世纪末走上了高等教育快速发展的道路,30多年来,我国高校大学生在数量上已经发展到了一定水平,但教育质量经常受到社会的批评和质疑,社会对高等教育在量和质两个方面都提出了新的要求。因此,如何建立新的高等教育质量保障机制,是目前我国政府、学校和社会等各方面都非常关注并迫切需要解决的问题。

教育是国家发展和民族振兴的基石,一个国家只有拥有一流的教育,才能具有一流的实力,才能成为真正的世界强国。同时,教育也是建设体育强国的基础,这已经在实践中得到充分证实。美国、德国、俄罗斯等国家在建设世界体育强国的同时,也拥有一流的高等体育专业教育。美国是高等教育强国,也是世界体育强国,经济实力雄厚,科技先进,其高水平运动成绩的取得与在高等教育体系下培养高素质体育专业人才密不可分。同时，美国高等体育本科专业教育在建立适应社会需求的人才培养模式上，已经成为世界各国效仿的榜样。由此可见，高质量的体育专业教育是实现体育强国战略的关键所在，而体育本科专业教育是高等体育教育的基础和核心，在整个人才培养过程中具有无可替代的重要地位。站在新的历史起点，我国体育本科专业教育必须主动适应全面建设体育强国战略的需要，通过培养高质量的体育专业人才，努力推动从体育大国向体育强国的转变，这是国家和民族的选择，也是高等体育学类本科专业教育自身的选择。

在我国体育专业教育取得巨大成绩的同时，我们也必须清醒地认识到，我国目前的体育专业教育质量与国家战略对体育事业发展的要求还存在着相当大的差距。长期以来我国体育本科专业人才培养主要以体育师资和运动员为主，而且受到过去计划经济体制的影响，体育学类本科专业在培养目标、课程体系、评价机制、培养模式上都呈现出一定程度的单一性，这与大众化背景下高等教育的多样化发展要求不相适应，与社会和经济发展对高层次、多类型的体育专业人才的需求不相符，与建设体育强国的要求不相适应。据麦可思对中国大学生就业调查显示，体育教育专业分别在2010、2012、2013年被列为就业率较低、月收入较低且就业满意度较差的专业[1]。社会体育指导与管理专业的毕业生工作与专业对口率在2011年以34%位列倒数第三，2010年以46%位列倒数第七，2009年以40%位列倒数第三。毕业生月薪低于全国水平，半年内离职率高达35%[2]，运动训练专业毕业生工作与专业对口率位列倒数第六（43%）。2014年10月，教育部公布了2012年和2013年15个就业率较低的本科专业名单[3]，其中社会体育指导与管理专业为倒数第四。从以上数据可以看出，随着招生规模的扩大，我国体育本科专业毕业生在就业率、工作对口率、月薪等方面都呈下降趋势，而这种趋势与教育质量有直接关系。有鉴于此，有必要学习和借鉴发达国家高等体育专业教育质量保障的有益经验，提高我国体育本科专业教育质量，以满足社会对高等教育发展的期望，这也是我国体育本科专业教育实现可持续发展的必然选择。

美国是世界高等教育强国，其完善的认证制度有效地保障了高等教育质量，美国教育认证可分为院校认证、专业认证和机构认证三种类型，三种认证方式的对象各不相同。其中，专业认证直接面向人才培养的院系，对专业师资、课程设置、教学管理、教学文件、学生等方面进行评估。体育专业教育是美国高等教育的重要组成部分，体育专业认证制度有力地保障了美国体育专业人才培养质量，并为美国体育强国建设奠定了基础。因此，在我国高等教育大众化和普及化的发展阶段，我们应该借鉴美国体育专业认证的有益经验，以提升我国高等体育专业教育质量，并促进我国体育强国建设目标的最终实现。

二、研究意义

对美国体育专业认证制度进行研究，有助于拓宽我国高等教育质量保障研究的范围，提高理论研究水平；同时，对于推动我国体育本科专业认证制度的有效实施也具有重要作用。具体来说，主要体现在以下两个方面。

（一）理论意义

首先，拓宽了高等教育质量保障研究的范围。高等教育是一种专业教育，不同专业的教育质量保障体系各有特色。体育专业作为高等教育的组成部分，以突出的实践性区别于其他专业。通过对美国体育专业认证制度的分析，探讨不同体育专业认证制度发展的演化过程、动力机制、构成要素、运行机制和功能价值，总结其体育专业认证制度的特征，无疑会拓宽高等教育质量保障研究的视域，丰富我国高等教育质量保障研究的理论体系。

其次，推动了体育本科专业教育质量研究的深入发展。自我国高等学校本科教学工作水平评估计划实施以来，体育本科专业教学质量的研究日益丰富，无论是对具体专业教学质量现状的调查分析，还是对体育专业院校教学质量保障体系的构建，学者们都进行了深入研究。然而，目前我国对国际通用的体育专业认证制度的研究成果还比较少见，现有的研究也仅是对体育教师教育专业认证标准的分析。因此，本书通过对美国不同体育专业认证制度的分析，总结美国体育专业认证的有益经验，进而推动我国体育本科专业教育质量保障研究的纵深发展。

（二）实践意义

首先，该研究有助于认识我国体育学类本科专业教育中存在的问题。本科教育是整个高等教育体系的基础和关键，目前我国体育学类本科专业教育在培养目标、课程体系、专业师资、教材教法、培养模式、评价机制等方面都存在一定的问题，这在很大程度上影响和制约了体育学科的发展及高质量体育专业人才的培养。因此，本文在分析美国体育专业教育及其认证制度现状的基础上，结合我国国情，对我国体育专业教育提出有针对性的建议，这对纠正体育专业教育实践中存在的诸多偏差具有重要的现实意义。

其次，有利于我国体育专业认证体系的建设。目前，我国尚未建立针对体育专业的认证评估机构，也没有形成全国性的体育专业认证体系。通过对美国体育本科专业认证制度的研究，可以了解发达国家体育专业认证制度的优势和特色，这为我国体育专业认证体系的构建提供了有益的国际经验。

第二节 认证背景与核心概念

一、美国体育专业认证实施背景

高等体育专业教育是美国高等教育体系的重要组成部分，美国的高等体育院校不仅培养出了世界一流的体育专家和运动员，也培养出了适应社会不同行业发展需求的体育专业人才。美国高等体育专业教育成绩的取得，与其长期形成的以专业认证为特色的高等体育专业教育质量保障体系密不可分。

（一）体育专业招生规模持续扩大

在美国，体育学是一门研究身体活动及其对健康、社会、生命质量产生影响的学科。近年来，许多美国大学生为了能够从事与健康及医学相关的各类职业，能够在体适能、健康促进、体育教师教育、休闲管理、运动训练等领域内就业，选择了攻读体育学类本科专业。因此，体育学类专业是美国高等教育中发展速度较快的一个专业类别。体育学吸收并整合了其他学科的知识体系，其学科基础逐渐扩大，专业应用领域不断扩展，在强大的基础学科支撑下，体育学解决了许多社会关注的重大问题，满足了社会发展的需要，吸引着越来越多大学生选读该专业。

2014年，加州州立大学有超过11300名学生选修体育学类专业课程，2009年，选修体育学专业的学生人数占总学生人数的6.5%，而五年间这一比值已经增长了50.5%，达到了9.8%。其他州也存在这样的情况，对体育学专业感兴趣的学生越来越多。2006年，美国国家科研理事会正式把体育学作为生命科学的一个分支学科，这标志着体育学作为一个整体学科得到了国家的认可。体育学成为科学研究领域所认可的学术专业领域，对美国体育专业的发展具有极大的促进作用，标志着美国体育专业研究领域进入了一个新的发展阶段，同时，也必将促进体育专业招生规模的进一步扩大。

（二）体育学类专业种类不断增加

1861年7月，美国人迪奥·里维斯在波士顿创办的体育师范学校是美国历史上第一所体育专业院校，它的成立标志着美国体育专业教育的开始[4]。此后，美国陆续开设了一些体育院校，如1881年萨金特创办的萨金特体育学校[5]和1885年大卫·亚伦·李德牧师在马萨诸塞州创办的春田学院[6]等，这些学校以培养体育师资为主。20世纪初，美国多所高等院校设置了两年制的体育教育课程和4年制的体育学士课程，截至1920年美国已有28所高等院校设置了体育专业[7]。20世纪70年代以后，随着美国经济下滑，联邦政府对高等教育的投资下降，经费不足限制了体育院校的发展，以培养体育师资为主的体育院校不得不进行改革。因此，许多高校开设了非师范类体育专业，截至1987年开设非师范类体育专业的体育院校达到了75%[8]，开设较多的专业有体育管理、运动医学、体育新闻、运动科学、运动学等[9]。随着高等教育的发展、人口结构的变化和体育产业的发展，美国出现了许多新型的体育专业，以适应社会对体育专业人才的需求。据张大超2015年对美国9所高校体育学院专业设置的统计，开设较多的专业有职前体育教师教育、公园娱乐管理、人体运动心理学、科学运动训练、运动生理学、体育管理、运动营养、运动医学、适应体育教育、运动生物力学、舞蹈、体育传播、体育新闻等专业[10]。

进入21世纪，美国高等教育新设学科专业大量涌现，经历了"实质性增长"和"反应性增长"[11]两个阶段后，形成了比较成熟的学科专业管理体制，构建了完善的学科专业目录（Classification of Instructional Programs，简称CIP）。根据2010年第4版学科专业目录统计数据显示，美国体育专业学科群由1990年的5个增加到2000年的6个，再到2010年的7个。与学科群的变化相对应，美国体育学科数量也存在逐渐增加的趋势，由1990年的9个增加到2000年的11个，再到2010年的14个。在学科群和学科变化的影响下，美国体育专业也不断调整，整体呈现增加趋势（表1-1）。

表1-1　美国3版CIP体育专业数量及名称变化对比一览表[12]

CIP-1990（18）	CIP-2000（18）	CIP-2010（26）
12.0204裁判员与体育指导员	13.1307健康教师教育	09.0906体育传媒◆
13.1307健康教师教育	13.1314体育教师教育和体育教练	13.1307健康教师教育
13.1314体育教师教育和体育教练	26.0908运动生理学◆	13.1314体育教师教育和体育教练
31.0101公园休闲娱乐研究	31.0101公园休闲娱乐研究	26.0908运动生理学
31.0301公园休闲娱乐设施管理	31.0301公园休闲娱乐设施管理	31.0101公园休闲娱乐研究
31.0501体育与健康（综合）	31.0501体育与健康（综合）	31.0301公园休闲娱乐和设施管理（综合）
31.0502适应体育/娱乐疗法	31.0504运动健康管理	31.0302高尔夫球场经营与管理◆
31.0504运动健身管理	31.0505运动机能学和锻炼科学	31.0501体育与健康/健身（综合）
31.0505锻炼科学/生理学和运动研究	36.0101休闲娱乐活动（综合）	31.0504运动健身管理

7

（续表）

CIP-1990（18）	CIP-2000（18）	CIP-2010（26）
31.0506体育社会心理学研究	36.0108运动与锻炼	31.0505运动机能学和锻炼科学
36.0101休闲娱乐活动（综合）	36.0109旅行探险	31.0507健身教练◆
36.0108运动与锻炼	51.0913 运动训练/运动医师◆	31.0508运动研究◆
36.0109旅行探险	51.2302舞蹈治疗/舞蹈治疗师	31.0601户外运动教育◆
31.0503运动训练和运动医学	51.2311运动治疗/运动治疗师◆	36.0101休闲娱乐活动（综合）
51.2302舞蹈治疗	51.2309娱乐疗法/休闲治疗	36.0108运动与锻炼
51.2309休闲治疗	51.3601 动作治疗和动作教育	36.0109旅行探险
51.2304动作治疗	51.3602 瑜伽教师培训/瑜伽治疗◆	51.0001健身健康（综合）◆
51.2961运动医学住院医师	60.0261运动医学	51.0913运动培训/运动培训师
		51.2302舞蹈治疗/舞蹈治疗师
		51.2311运动治疗/运动治疗师
		51.2309娱乐疗法/休闲治疗
		51.2314康复科学◆
		51.3601动作治疗和动作教育
		51.3602瑜伽教师训练/瑜伽治疗
		60.0546运动骨科医学◆
		60.0577运动医学住院医师◆

注：（1）"◆"为新增学科专业；（2）不同版本内相同代码的专业，其名称可能会有变化。

如表1-1所示，美国学科专业目录收录的体育专业数量明显增加。与2000年相比，2010年CIP增设了体育传媒（09.0906）、高尔夫球场经营与场地管理（31.0302）、健身教练（31.0507）、运动研究（31.0508）、户外运动教育（31.0601）、健身健康（综合）（51.0001）、康复科学（51.2314）、运动骨科医学（60.0546）、运动医学住院医师（60.0577）9个体育类专业，在数量上呈现明显的扩大趋势。此外，美国体育类专业主要集中在特种学科教师教育、生理病理学及相关科学、公园休闲娱乐研究、公园休闲娱乐设施管理、体育与健康、公园休闲娱乐健身、休闲娱乐活动、综合医疗诊断与治疗、动作身心治疗教育、康复治疗、医学医师11个学科中，从中可以看出，美国体育专业主要集中在4个母体学科内，即教师教育、休闲娱乐、康复治疗和运动医学。

美国运动学协会官网公布的最新数据显示，全美共有879所大学设有体育学院（系），这些体育院系开设专业的名称不统一，表1-2为美国运动学协会公布的30种与体育相关的职业。这些职业主要分布在六个领域内，即新闻、商业、医学、训练、学校和康复。大学有专业设置的自主权。体育专业的设置主要根据市场需要，社会有什么职业需求，大学就开设什么专业。因此，与30种体育专业职业相适应，目前美国大学设置的体育专业类型至少有30个。

表1-2 美国运动学相关职业分类统计表[13]

类别	职业名称	数量
新闻	体育节目主播、体育记者、体育信息主管	3
商业	商业健身中心的教练或总监、度假酒店健身中心体育总监、体育营销、体育管理	4
医学	娱乐治疗师、注册护士、呼吸治疗师、医师、职业治疗师、医师助理	6

(续表)

类别	职业名称	数量
训练	教练员、青年训练营主任、体能教练、运动学专家、水上运动主管、生物力学家、运动生理学家、私人教练、运动心理学家	9
学校	适应身体活动、学校运动管理、体育教师	3
康复	运动伤害防护员、心脏康复专家、按摩治疗师、流行病学体力活动康复专家、理疗师	5

（三）体育专业认证日益完善

在美国与体育专业领域直接相关的认证机构有6个，包括国家教师教育认证委员会/全国体育运动委员会、运动训练教育认证委员会、北美体育管理委员会、教练教育全国认证委员会、锻炼科学认证委员会、美国运动生理学家协会。这六个体育专业认证机构负责对美国600多个体育专业进行认证，这些专业主要分布在运动训练、体育教师教育、休闲体育管理、运动人体科学等领域。值得注意的是，与美国教师教育认证委员会相关的所有专业都已经通过了美国教师教育认证委员会的电子综合认证。以前接受全国教师教育认证委员会认证的专业，以后将接受新的电子审查认证[14]。

认证是一项为提高教育质量进而对高等教育机构和专业进行审查的活动。认证对保障美国体育专业教育质量起到了积极的促进作用，但是许多专家也认识到了认证过程存在着一些缺陷。根据美国学者阿灵顿、泽克纳和美国高等教育认证委员会等专家和机构的总结，学界对认证过程的批评主要包括以下几个方面：一些机构需要认证，但它们并非出于自愿；公众和选民对认证没有深入的理解；申请认证的机构普遍认为认证具有封闭性；申请认证的机构普遍认为认证具有"勾选"心态；认证标准不统一，并且限制了专业自主权和创造性；认证过程耗时、昂贵，它背离了为学院和学生提供更好服务的宗旨；与认证相关的系统部门目前已经无法起到促进专业提升的作用；认证过程的有效性过于依赖领导；认证机构数量过度增加。值得注意的是，专业认证对学生的学习结果和学习效率产生了影响，而现在缺乏这方面的研究[15][16]。

有些专家认为，认证过程需要动用过多的人力和物力，而且认证次数过于频繁，一个部门或专业在通过认证审查之后，必须马上准备下一次的认证审查。如普渡大学体育健康学院教授托马斯·丹普林指出："完成教师教育认证委员会要求的每一项任务都需要花费大量时间，这比用于科研和教学的时间还要多，负责搜集认证数据的工作人员要花费几千个小时整理数据。普渡大学的认证报告长达100多页，而且还需要附录电子和硬件拷贝文件，认证报告后还需附上100多页的评估答辩资料。"此外，教育专家肯·蔡科纳指出，按照现有标准对体育教师教育机构的课程进行调整，以及精心准备复杂的认证过程需要花费数千美元（学院往往额外增加数十万美元），如果把这些钱用于加强学院合作、促进专业发展、增加教师工资、资助贫困学生、进行教学改革，那么，与现在高度理性化的认证系统相比，教学效果可能会更好，学院收益也会更大[17]。

虽然体育专业认证制度存在各种问题，但是认证制度对保障美国体育专业教育质量起到了积极促进作用，因此，如何对认证加以改进就成了人们关心的问题。一方面，有观点认为其他内部和外部的专业审查形式同样可以起到认证的作用，如乔治亚州立大学体育教师教育学院13年来一直对其专业实行长期的、以科研为基础的、综合的内部评估。虽然没有通过全美教师教育认证委员会的认证，但专业发展得也相当不错[18]。另一方面，从研究的视角来看，除了认证结果，人们需要更多的认证数据和信息，这样才能提高认证的影响力和公信力。

经过长期的发展，美国已经形成了以认证制度为核心的体育专业教育质量保障模式，虽然美国体育专业认证制度仍存在缺陷，但是总体来说，认证制度有效地促进了美国体育专业教育质量的提升。

二、核心概念

概念的界定是研究的起点，任何一门学科的理论建设都是通过一个个基本概念的揭示来总结其科学的认识成果。在研究体育专业认证制度的制定和实施之前，我们需要先对体育专业、专业认证、认证制度三个基本概念进行界定。

（一）体育专业

从教育学的角度来看，"专业是依据社会的专业化分工和明确的培养目标，设置于高等学校（及其相应的教育机构）的教育基本单位"。《辞海》对专业的界定为："高等学校或中等专业学校根据社会专业分工需要所分成的学业门类"。在西方语境中"专业"对应于program、major、specialty等词汇，是依据确定的培养目标设置于高等学校（及其相应的教育机构）的教育基本组织形式。我国高校"专业"的划分不仅依据社会职业的发展和变化，更多的是根据学科分类进行的。说到底，我国传统话语体系里所谓的"专业教育"只是一种专门化的分科培养方式[19]。

"专业"与"职业"是两个紧密相关的词语，相对于"职业"来说，"专业"以是否接受过高等专门教育为标志，为了掌握某一领域的知识和技能，相关专业的从业者必须经过长期的教育与训练，包括高级水平的普通教育与训练，以及专门的教育与训练，而且这种训练往往是在大学里进行的。由此可见，专业是根据学校性质、学科分类和国家建设需要设置于高等院校内的学业门类，各专业都有独立的教学计划，以体现专业的培养目标。高校专业实质上是一种特殊的制度安排，是分门别类进行高深专门知识教学活动的实体单位。

高等教育本质上是一种专业教育，体育专业是高等教育专业门类中的一种。从大学职能角度来看，体育专业根据社会分工设置于高等教育内部，用于传授体育科学知识、培养体育专门人才，进而增进社会服务。依据教育部2011年下发的《学位授予和人才培养学科目录》来看，我国共设有12个学科门类、92个专业类、506种专业，体育学类本科专业属于教育学科门类之下，其中包括体育教育、运动训练、社会体育指导与管理、武术与民族传统体育、运动人体科学5个基本专业，以及休闲体育、运动康复2个特设专业。

（二）专业认证

美国高等教育认证委员会（Council for Higher Education Accreditation，简称CHEA）认为，"认证是高等教育为了教育质量保证和教育质量改进而详细考察高等院校或专业的外部质量评估过程"，这是一个过程性定义。美国联邦教育部（the United States Department of Education，简称USDE）认为，"认证是认证机构颁发给高校或专业的一种标志，证明其现在和可预见的未来能够达到办学宗旨和认证机构规定的办学标准"，这是一个状态性定义。由此可见，我们可以将认证看作一个过程，又可以将其视为一种状态。认证过程是按照认证标准评估学校或专业的教育质量及质量的持续改进，认证状态则是提供学校或专业达到认证标准的事实或结果。

"专业认证"的英文表述是specialized/professional programmatic accreditation，直译成中文应该是"专门的/专业性的教学计划的认证"。与院校认证是为了证明整所学校的教育质量不同，专业认证的对象是专业性的教学计划，即关注那些被公认为进入某特定专业或职业做准备的教育计划（区别于普通的文理教育教学计划）的质量。主要由非政府性质的院校、专门职业和特定领域的专业人员联合会等，对达到或超过既定的教育质量标准的专门职业性教学计划进行认证，并协助专门职业性的教学计划进一步提高教育质量[20]。

院校认证始于教育行业协会，把高校作为一个整体进而对其教育质量进行综合评估。与院校认证不同，专业认证由专业协会发起，由专业认证机构对高校专业或专业教育计划实施专门性认证。院校认证与专业认证相互补充，院校认证注重学校整体，保障基础教育和通识教育的质量，它虽然也考察学校设置的专业课程，但并不注重专业课程的具体要求；专业认证注重于学生就业相关的素质和能力要求，旨在确保专业教育达到社会对专业人才的需求，并且专业认证通常与相应职业资格证书的获取密切相关。

（三）认证制度

制度是制度分析方法的理论基石和逻辑起点。在新制度主义的理论框架中，制度被理解成一系列的规则、组织和规范等，制度经济学派代表人物约翰·康芒斯认为，制度是集体行动控制个人的一系列行为准则和标准[21]。制度被视为一种行为规范，其核心是规则，而规则本身是一种共同的知识，社会成员通过遵守它来弥补理性的不足，从而尽可能地减少决策的失误[22]。美国经济学家诺斯认为，制度提供一系列规则，其中包括3个基本要素，即国家规定的正式规则、社会认可的非正式规则、实施机制。

正式规则是人们有意识建立起来的、以正式方式加以确定的各种制度安排，包括政治规则、经济规则和契约，以及由这一系列规则构成的一种等级结构，具有强制性特征。非正式规则是指人们在长期的社会生活中逐渐形成的风俗习惯、伦理道德、文化传统、价值观念和意识形态等对人们行为产生非正式约束的规则，是那些对人的行为的不成文限定，是与法律等正式制度相对应的概念。无论是正式规则还是非正式规则都面临着实施问题，离开了实施机制，任何制度尤其是正式规则就形同虚设。

基于以上对制度的理解，认证制度是有关认证的一种共同认识，是以教育质量为依据，确定专业认证生存和发展的行为规则体系，是外部独立机构对高等院校或教育培养单位人才培养质量的评审活动。认证制度也包括3个组成部分，一是正式规则，即明文规定的、由认证机构强制贯彻执行的规则，如认证机构的组织宪章、认证政策等；二是非正式规则，即存在于人们意识之中的、认证活动中形成的、彼此认同的关于认证的认识或看法，包括认证的价值观念、伦理规范、道德观念等；三是实施机制，主要是对认证相关利益主体进行奖励或惩罚等执行认证制度的一系列机制。

第三节 相关文献综述

一、国外研究综述

（一）专业认证制度的起源与特征研究

专业认证最早起源于美国，从1885年第一个"前认证组织"新英格兰学校协会成立至今，美国高等教育认证制度已经走过了130余年的历程。1909年，在卡内基教学促进基金会的协助下，中北部院校协会制定了高校认证标准，这被认为是现代意义上美国首次的高等教育认证[23]。约翰·希泽认为，高等教育质量认证是外部组织根据一套质量标准和程序，对高校进行质量监控、审计和评估，并向学生和其他利益相关者保障高等教育质量、提供相关信息的过程。美国高等教育认证委员会主席朱迪思·伊顿博士指出了美国高等教育专业认证机构的范围、类型、认证目的，以及政府与认证机构之间的关系,并认为美国高等教育认证源于对公众健康和安全的关注并服务于公众利益[24]。英格兰院校协会高等教育委员会副主任帕特里夏·奥布赖恩教授认为美国认证制度的形成不仅深受美国文化价值观的影响,而且直接反映了美国的文化价值观,如认证中的志愿者、自我改进、追求目标实现、解决实际问题等[25]。美国学者特里·哈特尔认为近20年联邦政府对认证的干预呈明显上升趋势,未来有可能朝着增加政府的宏观管理、切断两者间的联系、增强认证的可信度和价值三个不同方向发展[26]。

美国高等教育认证制度在这一百余年里形成了名目繁多的认证机构,在长期的发展过程中,该制度及其实施日趋完善。从认证机构类型上来看,美国高等教育认证机构可分为院校认证和专业认证,从区域来看,可分为全国性认证机构和区域性认证机构。其认证机构体系框架如图1-1所示[27]。

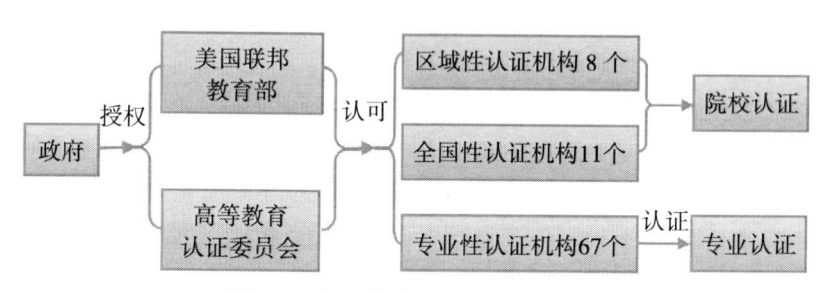

图1-1 美国高等教育质量认证体系

从图1-1可以看出,美国高等教育认证机构必须通过美国联邦教育部或高等教育认证委员会的认可才有资格对院校或专业进行认证。

(二)专业认证制度的国际比较研究

国外不仅有专业期刊《高等教育质量保障》定期刊发教育认

证方面的文章，而且许多学者出版专著对高等教育认证制度进行研究，如由美国中学后教育认证委员会主席肯尼斯·杨于1983年编写的《理解认证：现代教育质量评价的理论和实践观点》一书讨论了认证的基本问题，介绍了认证发挥作用的方式，认证对高等教育机构、学生、从业人员和政府机构的影响，认证实践的目标、程序和存在的问题，认证机构与高校之间的协调与合作等[28]，该书对美国高等教育认证具有重要的指导意义。澳大利亚学者艾尔姆1992年出版的《高等教育质量保障》一书考察了不同国家的高等教育质量保障体系，并对该体系的国际发展进行了展望，为高等教育认证制度研究提供了多个不同的视角[29]。英国学者杰罗德1998年出版的《高等教育质量保障：一个国际的视角》一书以美国、英国、新西兰、西班牙等几个西方发达国家为对象，研究了这些国家高等教育质量保障的政策和内容，并详细论述了相关国家教育认证的运行机制[30]。国际经济合作与发展组织2004年出版的《高等教育质量与认可》一书介绍了美国、日本、加拿大、澳大利亚四个国家的高等教育质量保障和认证制度。美国学者何塞·库托伊尔（2006）对美国、印度尼西亚、南非等9个国家的医疗培训专业认证实践进行了比较研究，认为印度尼西亚、南非等发展中国家的认证系统和西方发达国家的认证系统相似，都包括明确的认证标准、认证程序，然而两者的设立背景不同，发展中国家认证机构的设置是政府立法干预下的结果，发达国家认证是第三方机构促进教育质量提升的机制结果[31]。德国学者道尔夫·威斯特迪恩2007年出版的《高等教育质量保障：管理、规范与转型的趋势》一书选取了美国和南非等七个国家的高等教育质量保障体系进行研究，分析了世界高等教育质量认证的发展趋势，评估了各国高等教育质量认证制度的实施效果[32]。英国学者穆汉德（2009）从使命、历史、管理、运作、认可、价值、资金来源等多个方面对美国、英国、埃及的高等教育认证系统进

17

行了深入的比较研究，结果表明，各国的认证标准存在着细微差异，但仍在很多方面存在着显著的相似性[33]。

（三）专业认证制度的功能作用研究

对专业认证制度的功能作用进行研究，主要从高等教育认证对不同群体的价值和功能角度进行分析，如美国学者杨·珂·普罗莱特（1983）和美国国际教育质量保障中心主任马乔里·莱昂（1994）等对专业认证在高等教育中的地位和作用进行了研究，他们认为专业认证质量标准可有效保障公众、学校和学生的基本利益，并可通过持续的专业自评、专家评审、咨询和服务来提高专业教学质量[34][35]。美国学者桑德拉·迈尔斯（2005）认为美国高等教育认证对高校管理者、教育者、董事会成员、学生、社区和纳税者都具有重要的价值。同时，他还认为美国高等教育认证制度在高等教育内部、高等教育与政府之间、高等教育与社会之间具有多重功能[36]。美国学者戈拉尔（2007）对高等教育认证委员会在抵制"文凭作坊"方面所制定的措施进行了分析，具体包括建立有效的识别工具、阻止资金流入、进行有针对性的教育等[37]。美国学者辛吉·米尔顿（2009）认为，认证除了便于学生获得联邦政府贷款、帮助学生选择大学等益处外，还在成本效益、促进职业发展、自我约束和促进学生流动等方面有益处[38]。美国学者弗兰克·穆雷（2011）认为，专业认证中存在着问责与改进的紧张关系，这是美国教育认证面临的主要困境[39]。美国高等教育认证委员会（2012）认为，美国不同教育认证协会自成体系，各机构的认证传统、目标、标准和程序各不相同，因此，协调各机构的认证活动，确保各认证机构的认证质量就显得十分重要。美国联邦教育部认为高等教育认证具备识别高校是否达到既定质量标准、帮助学生寻找合适高校、帮助高校决定是否接受学分转移、为公共或私人资金投入寻找合适的高校或专业、保护学校免受内外部压力的伤害等9个方面的功能[40]。

（四）体育专业认证制度实施研究

首先，在体育专业认证发展历程方面，国外对体育专业认证制度的研究起步较早，1950年就开始了这方面的研究，并逐步走向成熟，而且多以某一具体范例的形式出现，很少以体育专业认证制度的共性研究为主，涉及的专业包括体育教师教育、体育管理、运动训练、休闲体育、运动科学等。其中又以美国体育专业认证制度的研究居多，如美国学者哈罗德·拜丽德（1950）探讨了美国体育教师教育机构认证的历史进程、具体措施和要求[41]；澳大利亚学者艾莉森·乌瑞恩（2007）认为专业认证是外部机构确认培养单位与既有标准相符程度的过程；美国国家体育运动协会（1993）、美国学者肖恩·弗瑞林科（2008）和苏珊·子夫（2009）分别介绍了美国体育管理、运动训练、运动科学和教练教育等专业认证标准的历史演进和具体内容[42]。从研究内容来看，以体育教师教育专业认证标准研究居多，如美国是较早建立体育教师专业认证标准的国家之一，美国体育运动国家协会制定了初级、高级体育教师教育认证标准，以及体育教师教育课程认证标准。此外，澳大利亚、日本、德国、英国、新西兰等国家的体育教师资格认证制度已经实施多年，认证体系发展较为完善，内容主要涉及体育教师教育政策[43]、体育教师教育标准多样性[44]、体育教师教育个人理论建构的差异性、体育教师专业身份认同、性别平衡等方向[45]。

其次，在体育专业认证实施效果方面，英国学者艾莉森·乌瑞恩（2007）将专业认证界定为外部评估机构确认人才培养单位与既有标准相符程度的过程，并区分了鉴定、认证和许可3个核心概念，梳理了体育教师教育专业认证的发展历程，指出了体育教师教育专业存在的问题，如缺乏一线教师参与、不了解学生需求、浪费过多资源等。美国学者肖恩·弗瑞林科（2007）分析了运动训练专业、运动科学专业的认证历史演进，认为体育专业认证可能会限制体育专业教育机构根据自身理念开发课程的能力，但是专业认证可以提高教学质量、保障学生就业[46]。美国学者托马斯·坦普林（2009）认为认证可促进体育专业发展，但削减了专业自主权。美国学者乔伊·威廉姆斯（2009）通过对体育管理专业教师和管理人员的调查，认为与未参加认证的专业相比，参与美国体育管理认证委员会的认证能够提高体育管理专业的专业竞争力、市场潜力、资源获取能力，并且能够增加内部资源的杠杆作用及与其他机构的同事分享成功和挑战的机会[47]；美国学者罗纳德·海德（2011）以美国中部地区院校认证协会、中北地区院校认证协会高等教育委员会、西北地区院校认证协会和南部地区院校认证协会等区域性认证机构为例，调查分析了认证对高等教育机构绩效的影响，认为高等教育机构执行认证标准将有利于提高其教育服务的绩效[48]。加拿大学者卡特·莱德（2015）描述了体育管理专业认证实施过程中对机构使命、专业目标、学习结果、教学评价等方面的理解偏差，建议采用直接与间接相结合的方式评估学习结果[49]。

二、国内研究综述

随着20世纪80年代教育评估制度在我国开展，各种评估模式引入中国，作为专业教育质量保障的专业认证制度也开始进入我国学者的研究视野。国内学者纷纷对专业认证制度进行研究和探讨，以期为我国专业认证制度的开展提供一定的理论支持和借鉴。经过几十年的研究，其成果主要集中在以下三个方面。

（一）专业认证制度的本质特征与运行机理研究

认证是对某一机构和组织完成特定工作之能力的正式认可。认证包括四个要素：第一，认证的目的在于审核一个特定的对象是否符合特定的标准；第二，认证由一个中立的机构来实施；第三，认证有正式的、规范化的程序和标准；第四，认证包括自我评估和外部评估两个环节。高等教育领域的认证是一种高等教育质量保证程序，程序的最后由一个中立的认证机构就所评估的高校或其专业作出是否符合特定标准的决定[50]。美国高等教育认证委员会认为，认证是指高等教育机构为了保障和改进教育质量而详细考察高等院校或专业的外部质量评估活动。专业认证则是对一所学校具体专业的认证过程，主要是对专业师资队伍、课程设置、实验设备、教学管理、各种教学文件和原始资料（教学计划、教学大纲、学生试卷、作业、实验报告、毕业论文）等内容的评估。

熊耕（2008）总结了美国专业认证制度的四大特点，即自愿与强制相济、独立与制约相倚、科学性与民主性兼顾、自治与责任并重[51]，分析了美国专业认证制度的形成动因，指出民间性是美国高等教育专业认证制度的根本特性[52]，并描述了美国专业认证机构、质量标准和认证程序等内容[53]。唐艳（2015）对荷兰高等教育专业认证制度进行了研究，认为专业层面的认证是荷兰高等教育体系中最早开展的认证形式，其显著特点是将内部评估与外部评估有机结合起来[54]。何霖俐、张贯之（2016）认为智利高等教育专业认证制度具有认证主体包容一体与多元的多维转变、认证标准注重高校自我认证与调节能力的提升、认证程序凸显公开性与透明性等特点。

王建成（2007）从市场、教育、文化和政治等因素出发分析了美国认证制度的成因，基于美国认证制度的正式规则和非正式规则，分析了认证的实施机制，并指出美国认证制度的功能价值，即充当了规范标与推进器、代理人和缓冲阀、守门人与信息员。卢晶（2008）对专业认证制度的治理模式进行了研究，从专业认证制度的共同治理模式、共治目标等方面分析了治理机制，并基于我国国情对专业认证制度进行了适用性分析，提出了我国专业认证制度共同治理模式的途径和改进建议[55]。

（二）专业认证制度的国际比较分析

通过对各国专业认证制度的比较分析，这部分研究揭示出专业认证制度的共性和个性，为我国专业认证制度的实施提供了借鉴和参考。

汪雁（2005）分析了美国、英国、法国高等教育专业认证的组织机构、职责范围和认证运行方式，阐述了3个国家专业认证制度的异同及其产生的原因[56]。袁丽（2007）对中、美两个国家的高等教育专业认证进行了比较研究，重点分析了认证动机、认证内容、认证功能、认证机构和认证程序，剖析了美国高等教育专业认证制度的不足，并据此对我国教育认证制度的实施提出了相关建议[57]。王保华（2007）从历史沿革、发展现状和发展趋势3个视角，分别介绍了中国、美国、英国、俄罗斯、日本等国的教师教育认证机构，在此基础上，对我国教师教育认证机构标准提出了构建原则、框架和具体指标。此外，马健生（2014）的《高等教育质量保证体系的国际比较研究》最有代表性，该著作依托国家社科基金的资助，分别对美国、英国、德国、日本、荷兰、澳大利亚等国家高等教育质量保障体系进行研究，主要从保障体系的产生背景、组织机构、质量标准、运行机制、主要特点进行论述，结合我国高等教育质量保障体系中存在的问题，提出了扩大高校办学自主权、建立高等教育机构自我评估机制、发挥行业和社会中介的作用、完善质量保障的组织机构建设、加强质量标准建设等建议。

（三）体育专业认证标准与体系构建研究

在国外体育专业标准的解读方面，尹志华（2012）、王健（2013）、周珂（2016）和董国永（2016）等学者探讨了美国体育教师、体育管理和休闲体育3个专业，以体育教师专业研究居多，内容涵盖了职前、入职和职后3个阶段，具有内容全面、可操作性强、多元主体参与、强调证据来源等特点，提出了加快标准制定、重视团队力量、关注学生需求、体现文化功能等建议，但存在缺乏人文主义、重结果轻过程、投入与产出不成比例等问题。齐立斌（2013）认为，俄罗斯体育专业标准凸显专业能力培养、明晰的培养方向和国际一体化趋势。贾明学（2015）对英国高等教育质量保障署颁布的体育《学科基准声明》进行了分析，认为英国体育专业标准分为研究型、管理型和科学型3个类别，体育专业标准具有受众范围广泛、内容体系全面、指标表述详细、较强的人才培养针对性和指导性等特点。

在体育专业标准的制定方面，2018年3月，我国颁布了《普通高等学校体育学类本科专业教学质量国家标准》，该标准坚持统一性与多样性相结合、国际化与本土化相统一、人才培养与职业技能衔接的原则[58]。黄汉升（2016）对标准的范式依据、内容体系、特点意义进行了详细解读。董国永（2014）、尹志华（2016）构建了体育教师教育标准体系框架结构，包括专业标准、课程标准、机构认证标准和质量评估标准等。

在体育专业认证体系的构建方面，卢晶（2015）和凌晨（2017）认为，认证体系的构建处于酝酿阶段，应建立权威认证机构、完善认证标准、组建专家队伍、采用科学方法、提高认证积极性、与职业资格挂钩、加强国际互认[59]。尹志华等（2020）认为，我国体育教育专业认证的实施有利于推动体育教育专业国际化发展、构建多层次的质量保障体系、提高专业人才培养质量，但是，当前体育教育专业认证存在着以下问题：从强调准入到强调产出的专业建设路径受阻、部分高校认证参与主动性不足、认证标准缺乏体育特色、认证机构欠缺独立性等[60]。

三、国内外研究评述

随着我国体育学类本科专业招生规模的扩大、本科教学质量评估工作的开展及毕业生就业率的下降,许多学者开始关注体育专业教育质量保障问题。但是,由于研究历史较短,核心研究数量不多,且研究质量参差不齐。基于宏观角度研究教育认证的内容较多,而从微观角度研究体育专业认证制度的内容偏少。

从国外研究现状来看,体育专业认证研究已由最初的内容介绍转向认证制度实施本质等深层次研究,但多以认证实施具体操作和问题为主,研究缺乏系统性。内容上以分析体育专业质量标准居多,专业认证的要素、理论体系等研究尚无;对象上主要分析美国的体育专业认证,德国、澳大利亚、加拿大等国家较少涉及;视角上主要基于认证实施具体问题提出相应对策,缺乏认证体系构建研究。

从国内研究现状来看,体育专业认证体系构建研究已取得一定成果,但整体上处于零散状态,未能构建由点到面的理论框架。内容上以体育专业质量标准研究为主,大同小异,多有重复,尤其以体育教师教育标准研究居多,较少涉及法律制度、认证机构、实施机制及监督管理等内容;对象上以体育教师教育专业认证研究为主,运动训练、体育管理、运动康复等专业较少涉及;视角上以借鉴国外经验并提出指导建议为主,缺乏认证体系构建的具体操作流程和可行性分析;方法上以文献资料和对比分析法为主,缺乏理论分析,未能从理论上深入阐释我国体育专业认证体系构建机制。

综上所述,作为体育专业教育质量保障的重要措施之一,专业认证制度已经开始受到国内学者的关注。本书选取美国体育专业认证制度为研究对象,系统分析了美国不同体育专业认证制度的发展背景、组织机构、认证标准和运行机制,并基于美国经验和中国国情提出我国体育专业认证制度的构建策略,深化了研究内容,拓宽了研究视野。

第四节 研究目的与方法

一、研究目的

对美国体育专业认证制度的研究可采取多学科、多向度的视角,本书仅选取美国体育教师教育专业、教练教育专业、体育管理专业和运动科学专业4个体育专业进行分析。旨在通过对这4个体育专业认证制度的发展历程、评估机构、质量标准和认证流程等方面的研究,把握美国体育专业认证制度的本质特征,探讨美国体育专业认证制度面临的问题和未来发展趋势,并在此基础上,结合我国实际情况,为构建我国体育专业认证体系提供可借鉴的思路。

二、研究方法

根据研究目的,本书将采用如下研究方法,即文献资料法、专家访谈法和比较研究法。

(一)文献资料法

以体育专业、专业认证、认证制度等关键词分别在中国知网和EBSCO、Emerald、Springer等外文数据库进行检索。查阅美国密歇根州立大学、普渡大学体育学院,以及美国体育专业认证机构的官方网站,包括美国教师培训认证委员会、教练教育国家认证委员会、体育管理认证委员会和运动科学认证委员会。搜集与体育专业认证制度相关的政策文件、质量标准等资料，重点搜集中西方体育专业教学质量保障及专业认证方面的文献，主要包括代表性的著作、国内外权威期刊论文及与专业认证相关的政策文本，并对其进行细致的梳理、分类和归纳，对国内外体育专业认证制度形成基本认知。

（二）专家访谈法

选择10~15名高校体育专业负责人和教师进行深入访谈，主要咨询高等体育本科专业教育质量保障存在的问题、改进建议及专业认证实施的可行性和必要性；选择3~5名高等学校体育教学指导委员会成员、2~3名教育部教学评估中心专家进行访谈，了解体育专业认证制度的实施措施和修改建议；选择2~3名美国体育专业认证机构的负责人，了解美国体育专业认证的实施程序与措施。

（三）比较研究法

对美国体育教师教育、教练教育、体育管理和运动科学4个体育专业的认证体系进行比较分析，总结美国体育专业认证制度的模式、方法、特征和发展趋势，把握美国体育专业认证制度的本质。在此基础上与我国师范类专业认证体系进行横向比较，为我国体育专业认证体系的构建提供可借鉴经验和参照。

第二章　美国体育教师教育专业认证制度

"振兴民族的希望在教育，振兴教育的希望在教师"，这已经成为社会各界的共识，因此，社会对教师教学水平提升的关注度已经上升到了一个新的层次。体育教师作为教师群体的重要组成部分，在过去几十年里一直受到不少研究者的关注。当下，青少年体质下降已经成为亟待解决的问题，而体育教师在提升青少年体质健康方面发挥着不可替代的作用。因此，在高等教育规模不断扩大的今天，如何保障体育教师的培养质量已经成为关键环节。美国作为世界教育强国、体育强国，在体育师资培养方面已经形成了一套成熟的理论和实践体系，其教师教育认证制度在保障体育师资培养质量方面发挥了重要作用，值得我们借鉴。

需要指出的是，美国并没有独立的体育教师教育专业认证制度，美国教师教育认证制度面向所有师范类专业，体育教师教育作为教师教育的重要组成部分，同步参加教师教育认证。本章内容将以美国教师教育认证制度为参考，进一步介绍体育教师教育专业在教师教育专业认证中的具体情况。

第　节　美国体育教师教育专业认证发展历程

美国体育教师教育专业认证制度是随着教师教育认证的发展而逐渐完善的，因此，本章在介绍体育教师教育专业认证制度的发展历程之前，先阐述美国教师教育认证制度的发展历程。

一、教师教育认证制度发展历程

美国教师教育认证制度是伴随着师范教育的不断发展而日趋完善的。美国师范教育的发展可分为3个阶段，即师范学校时期、师范学院时期和大学教育学院时期。以美国师范教育发展阶段的划分为根据，美国教师教育认证制度可分为以下3个阶段：初创期、发展期和成熟期。

（一）教师教育认证制度的初创期（1776—1900年）

教师教育认证制度是为教师的培养质量服务的，所以，美国教师教育认证制度的产生必然建立在教师培养机构成立的基础之上。而在教师培养机构成立之后，为了保障教师的培养质量，美国各州相继颁布了教师资格制度，这是教师教育认证制度的基础和雏形。因此，本文称这一时期为美国教师教育认证的初创期。

1. 教师教育机构的初步建立

1776年，美国发表《独立宣言》，从而摆脱英国的殖民统治成为一个独立国家。1814年，在美英争夺加拿大殖民战争之后，美国走上了独立发展资本主义工业的道路。工业革命、西部开拓、都市兴起和移民激增不仅带来了适龄入学人口的增加，也对美国公民素质提出了更高的要求。在公民智力即社会财富和国家力量理念的推动下，自19世纪20年代起，公立学校运动在美国轰轰烈烈地开展起来。公立学校的建立和发展很快产生了对学校教师的巨大需求，在此背景下，专门以培养师资为目标的机构——师范学校相继建立。美国最早的师范学校创立于1823年，由佛蒙特州公理会牧师霍尔创办，当时它为学生提供为期3年的教师培养课程[61]。

2. 州、县教师资格证书制度的构建

1815年,俄亥俄州立法部门颁布了美国教师证书法令,规定了教师的入职标准、资格审查和证书的颁发等,这标志着美国早期教师资格制度的确立,同时也标志着政府对教师职业进行规范化管理的开始。该法令规定:"每年各县政府指定的3名考核教师为教师资格考试官员,他们负责审查每个教学职位申请人,并根据审核情况决定是否发放有效证书。"还规定:"无证书者不得在乡村学校任教,不得领取法定的工资和福利。"上述状况一直持续到内战结束后。由于没有专门的教师培训机构,法令规定取得教师资格证书的主要手段是考试,以及接受过短期培训。在俄亥俄州的带动下,美国其他各州也逐渐开始建立由州政府控制的教师入职质量审核机制,如1841年纽约州、1845年佛蒙特州先后实行教师资格证书制度,1852年和1854年印第安纳州和宾夕法尼亚州也颁布了州一级的教师资格证书,至1860年,美国普遍建立起了考试委员会和颁布教师资格证书的县、州管理机构,确保公立学校具有与社会发展水平相一致的师资水平,保障教育质量的提高[62]。

美国教师资格证书制度是保障教师教学质量的重要举措,这一时期对教师的选择一般涉及3个方面的要求:道德品质、教学管理能力和学科知识,其中教学管理能力是最主要的要求。值得注意的是,在19世纪中期,教师资格证书考试增加了与教育、教学相关的试题,这一变化标志着教师工作的专业化特点受到人们的关注。

(二)教师教育认证制度的发展期(1901—1980年)

19世纪后期公立学校的发展,造成了中学生数量的激增。在美国这样一个人口流动率极高的国家,大学如何评判来自不同州

的中学生质量和社会如何评价各州的中学教育质量成为一个现实问题。在美国缺少国家层面的机构来从事这方面工作的前提下,其责任就落在了区域性机构身上。于是,一些区域性的认证组织(如新英格兰协会、东部协会、南部协会、中部协会等)开始对教师教育机构进行认证。1902年,中北学院和中学协会规定,在该协会的高中教学,教师必须毕业于经该协会或其他专业团队认可的高等学校。截至20世纪50年代初,6个区域性认证协会覆盖了整个美国[63]。

1954年,全美教师教育认证委员会(National Council for Accreditation of Teacher Education,简称NCATE)正式成立,该委员会由5个协会组织倡导成立,是美国联邦教育部承认的教师教育院校认证机构。全美教师教育认证委员会是一个非营利性的非政府组织,协会成员主要包括教师教育者、教师、州及地方教育政策官员和教育领域专家。全美教师教育认证委员会的主要任务是确保并提高教师教育工作的质量,检查教师教育培养机构是否达到了教师教育专业标准,以确保得到认证的院校能够培养有知识、有技能、具有良好品德的合格毕业生。

1955年7月2日,全美教师教育认证委员会制定并使用了"教师教育机构和方案认证标准"这一新标准,新标准由7项内容组成,即教师教育目标、教师教育的组织和管理、学生个人计划和服务、专业教师、教师教育课程、专业实习、教学设施,全美教师教育认证委员随即采用这些标准对教师教育机构进行认证。

(三)教师教育认证制度的成熟期(1980年至今)

20世纪80年代以来,美国整个教育系统发生了翻天覆地的变化,这主要体现在一些大型报告的发布上,以及在此背景下专业教学质量标准的颁布。由此,美国教师教育认证体系进入了成熟发展期。

第二章　美国体育教师教育专业认证制度

从20世纪80年代上半期开始,美国兴起了以提高教育质量为宗旨的教育改革运动,这场运动以1983年美国优质教育委员会的重要报告——《国家处于危险之中:教育改革势在必行》的发表为标志,此后,美国颁布了一系列重要大型报告,这些大型报告对美国教育改革、体育教育发展和体育教师教育认证制度的完善产生了巨大推动作用。

1983年4月26日颁布的《国家处于危险之中:教育改革势在必行》开启了体育教师教育专业标准制定的序幕,被认为是美国最重要和最具争议的大型教育报告。该报告指出,当时美国中学课程体系中存在严重的同质化倾向,受过美国传统教育的学生不能识别现代信息符号和图表,教育质量越来越差,对商业和经济产生了巨大的负面影响,这都表明美国的教育到了非改不可的地步。该报告针对存在的问题,提议加强课程建设、提升教学质量。报告公布后极大震动了美国民众,虽然该报告一直存在争议,但是它改变了人们对教育改革基本路径的看法,改变了美国对教育的管理方法[64]。对体育教师教育专业认证制度而言,该报告推动了美国20世纪80年代教育改革的发展,促进了体育教师教育专业标准的制定。

1985年,美国优质教育委员会接着颁布了第二个大型教育报告——《教师教育变革的呼唤》,该报告聚焦教师教育质量的相关问题,提出应提高教师教育专业入学标准;同时,建议教师教育培养单位加强专业学生的培养,增开心理学、人类学和社会学等课程;提出加强职前教师有效教学和信息技术应用能力;加强大、中、小学之间的合作;加强师范学生的实习等。该报告从课程设置、知识要求等方面更加细致地关注教师教育问题,对职前教师教学实习提出新的要求,这些都为教师教育认证制度具体内容的制定奠定了基础。

针对美国职前教师培养质量低下,在职教师不求上进,教师供应持续萎靡等问题,1986年3月,卡内基专业教学小组发表了

《国家为培养21世纪的教师做准备》，该报告从以下6个方面建议提高教师教育专业质量：第一，创造良好的教学环境，提升教师领导力；第二，优化教学标准，1987年成立的国家专业教学标准委员会（The National Board for Professional Teaching Standards，简称NBPTS），制定标准对教学进行认证；第三，重构教师教育专业，废除本科层次的教师教育专业，教师培养从硕士研究生开始；第四，增加少数种族教师数量，增加少数种族学生人数，提供更多奖励资助；第五，绩效奖励，对学生进行评估，根据评估结果对教师进行奖励；第六，提高教师待遇[65]。该报告建议通过一系列措施促进了教师职业的专业化发展及教师教育标准的制定。

二、体育教师教育专业认证制度发展历程

伴随着教师教育认证制度的发展，美国体育教师教育专业认证制度的发展也经历了以下3个阶段。

（一）初创期：体育教师教育机构的出现

随着美国教师教育机构的初步建立，在校学生人数急剧增加，对体育教师的需求也越来越大，因此逐渐产生了专门培养体育教师的机构。1861年，李维斯体育师范学校正式成立，这是美国第一所旨在培养体育师资的教育机构，该校开设了为期10周的体育课程，所培养的第一批体育师资于1861年毕业。1866年，位于纽约的特纳本德师范学校开设了为期1年的体育教师教育专业课程。19世纪80年代，随着体育课程纳入学校课程体系中，高校开设体育教师教育专业的需求不断增加，越来越多的学校和学院开设体育教师教育专业。在此期间，主要的体育教师教育专业机构如表2-1所示。

表2-1　美国早期体育教师教育专业学校统计[66]

时间	名称	地点	创立人
1861	李维斯体育师范学校		李维斯
1866	特纳本德师范学校	纽约	
1881	萨金特学院	马萨诸塞州剑桥市	艾伦·萨金特
1881	维恩州立大学	密歇根州	
1886	布鲁克林体育师范学院	纽约	
1886	国际青年基督教联合学院	马萨诸塞州春田市	基督教联合会

20世纪50年代以来，政府和民众逐渐认识到了体育在促进青少年体质健康方面发挥的重大作用，对体育教师的需求也越来越大，体育教师教育规模不断扩大。在此期间，成立了专业性的认证机构，体育教师教育专业认证制度进入了正规发展期。

（二）发展期：体育教师教育规模的扩大

第二次世界大战期间，美国作为主要参战国卷入了战争，越来越多的青少年投笔从戎。然而，在征兵的过程中，很多青年的身体素质不过关，不计其数的应征者被拒绝。这种状况不仅引起了广大民众对青少年身体素质的关注，同时，也引起了美国政府部门的重视。青年人较差的身体素质使人们逐渐认识到，体育在战争中发挥着重大作用，体育锻炼不仅可以增强身体素质，还可以培养过硬的心理品质。出于这样的考虑，自1940年起，美国38个州政府在区域内强制建立公共体育师范学校，这使得体育教师培养规模进一步扩大。

这一时期，为了培养更加适合社会发展需求的体育教师，体育师范学院的课程设置发生了较大变化，除了健康类课程之外，运动类课程也被纳入体育师资培养课程体系中，如水上运动、舞蹈、双人运动、体育理疗等课程。同时，在课程类别方面，出现了文化类课程、教育类课程、科学类课程和体育健康教育类课程，这使得体育教师教育的内容发生了很大变化，所涉及的专业也更加广泛。

（三）成熟期：体育教师教育专业标准的制定

随着20世纪80年代几个大型教育报告的颁布，体育领域开始反思并致力改进体育教师培养质量。基于此，美国一些体育教师教育专业协会相继制定颁布了体育教师教育专业标准，并开展体育教师教育专业认证工作。美国曾经有5个教师教育认证机构，其中3个开展体育教师教育专业认证工作，即全美教师教育认证委员会、美国州际新教师评估支持联合会（Interstate New Teacher Assessment and Support Consortium，简称INTASC）、国家专业教学标准委员会[67]。全美教师教育认证委员会针对教师教育专业分别制定机构标准和体育教师标准，而美国州际新教师评估支持联合会和国家专业教学标准委员会则仅制定体育教师标准[68]。这些标准的制定标志着美国体育教师教育专业认证制度日趋成熟。

第二节　美国体育教师教育专业认证标准

认证标准是认证机构指导受评专业开展自我评估、专家实地考察、做出认证决策的主要依据，也是认证制度的主要组成部分，它在整个认证制度体系中发挥着导向、诊断和基准等重要作用。美国高校体育教师教育专业认证过程需参考两个方面的标准，其一为面向所有师范类专业的教师教育机构标准，其二为体育教师标准。本节将介绍以上两个标准的主要内容，并在此基础上分析其主要特点。

一、教师教育机构标准

教师教育机构标准是面向所有师范类专业的认证标准，美国高校体育教师教育专业在认证实施过程中必须首先按照该标准完善自身机构建设。

（一）标准的制定机构

美国政府并不负责教师教育质量保障工作，其教师教育认证由不同民间组织负责。如前所述，美国历史上曾经有5个教师教育认证机构，其中，全美教师教育认证委员会是一个非官方、非营利性的民间专业组织，于1954年在华盛顿成立，全美教师教育认证委员会通过对教育系、教育学院和教育机构的认证，以区别教师、专家和管理人员的素质和不同专业机构的教育质量[69]。全美教师教育认证委员会接受美国联邦教育部和高等教育认证委员会的专业认可，这种权威性的授权认可使其成为美国最具权威性的教师教育认证机构。

全美教师教育认证委员会在提升教师质量的同时也积累了诸多问题，如认证标准冗长复杂、认证过程费时昂贵、认证效率不高[70]。1997年5月，一些不满全美教师教育认证委员会认证的教师培养单位组建了新的认证机构——教师教育认证协会（Teacher Education Accreditation Council，简称TEAC），教师教育认证协会以全新的认证理念和灵活的认证方式吸引了众多教师培养机构的参与，并获得了美国高等教育认证委员会和联邦教育部的支持与认可。自此，美国形成了全美教师教育认证委员会和教师教育认证协会分庭抗礼的教师教育认证体系。同一个专业存在两种具有不同认证标准和程序的认证机构，不仅表明该领域存在严重分裂[71]，而且带来了重复认证、认证风格与标准不一致等问题。另外，部分教师培养机构批评教师教育认证协会的认证存在着过于依赖自我评价、认证标准模糊、认证过程不规范等问题[72]。这些弊端的存在使得教师培养机构无所适从，也增加了认证成本。

鉴于此，早在20世纪90年代，全美教师教育认证委员会就开始借鉴教师教育认证协会的认证理念进行自身改革，如简化认证要求、减少财政赤字、缩减评估人员、建立数字驱动和基于表现的认证体系[73]等。进入21世纪，全美教师教育认证委员会进一步调整自身认证标准以满足社会对教师培养的要求，如从注重投入性认证转向以输出为导向的认证，强调学生的达标证据等。经过数次改革，全美教师教育认证委员会和教师教育认证协会在认证理念和认证标准方面的差异逐渐缩小。2008年5月，美国教师教育学院协会发表了题为《构建同一个教师培养认证体系的协议》的报告，报告指明全美教师教育认证委员会和教师教育认证协会存在着合并的共同价值，并且指出了两者合并的过渡计划。2009年，美国48个州联合宣布建立统一的基础教育质量标准，这为全美教师教育认证委员会和教师教育认证协会的合并奠定了坚实基础。2010年10月，两个机构联合召开会议，宣布进入合并过渡期。2013年7月，全美教师教育认证委员会和教师教育认证协会正式合并为教师培养认证委员会（The Council for Accreditation of Education Preparation，简称CAEP），2014年9月，教师培养认证委员会获得美国联邦教育部和高等教育认证委员会的双重认可，2016年，美国开始全面实施新版认证标准（表2-2）。

表2-2 美国教师教育认证机构演变历程

时间	事件
1954	全美教师教育认证委员会（NCATE）成立
1997	教师教育认证委员会（TEAC）成立

(续表)

时间	事件
2009	NCATE和TEAC组建联合认证规划团队
2010	（1）就认证规划报告向公众征求意见 （2）NCATE和TEAC召开联合会议，宣布进入合并操作阶段 （3）CAEP召开第一届董事会
2012	（1）标准与绩效委员会召开会议 （2）开发新版标准和绩效评价措施
2013	7月1日CAEP正式成立；8月29日CAEP董事会批准新版认证标准
2014	CAEP获得美国联邦教育部（USDE）和高等教育认证委员会（CHEA）的认可
2016	全面实施新版标准，NCATE和TEAC的标准不再使用

教师培养认证委员会是在全美教师教育认证委员会和教师教育认证协会基础上成立的一个非官方、自愿性的认证机构，教师培养认证委员会重新审视了自身职责，并对认证框架体系做了相应调整[74]，新的认证框架体系具有以下特点：（1）愿景明确，教师培养认证委员会将愿景描述为"成为卓越的教师培养认证机构"，其前瞻性和目的性更加明确；（2）使命清晰，教师培养认证委员会的使命为"通过以结果和证据为基础的、持续完善的认证促进卓越教师的培养，进而促进学生的学习和发展"。新使命直接将结果和证据作为认证基础，表明新一代体育教师教育专业认证体系更加重视学生的学习结果及评价学习结果的证据；（3）流程规范，教师培养认证委员会优化了全美教师教育认证委员会和教师教育认证协会的认证流程，以证据为主线，重视教师培养机构的持续改进和创新能力；（4）领域扩大，教师培养认证委员会站位更高、视野更宽，其认证领域不仅包括师范类专业及各类资格证书，还包括学士、硕士和博士多层级学历水平的认证[75]。因

此，所有开设师范类专业的高校均需向教师培养认证委员会申请认证。

（二）标准的基本内容

教师培养认证委员会在成立前的合并过渡期内，便成立了标准与绩效委员会，以负责教师教育机构认证标准的制定工作。标准与绩效委员会成立了5个工作小组（图2-1），在参考2008年版教师教育机构标准的基础上，每个小组在交叉性问题委员会及其工作小组的联络协调下，基于多样性和技术性原则，按维度制定新版教师教育机构标准的内容。

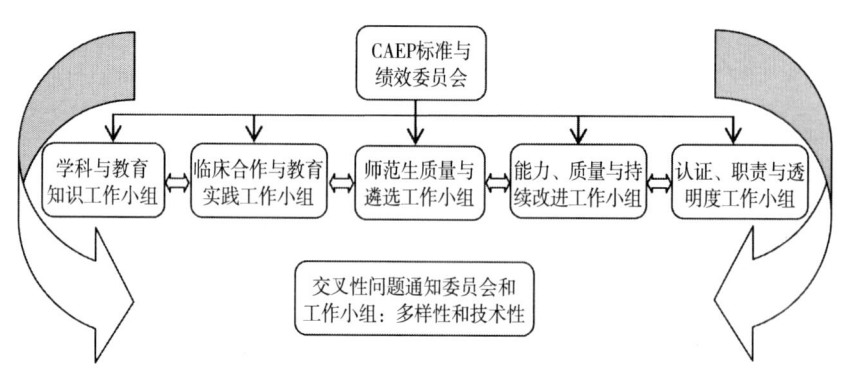

图2-1 CAEP标准与绩效报告委员会结构框架

教师培养认证委员会在制定教师教育机构标准时坚持两个原则：一，必须有可靠的证据表明师范毕业生是有能力、有爱心的教育工作者；二，必须有可靠的证据表明教师教育工作者有能力创造一种证据文化，以此支持和强化专业教育质量。新标准是教师教育机构、专业协会、教师教育者、中小学教师和学生家长共同协商的结果，也是教师培养机构必须达到的最低认证要求。新标准于2013年9月颁布，经过3年的过渡调适后在全国范围内实施（表2-3）。

第二章 美国体育教师教育专业认证制度

表2-3 教师培养认证委员会教师教育机构认证标准

维度	考察指标
1. 学科内容与教育学知识：确保师范生深入理解学科领域的重要概念和准则，确保其毕业后能灵活运用专业知识和教学经验帮助学生学习，使所有学生达到升学或就业的标准	师范生的知识、技能和专业品性：1.1 师范生在学生学习、教学内容、教学实践和专业职责等方面的理解水平达到州际教师评估与支持联盟（INTASC）的10条标准要求 教师培养机构的责任：1.2 确保师范生能够运用科研和证据理解教学职业、评价P-12学生的进步和自身的实践能力。1.3 确保师范生应用学科内容和教育学知识的能力符合专业协会标准（SPA）、专业教学标准委员会标准（NBPTS）以及州或其他认证机构的要求。1.4 确保师范生掌握技能、确立信念，使其培养P-12学生达到升学和就业标准。1.5 确保师范生在教学设计、实施和评价自己工作和促进学生学习时，能以信息技术为准绳并加以应用
2. 临床合作与教育实践：通过有效合作和高质量的临床教育实践促进师范生掌握知识、技能，培养职业品性，开对P-12学生的学习和发展产生积极影响	临床合作：2.1 形成中小学和社区共建互惠的合作机制，合作形式、参与主体和功能设置多样化，双方共同拟定师范生录取、培养和毕业要求，确保理论与实践、临床实习与学术环节的联系，共担师范生培养职责 实习导师：2.2 合作方共同选拔、培训、评价、支持和留任优质实习导师，确保留任的实习导师对P-12学生的学习产生积极影响，利用多种评价指标和技术手段建立和改善标准，以选拔、评价、提升和留任实习导师 临床实习：2.3 与实习单位共同设计有深度、广度、多样性和一致性的实习方案，保证师范生展示出发展潜能及其对学生学习的积极影响。实习方案包括提高技术的学习设计，并按照多样化的表现性评估要求来组织实施，展示出师范生在知识、技能和专业品性等方面的发展，与标准1的要求一致

（续表）

维度	考察指标
3. 师范生质量、招生与选拔：持续关注师范生培养质量和责任担当，包括从招生、录取到课程、实习，从决定教学是否合格到推荐资格证等。展示出培养优质师范生是培养方案的阶段目标，并通过满足标准4来达成	多样化招生计划：3.1 制定的招生计划和目标能够吸引来自不同背景和种群的高质量生源，确保录取的新生反映了P-12学生多样性的特点 师范生学习成绩：3.2 建立入学标准和选拔程序，确保最低入学平均绩点达到3.0以上，成绩逐年上升，ACT在2016—2017年度进入前50%、SAT在2018—2019年度进入前40%，GRE到2020年进入前33%，并优先录取成绩较高者。培养机构监测新生入学成绩、分校新生质量和多元化背景 其他选拔因素：3.3 在入学和培养环节对师范生的专业品性作出规定并加以监测。选择合适的评价标准、可靠有效的证据和翔实的评估报告，来监测师范生在学术和非学术方面的发展水平 培养过程选拔：3.4 制定培养方案改进标准，监测师范生培养过程，师范生展示出按升学和就业标准进行教学的能力。提供多元化证据表明师范生掌握了学科知识、教育学知识与技能、信息技术以及各领域知识的技术整合能力 毕业遴选：3.5 推荐师范生申请教师资格证书之前，培养机构需书面证明师范生的学科教学知识已达到了证书规定的最高标准，能通过有效教学促进P-12学生的学习和发展。3.6 推荐师范生申请教师资格证书之前，培养机构需书面证明师范生理解了社会公众对教师职业的期望，包括师德、专业实践标准和相关法律政策。CAEP将根据最新研究成果随时修订认证标准

第二章　美国体育教师教育专业认证制度

（续表）

维度	考察指标
4. 专业影响力：培养机构展示其对师范生的影响，包括师范生对P-12学生学习、课堂教学的影响，展示学校和师范生本人对培养工作切实性和有效性的满意度	对学生学习和发展的影响：4.1　记录并使用多种手段测量师范生实现P-12学生预期学习水平的情况，如学生进步率、目标达成度等各种增长指标，以及各州支持P-12学生发展的其他措施 教学有效性指标：4.2　培养机构通过结构化观察工具、学生调研，展示师范生有效运用了培养方案中规定的专业知识、技能和品性 用人单位满意度：4.3　运用有效和可靠的证据评估措施（如升迁率、留任率等）来证明用人单位对师范生履行教师职责能力的满意度 师范生满意度：4.4　运用可靠有效的证据和评估措施证明师范生能意识到其接受的教育与工作职责息息相关
5. 教育质量保障和持续改进：制定教育质量保障体系，基于调查数据、证据和毕业生质量持续改进教育质量，提升师范生学习结果和能力要素，提高师范生对P-12学生的学习和发展的影响	质量和战略评估：5.1　教育质量保障体系由监控师范生发展成就、机构运行效率等多样化评估手段构成，提供的证据显示出培养机构达到了CAEP的全部标准 5.2　质量保障体系的评估措施要具有相关性、可检验性、典型性、累积性和可执行性，提供的证据能保证对数据的解释是效性的和内在一致的 持续改进：5.3　根据培养目标和标准要求常规、系统地评估实施结果，并进行长期跟踪研究，对师范生选拔标准改革措施及其后续影响进行监测，运用调研结果改进培养方案。5.4　对师范生影响力评估数据进行总结、比较、分析和分享，并由此对培养方案、资源分配和未来发展作出决策。5.5　确保校友、雇主、师范生、学校、社区等合作方能参与培养方案的评估与改进，并形成对优质培养模式的共识

由表2-3可知，新版教师教育机构标准分为维度和考察指标两个部分，其中维度是对教师培养机构具体领域的要求，分为学科内容与教育学知识；临床合作与教育实践；师范生质量、招生与选拔；专业影响力；教育质量保障和持续改进5个方面，并分别附加了维度内容与目标的解释。考察指标是对维度内容的具体化，分为16个方面、23条指标，涵盖了专业招生、知识体系、临床实习、师资配备、学习成果和质量保障等内容。新版教师教育机构标准是在2008年版标准基础上修订而成的，与原标准相比，新标准具有以下几个方面的变化。

（三）标准内容的变化

1. 制定理念的变化

首先，新版标准注重结果评价，强调对基础教育的实际影响。早在20世纪90年代，不少美国学者就尝试建立"证据链"，将学生学业成绩作为教师教育质量的评价指标[76]。教师培养认证委员会体现了这一要求，高度重视师范生的培养结果，其内容包括师范生是否掌握了基础知识和实践技能，是否具备了职业品性并加以展示，培养机构是否能够提供有力证据证实学生的能力等。把认证重点放到学习结果上，可以促使培养机构把注意力集中到学生学业成绩的改善上，同时可以避免因轻视投入而导致认证结果不公平[77]。此外，新标准还解决了对教育结果的简单化理解问题，不仅重视师范生的知识、技能和品性，而且关注这些结果给中小学生带来的"实际影响"。如标准中多次提到关注P-12学生的多样特征，通过认证促进P-12学生的学习、升学、就业和发展等。可见，新的认证体系对师范生的评价从其毕业之前延伸到毕业之后，真正实现了"通过增值性评价区分教师教育有效性"的改革初衷[78]。

其次，新版标准突显证据本位，构建证据文化。注重结果的认证需要足够的证据予以支持，原有认证体系对证据的要求过于模糊，致使认证专家无法客观、一致地评价教师培养绩效的有效性[79]。2000年4月，美国教师培养研究委员会颁布《教师培养：建立健全的证据政策》，要求为教师培养过程提供有效的科学证据[80]。新版教育机构标准充分践行"证据本位"的理念，体现在3个方面：（1）凸显证据的重要性，每一个评价结论的形成都必须基于证据，进而形成一种证据文化；（2）强调证据的真实性，教师培养认证委员会要求培养机构提供的证据几乎都是师范生学习过程和学习活动表现的记录，以及师范生通过某种措施激发P-12学生学习活动的记录，这是一种真实性评价；（3）重视证据的全面性，培养机构提供的证据必须涵盖教师培养的全过程，包括专业设计合理性证据、招生培养证据、教育结果证据以及专业质量持续改进证据等。

2. 维度与指标数量的变化

与2008年版标准相比，新版标准在维度和考察指标的数量上都有所变化（表2-4）。在维度方面，2008年版标准由6个维度组成，新版标准则减少为5个，并且这5个维度的顺序安排更具逻辑性。首先，安排影响师范生培养质量的三个最重要因素（学科教育知识、实践技能和师范生质量），即将维度1、2和3放在整个标准体系的首要位置；其次，教师培养认证委员会认为教师教育的终极目标是培养高质量的师范生，并通过师范生促进中小学生的学习和发展，由此确定维度4（专业影响力）；最后，考虑到以上4个维度目标的达成依赖于教育质量保障及其持续改进，由此确定维度5（教育质量保障与持续改进）。

表2-4　美国2版教师教育机构标准内容变化对比

2008年版		2017年版	
维度（6）	考察指标（28）	维度（5）	考察指标（22）
1. 知识、技能和专业意向	（1）综合内容知识；（2）教育学知识和技能；（3）专业知识和技能；（4）学生学习；（5）其他专业知识和技能；（6）学生其他学习；（7）专业意向	1. 学科内容和教育学知识	（1）师范生知识、技能和专业品性；（2）教师培养机构的责任
2. 评价体系和机构评价	（1）评价体系；（2）数据搜集、分析和评估；（3）数据的运用	2. 临床合作与教育实践	（1）临床合作；（2）实习导师；（3）临床实习
3. 教学实习和临床实践	（1）实习合作；（2）实习规划、实施和评价；（3）知识、技能和品性的展示	3. 师范生质量、招生与选拔	（1）多样化招生计划；（2）师范生学习成绩；（3）其他选拔因素；（4）培养过程选拔；（5）毕业遴选
4. 多样性	（1）课程设计、应用和评估；（2）教师合作；（3）师范生合作；（4）学生合作	4. 专业影响力	（1）对学生学习和发展的影响；（2）教学有效性指标；（3）用人单位满意度；（4）师范生满意度
5. 教师资质、表现和发展	（1）教师资质；（2）教学实践经验；（3）学术水平；（4）服务社会；（5）教师绩效评价；（6）教师支持与发展	5. 教育质量保障与持续改进	（1）质量与战略评估；（2）持续改进

（续表）

2008年版		2017年版	
维度（6）	考察指标（28）	维度（5）	考察指标（22）
6.机构管理和资源	（1）机构职责；（2）经费预算；（3）人事管理；（4）机构设施；（5）机构技术资源		

注：括号中的数字表示所属指标的个数。

此外，新版标准的指标数量有所减少，即由2008年版标准的28个指标缩减为23个。每个维度的考察指标更加清晰、明确和可行。如维度1中关于学科内容和教育学知识的内容，2008年版标准采用7个指标进行评价，即内容知识、教学法知识、专业知识和技能、学生知识学习、相关知识技能、相关学生学习和专业品性，这7个指标不仅在逻辑关系上缺乏明晰界定，且个别指标的含义存在重叠。而新版标准则从2个方面进行评价，然后再细分成5个具体指标加以规定，规范了师范生掌握学科内容和教育学知识的范围和水平，以及教师培养机构在此过程中的职责。这样，教师培养机构在申请专业认证时，只要对照考察指标即可了解每个维度需要达到的具体目标，进而准备并提交相关的认证材料，操作性较强。

3.强调重点与内容的变化

由表2-4可知，2008年版标准主要从输入角度构建教育质量保障体系，如培养机构评价体系的建立、教师水平的提高、经费预算与资源管理等。教师培养认证委员会则重点从输出角度构建教育质量保障体系，如强调师范生的临床实践能力、对基础教育学生学习的影响、用人单位满意度、培养质量提升与持续改进等，这体现了两个版本标准在认证理念方面的差异。以结果为导向的认证理念在于引导教师培养机构树立以学生为中心的教育观，通过师范生学习效果的评价与反馈来持续改进专业教育质量。此外，新版标准在指标内容方面也有较大变化。

首先，严格师范生来源质量和选拔标准，2008年版标准虽然提到招收不同类型的学生，但描述比较简单。而新版标准对师范生的选拔、培养和毕业都有十分详细的要求。如培养机构须建立明确的入学标准和选拔标准，入学平均成绩绩点在3.0以上，国家测试成绩排名逐年提高，且优先录取成绩较高者。这个规定意味着今后美国师范类专业不允许开放招生，意在提高"门槛"选拔优秀人才从教，从源头上提高师范生生源质量。

其次，强调与实习单位的合作关系。全美教师教育认证委员会一直重视临床实践的作用，要求培养机构与基础教育学校、社区建立伙伴关系，并与实习单位共同设计实习方案。教师培养认证委员会在继承这些优良传统的基础上，对临床教育实践提出了更高要求，强调双方建立互惠的合作机制，与中小学校进行紧密的、广泛的、多样的、持久的和更具实质效果的合作，共同承担师范生的培养职责。并且教师培养认证委员会将实习导师单列为一个考察指标，明确双方运用多样化的指标，共同选拔、培养、评价、支持与留任高质量的临床实习导师，将实习导师在临床实践中的作用凸显出来。

最后，关注师范生对基础教育的影响。全美教师教育认证委员会只是对教师培养机构的管理和资源提出了认证要求，并没有涉及教师教育专业影响力及其评价。教师培养认证委员会则将其作为一个认证维度，列出具体的考察指标。教师培养认证委员会借鉴了波多里奇的绩效教育标准原则，强调教育机构提供服务时必须了解其服务产生的影响和结果[81]。为此，教师培养认证委员会把师范生培养质量与基础教育学生的学习和发展充分关联，要求用基础教育学生的学习成绩、雇主对师范生的满意度等指标衡量教师培养效果。

二、体育教师标准

体育教师标准对职前体育教师的培养起着引领和导向作用，教师培养机构在向教师培养认证委员会申请认证时必须提供充分证据，以表明其培养的学生达到了体育教师标准的要求。

（一）体育教师标准的内容

2017年2月，美国健康与体育教育协会颁布了新版体育教师标准，新标准是对2008年版体育教师标准的继承和拓展（表2-5）。

表2-5 美国2版体育教师标准内容变化对比[82]

2008年版		2017年版	
维度	指标（28）	维度	指标（25）
1.科学和理论知识	1.1 描述并运用与运动技能、身体活动和体适能有关的生理学和生物力学知识	1.基础知识和内容	1.1 描述并应用与K-12体育教学相关的通用知识（增）
	1.2 描述并运用与运动技能、身体活动和体适能有关的动作学习、心理和行为理论		1.2 描述并应用与K-12体育教学相关的专业知识（增）
	1.3 描述并运用与运动技能、身体活动和体适能有关的动作发展理论和原则		1.3 描述并应用与K-12学生的运动技能、身体活动和体适能有关的生理学和生物力学知识
	1.4 从历史、哲学和社会学的视角鉴识与体育教育相关的各类议题与法规		1.4 描述并应用与K-12学生的运动技能、身体活动和体适能有关的动作学习、行为改变和心理学理论
	1.5 分析并纠正影响技能动作和成绩表现的主要因素（合）		1.5 描述并应用与K-12学生的基本动作技术、运动技能、身体活动和体适能有关的动作发展理论和原则
			1.6 从历史、哲学和社会学的视角描述与体育教育相关的各类议题与法规

(续表)

2008版		2017版	
维度	指标（28）	维度	指标（25）
2. 运动技能和体适能	2.1 通过多种身体活动和运动方式展示个人的运动技能（合） 2.2 达到并维持健康的体适能水平 2.3 掌握各种运动项目的技能动作（合）	2. 运动技能和健康体适能	2.1 至少熟练掌握4个基础性体育领域的动作技术和成绩表现，如游戏与运动、水上运动、舞蹈和韵律活动、体适能活动、户外探险和单人项目（2.1/2.3合） 2.2 达到并维持健康的体适能水平
3. 教学设计与实施	3.1 制定并实施与课程教学目标、学生多元需求相关联的短期和长期教学计划（合） 3.2 制定并实施与地方、州和国家课程标准相一致的、可测量的、适当发展和基于能力的教学计划 3.3 制定并实施与课程目标密切相关的教学内容 3.4 规划和管理课程资源，以提供积极、公平、公正的学习经历 3.5 根据学生的多元需求设计并调整教学，做到因材施教 3.6 设计并实施渐进的、有序的、满足学生多元需求的教学（合） 3.7 教学中让学生合理运用现代技术以达到课时学习目标	3. 教学设计与实施	3.1 制定并实施与地方、州、国家课程标准及K-12水平体育教学成果相一致的、可测量的、适当发展和基于能力的短期和长期教学计划 3.2 制定并实施与短期和长期教学目标一致的、满足学生多元需求的、渐进有序的教学内容（3.1/3.6合） 3.3 规划和管理课程资源，以提供积极、公平、公正的学习经历 3.4 根据学生多元需求设计并实施个性化教学，做到因材施教 3.5 设计并实施学习方案，要求学生合理运用技术满足1条或多条短期和长期教学目标 3.6 设计并实施学习内容，让学生合理运用元认知策略来分析自己的成绩表现（增）

（续表）

2008版		2017版	
维度	指标（28）	维度	指标（25）
4. 课堂教学与管理	4.1 在多种教学方式中展示出口头和非口头的交流技能（合） 4.2 有效实施教学示范、讲解、提示和鼓励 4.3 对学生的技术动作、学习动机提供及时有效的教学反馈（合） 4.4 识别环境的变化动态，基于学生反应调整教学任务 4.5 合理利用教学原则、课堂常规来创设和维持一个安全、有效的学习环境 4.6 利用多种方法帮助学生在富有成效的学习环境中展示出负责任的个人和社会行为	4. 课堂教学与管理	4.1 在所有教学中展示出口头和非口头的交流技能，以示相互尊重和体贴学生（4.1/6.4合） 4.2 实施与短期和长期教学目标相一致的教师示范、讲解和提示 4.3 评估教学环境的变化动态，根据学生需要调整教学任务，促进学生发展 4.4 实施课堂常规和积极行为管理来创设和维持一个安全、支持和参与性的学习环境（4.5/4.6合） 4.5 通过多种方式（视觉观察、技术等）分析技能动作和成绩表现，以提供具体、一致的反馈，促进学生学习（1.5/4.3合）
5. 学习评价	5.1 制定合适的评价方法，评定学生对学习目标的达成度 5.2 运用合理的评价方法在教学前、中和后分别评定学生的学习 5.3 根据周期性的评价建议，不断改变教学方式、学习内容和教学目标	5. 学习评价	5.1 制定正式、可靠的评价方法，评定学生对短期和长期学习目标的达成度 5.2 实施形成性评估，监测学生在长期教学计划前期和中期的学习；实施终结性评估，评价学生在长期教学计划后的学习 5.3 根据师范生表现、学生学习、短期和长期教学目标的达成给出周期性的评价反馈

49

（续表）

2008版		2017版	
维度	指标（28）	维度	指标（25）
6.专业化	6.1 具备促进学生进行体育锻炼和体育学习的能力和信心（删） 6.2 参与团队协作活动，促进个体成长 6.3 展示出与高标准教师职业道德一致的行为 6.4 言行举止令人敬佩和尊重（合）	6.专业职责	6.1 教学行为秉持职业道德、伦理实践和文化素养 6.2 在学校和职业机构内坚持专业持续发展与合作 6.3 利用各种策略和技术手段宣传体育教育，创建体育活动参与机会（增）

（二）体育教师标准的变化

美国新旧两个版本的体育教师标准虽然具有一定的历史继承性，但是两版标准是在不同历史背景下修订而成的，两版标准在框架结构和具体指标等方面具有一定的差异性。

1. 框架结构的变化

2017年版体育教师标准包含6个维度，这6个维度与2008年版标准高度相似，体现了新旧体育教师标准在结构框架上的继承关系。但新版标准在维度名称上略有改变，即维度1"科学和理论知识"改为"基础知识和内容"，维度6"专业化"改为"专业职责"，维度名称的改变体现出新标准对体育教师基础知识和职业责任的重视。

另外，新版体育教师标准的指标数量也有所变化，即由2008年版标准的28条缩减为25条，变化体现在两个方面：（1）指标的增加。2017年版标准增加了4条指标，即1.1、1.2、3.6和6.3。其中，指标1.1和1.2的增加与维度1名称的改变相对应，旨在强化体育师范生对基础教育体育教学相关知识的掌握；指标3.6中的元认知策略是一种典型的学习策略，目的是让中小学生对体育学习的过程和结果进行自我有效监视和控制，进而提高学生体育学习过程中的反思、控制、评价和规范能力；指标6.3将宣传体育教育、创建运动参与机会作为体育教师职业职责之一，其目的是通过宣传以提高体育学学科影响力和体育教师的社会地位。（2）指标的合并。新版体育教师标准将2008年版标准中内容相近的10个指标进行合并，即2.1与2.2、1.5与4.3、3.1与3.6、4.1与6.4、4.5与4.6，标准的框架结构呈现出越来越精简的趋势。

2. 指标内容的变化

新版体育教师标准指标内容的变化表现在以下3个方面。

首先，更加强调体育师范生与中小学生学习的相关性。如维度1，2008年版标准仅要求体育师范生掌握与运动技能、身体活动和体适能相关的科学理论知识，而2017年版标准则在此基础上增加了指标1.1、1.2，即要求体育师范生掌握与中小学体育教学相关的通用和专业知识。再如维度3，2008年版标准要求体育师范生制定并实施与地方、本州和国家课程标准相一致、可测量、适当发展和基于能力的教学目标，而2017年版标准则额外增加了"与基础教育不同学习水平的体育教学成果相一致"的要求。由此可见，新版体育教师标准越来越重视职前体育教师培养与基础教育的融合，体育教师标准虽然面向职前体育教师，但根本目标是促进基础教育学生的学习，为提升学生学习体验和学习成效服务。

其次，指标描述更细致、操作性更强。这体现在3个维度内容的变化上：（1）维度2，2008年版标准要求体育师范生掌握多种运动项目，但对项目类别的规定比较模糊，而2017年版标准则明确要求从游戏运动、水上运动、韵律舞蹈运动、体适能运动、户外探险和单人项目运动6类项目中选择4项，并熟练掌握这4项运动技能，对运动项目类别和要求的规定具体而明确；（2）维度3，2008年版标准要求体育师范生合理运用现代技术完成教学计划目标，而2017年版标准则要求体育师范生合理运用技术完成一条或多条短期和长期的教学目标，对教学目标不仅有数量规定，而且有类别（短期和长期）要求，实施更具有操作性；（3）维度5，2008年版标准要求在教学前、中和后期运用合理方法评价学生学习，而2017年版标准则要求在教学前期和中期采用形成性评估监测学生学习，教学后期则采用终结性评估方式评价学生学习，新标准不仅把评价方式分为形成性评价和终结性评价，而且指出了不同评价方式的具体应用时机。

最后，重视新技术在体育教学中的应用。随着信息化时代的到来，以互联网为代表的数字化学习方式为学生低成本获取高质量学习资源提供了机会。移动跟踪设备（计步器、移动心率监测仪）、手机软件（APP、Edmodo、Geocaching、GPS）、运动游戏（Exergames）和数字视频（DropBox或YouTube）等新技术在体育教学中被广泛应用[83]。2008年版标准仅有1条指标（3.7）提到了新技术的应用，而2017年版标准则多次提到新技术的应用，如指标3.5"学生合理运用技术满足一条或多条短期和长期教学目标"、指标4.5"通过多种方式（视觉观察、技术等）分析技能动作和成绩表现"、指标6.3"利用各种策略和技术手段倡导宣传体育教育"。可见，SHAPE America 适应新技术在基础体育教育领域广泛应用的发展趋势，要求体育师范生具备新技术的应用能力，并在教学中强化和培养中小学生的信息素养能力。

三、体育教师教育专业认证标准的特点

纵观美国体育教师教育专业认证标准，无论标准的制定主

体、制定理念，还是指标的具体内容，都体现出以下几个方面的特征。

（一）层次性

层次性是美国体育教师教育专业认证标准的一个突出特点。美国体育教师教育专业认证标准不仅包括教师教育机构标准，同时包括体育教师标准，是一个既针对教育机构，又针对教师个人的较为完善的认证标准体系。教师教育机构标准是教师培养认证委员会开展认证工作的基准，其内容包括学科知识、教育实践、生源质量、专业影响和保障体系等，主要从专业发展的角度对教师培养机构教育质量进行规范。体育教师标准是培养机构开展人才培养工作的重要参考，其内容主要涉及学科理论知识、运动技能、教学设计、课堂管理、学习评价和专业发展等方面，体现一名合格体育教师的基本教学素质和能力，对体育教师教育机构的人才培养起着重要的引导作用。

（二）全面性

美国体育教师标准的内容全面覆盖了体育教师的专业素质构成，作为一名合格的体育教师不仅要具备基础运动知识和教育学知识，还要具备把知识应用到具体教学实践中的能力，并且在具备基本运动能力和专业精神的基础上，对教学过程加以管理，在教学过程中及时评价学生的表现，给学生留下良好印象。高级体育教师更注重对自身教学实践的反思，了解学生的个性并做到因材施教，展示出作为一名高级体育教师应具有的领导力，这些内容都在标准中有所体现。体育教师教育机构标准对组织的结构、使命、师资、管理、资源、教学等内容进行概括，这些都是培养合格体育教师的基础性要求。以上两个标准构成了体育教师教育专业有效评价的完整框架。

（三）系统性

美国的体育教师教育标准具有鲜明的系统性，无论是针对职前体育教师个人的标准，还是针对教师教育机构的标准，其指标要求认证实施并非一次完成，而是一个不断接近标准指标要求的过程。教师教育机构认证期一般为7年，认证通过之后还要继续接受认证，对教师教育机构的表现进行追踪式考察，这对持续提高教师教育机构的培养质量起到了非常有效的作用。在体育教师资格认证方面，其教师资格证的颁发也不是一次性完成的，职前体育教师首先取得临时资格证书，根据其表现再决定是否颁发正式资格证书。这对新入职的教师起到了一种激励作用，避免出现一劳永逸的现象。

第三节　美国体育教师教育专业认证过程

教师培养认证委员会是美国师范类专业的唯一认证机构，包括体育教师教育专业在内的所有师范类专业必须按照教师培养认证委员会的认证流程参与认证，该委员会由全美教师教育认证委员会与教师教育认证协会合并而来。因此，在两个机构的合并过渡期内，美国联邦教育部和高等教育认证委员会依旧认可两个机构的认证，同时也认可教师培养认证委员会的认证。教师培养认证委员会的目标是通过以证据为基础的认证促进卓越教师的培养，确保教师培养质量持续提高。2013年，教师培养认证委员会正式与900多所教师培养机构达成协议并采用新的认证系统，除此之外，教师培养认证委员会的服务范围还扩展为国内外所有提供学士、硕士及博士学位的教师培养机构。

教师培养认证委员会保留了原有2个认证系统的优点，并增加了教师认证领域最佳创新思维方式。在此基础上,委员会重新修订了认证程序,建立了以结果和证据为导向的认证过程,秉持提升系统改进、健康持续发展的理念,其最终目标是促进所有中小学生成绩的提高。教师培养认证委员会作为美国师范类专业唯一的认证机构,涵盖了所有教师培养机构。新的认证流程要求教师培养机构必须进行重大的内部改革,以便使日益多样化的学生在面对高水准认证标准时能够显著改善教学效果。政策制定者、教师、学生、家长和公众都坚持认为,只有教师培养机构有效满足了社会对教师不断变化的需求,才能适应新形式下学校工作的新目标和新挑战。具体来说,专业认证过程包括获取认证资格、早期评估、认证途径选择、自我评估、认证评审和提交年度报告6个方面的内容。

一、获取认证资格

认证资格是高等教育机构正式认证申请的前提性条件。教师培养认证委员会规定,已经获得全美教师教育认证委员会或教师教育认证协会认证的教师培养机构可自动获得其认证资格,在以上两个认证机构的认证周期内,教师培养认证委员会将接受全美教师教育认证委员会和教师教育认证协会的认证,这些教师培养机构在两个认证机构的认证结束1年前需要提前通知教师培养认证委员会,即可继续获得教师培养认证委员会的认证资格。如果教师培养机构的认证已经失效,则必须通过认证信息管理系统向教师培养认证委员会重新提交认证申请,以获得教师培养认证委员会的认证申请资格。

为了获得认证资格,所有未获得全美教师教育认证委员会和教师教育认证协会认证的教师培养机构必须填写并提交一份认证申请表,认证申请表包括机构基本信息、联系方式、认证背景、机构资源、师资配备、专业数量等内容,这些内容也展示了体育教师培养机构能力的各种指标,认证申请表的框架和具体内容如表2-6所示。

表2-6 美国体育教师教育专业认证资格评审过程

	体育教师培养机构	CAEP的评审
1. 认证申请	为了完成CAEP的认证申请,未经认证的体育教师培养机构必须完成认证申请,以满足认证资格要求教师培养机构的管理人员(执行董事、院长或主任)完成认证申请、签字,并以E-Mail的形式提交给CAEP办公室 为了确定CAEP的认证资格状态,教师培养机构必须在申请表中表明符合以下条件: (1)按CAEP的要求提供信息,以执行认证功能 (2)在认证申请表中标明认证途径,并同意遵守认证途径的要求 (3)遵守CAEP的政策,包括认证状况的披露政策 (4)了解CAEP年度费用和认证申请费用的提交 (5)在获得认证资格之前,CAEP必须对教师培养机构进行实地考察,以确认是否授予其认证资格	CAEP的工作人员审查申请表,以确认体育教师培养机构提交了所有的必要信息;如果认证过程需要提交额外信息,CAEP会通知体育教师培养机构;如果申请表是完整的,并准备提交CAEP成员审查,也会通知认证申请单位
2. 认证资格	提交认证申请表之后,体育教师培养机构必须通过CAEP认证信息管理系统(AIMS)提交认证证据认证证据表明了教师培养机构具备了体育师资培养的能力,其毕业生具备了向国家机构申请体育教师职业的资格;认证证据也是对培养基础体育教师教育专业的识别,也是对专业管理、专业控制、区域认证和卡内基分类实用性特征的描述	CAEP的工作人员审查提交材料的完整性,达到所有要求的体育教师培养机构通过认证,认证期限为5年

认证资格申请表不仅是获得教师培养认证委员会认证资格的前提条件，同时也是美国联邦教育部对所有教师培养机构的基本要求。表2-6的数据展示了教师培养机构的以下信息：（1）教师培养机构的简介，如机构类型、联系方式等；（2）教学地点、教学方式、临床教育工作者和其他教师的资格；（3）专业特色，如专业名称，州政府的认可等；（4）公平性，如设施、财务、性质、学生支持和学生反馈等；（5）提供教育服务的能力，如财务、预算、审计和管理等。这些信息也是美国联邦教育部对所有教师培养机构的能力要求。

为了维持认证状态，经认证的教师培养机构每年都要按照表2-6的模板上传新的数据，并将其作为教师培养认证委员会年度报告内容的一部分。在认证评审或诊断式实地考察时，教师培养机构则可根据需要更新或修改表中内容，并把其作为自我评估报告或实地考察报告的一部分。委员会的考察团队将验证表格信息的可靠程度和真伪，并在认证评审过程中将其作为教师培养机构优质师资培养能力的指标。此外，处于不同认证状态的教师培养机构，其获得认证资格的要求如下。

其一，未获得教师培养认证委员会、全美教师教育认证委员会或教师教育认证协会认证的教师培养机构，必须进行认证资格的申请。教师培养认证委员会将在审查认证资格之前，对教师培养机构的能力要素进行评审，其内容主要包括财政和行政能力、师资、设施、学生支持和投诉等，另外，教师培养认证委员会的工作人员会审查申请表格内容的完整性。

其二，已获得教师培养认证委员会认证的教师培养机构，在寻求持续认证时，无须重新确定其认证资格。这些教师培养机构已经构建了充分体现自身能力的基准，作为持续认证的一部分，教师培养机构需要及时更新其年度报告，以体现自身能力的变化。作为自我评估流程的一部分，教师培养机构需要及时更新自身能力量表，实地考察团队会根据教师教育机构标准仔细考虑这些变化，并给出认证建议。

其三，获得全美教师教育认证委员会和教师教育认证协会认证的教师培养机构，满足了教师培养认证委员会认证标准的所有要求，则表明在前期认证中构建了充分体现其自身能力的基准。在认证申请的第二阶段可向教师培养认证委员会提供能力表格，并将其视为自我评估报告的一部分。但是如果没有满足质量标准的要求，或者仅满足全美教师教育认证委员会以及教师教育认证协会部分指标的要求，则必须重新申请其认证资格。

二、早期评估

具备认证资格的教师培养机构在认证委员会实地考察的前3年，可自愿选择向认证委员会提交通用评估表、调查数据和评分指南，以表明自身满足了其认证标准。虽然早期评估是一种自愿行为但却非常有用，它强化了教师培养机构的形成性反馈，有利于搜集到更多有关职前教师的有用信息，并促进了专业教学的持续改进。

早期评估为教师培养机构提供了修正评估工具和搜集新数据的机会，这些修正后的评估工具会被纳入到自我评估报告中，并在教师培养认证委员会实地考察中对其进行评审。这是教师培养认证委员会按照新版标准的要求实施认证审查的一部分，并且已经在2015—2019学年分阶段实施。分阶段实施将有利于教师培养认证委员会对教师培养机构的前期自我评估进行反馈，并保障培养机构有充分时间进行修正或搜集补充性证据。教师培养机构在早期评估过程中提交的材料和教师培养认证委员会评审过程如表2-7所示。

表2-7　美国教师培养认证委员会早期评估工作进程

体育教师培养机构	CAEP评审
实地考察前3年，教师培养机构向CAEP提交所有指定学科内容领域的评估调查工具 教师培养机构：（1）向CAEP索取AIMS提交申请的报告模板，指明提交自我评估报告的学期和年度；（2）采用AIMS模板提交评估工具、评分指南和调查数据 提交以下材料： （1）教师培养机构自建评估工具，如学生实习观察方案、调查数据、教师工作样本、教学档案、学生退学调查、用人单位满意度调查以及学生能力检查的其他策略工具 （2）识别所有评估材料的图表 （3）教师培养机构的评估评分指南 （4）根据CAEP的标准，确定评估条目或提供调查数据的图表 （5）对以下评估问题的回复：①评估实施的要点或见解；②评估目的及其对学生监测或认证决策的作用；③提供给学生有关评估目的的信息；④（对证据充分性最低水平）判断的基准；⑤基于研究过程，确定最低内容效度的描述；⑥基于研究过程，确定评分信度的描述 （6）对以下调查问题的回复：①调查实施的要点或见解；②调查的目的；③对调查对象的指示	CAEP提供了适当的AIMS模板用于提交评估材料 CAEP对评审人员进行培训，并要求他们按照CAEP证据指南（2015年1月版本）审阅评估材料、调查数据和评分指南 CAEP会将评估结果反馈给教师培养机构，分阶段实施审查，并且在自我评估报告完成的前3年进行审查，教师培养机构将有充足时间修改评估工具、搜集数据

三、认证途径选择

作为认证过程的一部分，教师培养机构在寻求认证或重新认证时可选择以下认证途径的一种，即简要调查（Inquiry Brief，简称IB）、选择性改进（Selected Improvement，简称SI）和主动变革（Transformation Initiative，简称TI）。这三种认证途径都要求教师培养机构提供满足教师培养认证委员会所有标准的证据，并展示其可持续发展的证据。但这三种认证路径的关注领域和重点各不相同（表2-8）。然而，教师培养认证委员会将充分关注教师培养机构的多样性，并允许其根据自身特点选择合适的认证路径。

表2-8　美国体育教师教育专业认证路径对比[84]

	简要调查	选择性改进	主动变革
关注重点	以询问为驱动，关注体育师范生的成绩和学习成果	以数据为驱动，关注某一维度标准及其指标的选择性改进	侧重于认证研究和方法的开发，关注转换方案的计划及其实施
认证过程	培养机构设定师范生预期培养结果，通过调查了解目标达成度，提交自评报告，展示教学合作、临床合作等质量保障证据	培养机构选择1条或多条标准作为提高目标，进而提交改进计划，并在自评报告中提供证据展示其改善结果	培养机构提前3~5年提交转换方案计划，并进行严格的调查研究，与州政府、实习单位及其他机构合作实施
提交材料	（1）达到标准1和标准4的自评报告及完成标准5的数据质量预期 （2）达到标准2、3的要求及完成标准5持续改进的内部审计报告	（1）培养机构达到每条标准证据的报告 （2）选择性改善计划，计划中提供达到标准5的证据材料	（1）达到CAEP 5项标准的证据报告 （2）转换方案计划书和达到标准5的证明报告

（一）简要调查

简要调查路径，重点关注职前教师的学习成绩和毕业生的学习成果，这种认证方式以调查为驱动，始于培养机构的专业使命和学习结果。通过短暂调查证明教师培养机构是否达到了认证委员会教师教育机构标准的所有要求。因此，教师培养机构需要对学生的学习结果做出说明，并对学习结果的达标程度展开调查。培养机构的自我评估报告需提供以下证明材料，即教师培养机构的目标达成度、基本要求、高质量数据和专业期望。培养机构还需要确保教学合作、教育实习及教学过程的质量，以达成保障教学质量的基本职责，进而展示教学质量的持续改进过程。

选择简要调查认证方式的教师培养机构，在其自我评估报告中需要提交以下材料：（1）一份自我评估报告，其内容是对教师培养机构声明的调查，该报告涉及教师教育机构标准中维度1、4及维度5的数据质量预期；（2）一份内部审计报告，该报告为培养机构满足教师教育机构标准中维度2、3及维度5的要求提供了证据。

（二）选择性改进

选择性改进认证路径是一种强调数据驱动的认证决策方式，能够有效提高教师培养机构的认证效率，也可以评估职前体育教师对中小学生学习效果的影响。对于选择性改进认证途径来说，教师培养机构需要选择教师教育机构标准一个维度中的要素，并对其进行仔细研究，然后将标准融合贯通，以重点关注所选标准及其指标要求的改进程度。教师培养机构基于自我评审报告中呈现的数据选择主要改进领域，并且需要提供一份选择该领域原因的报告。

选择该认证途径的教师培养机构需提交一份选择性改进计划，以展示其改进程度及可测量的年度目标。在整个认证期间，教师培养机构监测选择性改进计划的进展状况，并酌情调整改进计划和策略，以确保改进目标的实现。此外，教师培养机构会提供现有改进计划进展情况及先前改进计划状态的证据。选择性改进计划可视为教师培养机构作出的一种承诺，即超越自我评估、进而转向持续改进的认证评审过程。选择该认证途径的教师培养机构在自我评估报告中需提交以下材料：（1）一份包含5个维度指标及其解决策略的报告，报告中对每条标准的支撑证据加以提示；（2）一份选择性改进计划，该计划为所选择的维度指标提供额外的证据。

（三）主动变革

主动变革认证路径侧重于认证研究和方法的开发，要求教师培养机构证明自身满足了教师教育机构标准的所有指标内容。由于这种方式的认证路径需要较长时间，因此必须提前3~5年提交主动变革的计划方案。教师培养机构需要针对教师培养的每一个环节制订主动变革计划书，并对其进行严格的调查研究。主动变革计划书的实施将有助于建立研究基地、提供可模仿的实践经验和提高教师培养质量。教师培养机构可以与其他机构、州政府、实习学校及高等教育机构相互合作，共同实施这些改革措施。教师培养机构需要提交一份正式的研究报告，以展示其开展教师培养的有效性，并与同行分享有效的先进经验。

选择主动变革路径的体育教师培养机构在自我评估报告中需要提交以下材料：（1）包含教师教育机构标准5个维度内容的报告，报告中对每条标准的证据都加以提示；（2）一份主动变革计划书、对5个维度的标准提供额外证据的进度报告，并附加在自我评估报告中。

对于选择性改进和主动变革两种认证途径来说，教师培养机构要逐一满足所有标准，并针对每一条具体标准作出合格说明。对于简要调查认证途径来说，培养机构需要提供相关证据，以表明其在校学生和毕业生满足了所有认证标准，并且通过内部质量保障系统的审计，以表明其具有较高的专业教学质量。

四、自我评估

自我评估是教师培养机构搜集、整理、分类、标记和上传自我评估材料的过程。作为自我质量保障体系的一部分，在整个认证周期内，教师培养机构需要持续不断地搜集证据，并对证据进行分类，以标明自身符合教师教育机构标准的要求。为了全面达到标准的要求，教师培养机构需要根据标准的二级指标提供证据材料，并以自我评估报告的形式提交证据材料。教师培养认证委员会实地考察团队会根据自我评估报告的证据材料对培养机构的教学质量进行评估，并指出培养机构的特色优势、存在的缺陷及需要改进的部分。

（一）认证材料的分类与标记

作为认证流程的一部分，教师培养机构要通过认证信息管理系统在线上传证据和数据、评估工具和指南及其他材料。为了方便审查人员的评估，材料上传之前，教师培养机构需要按照标准二级指标的要求对其进行标记和分类。

教师培养机构自我评估报告的内容包括：培养机构的名称、发展历史、背景及特征；教师培养单位及主管机构的人口统计学资料，如招生信息、在校生、毕业生和教职工的数量、种族构成等；机构简介，教学组织框架，师资培养的特征；教师培养机构的区域位置；教师培养机构的愿景、使命和目标；毕业生的国内外就业前景和政策背景。除自我评估报告以外，教师培养机构还需要将以下证明材料上传到认证信息管理系统，即培养机构自建的评估材料和评分指南，与认证评审证据相关的所有调查数据、评估工具和数据，显示培养机构特色的"专有"评估材料，其他尚未提交的评估材料，体现自身多样化和技术特色的所有证据。

针对上传的所有证据材料，教师培养机构都要描述其作为评估材料使用的原因，包括：该证据用于师资培养的哪个方面；该证据对师资培养的作用；非调查性评估材料的效度、评分信度和相关性等。教师培养机构根据标准及其指标的类别以加注标签的形式对证据材料加以标记，教师培养机构可将证据材料与标准指标一一对应。如针对会议备忘录的校对，教师培养机构可剪切、粘贴备忘录中相互合作的文档，并将其标记为标准2.3（标准2.3的二级指标要求），注明会议的日期、时间和地点，并将该证据材料作为自我评估报告的一部分，以证据案例的形式提交给教师培养认证委员会。实地考察期间，教师教育机构需要将完整的会议纪要提供给考察成员进行验证。此外，所有证据材料的电子文档必须以标签的形式直接链接到某一条标准或指标。

（二）评审选项的选择

教师培养机构将分类后的证据材料提交之后，接下来将进入具体评审的环节。基于国家合作协议，教师培养机构可自愿选择评审选项，评审选项包括3种：专业协会评审、专业反馈评审和州政府评审。教师培养机构可以选择任何形式的评审选项，3个评审选项的具体内容和要求如下。

其一，专业协会评审。专业协会评审是以国家标准为参照对教师培养机构进行评审的过程，这种评审选项要求教师培养机构提交特定的评估报告，以供专业协会专家审查。通过专业协会评审的培养机构将获得"国家认可"的资格，这是获得国家认可资格的唯一选择。教师培养机构为了在提交自我评估报告之前获得国家认可资格，必须在实地考察前3年向专业协会提交特定报告，以便给专业协会留下充裕时间对报告进行评审，并向教师培养机构提供准确的反馈意见，这也是教师培养认证委员会对自我评估报告的补充性要求。在专业协会评审过程中，教师培养认证委员会将对认证材料的提交和评审程序进行管理，以保证公平顺利的评审。

其二，专业反馈评审。专业反馈评审属于自我评估过程的一部分，因此不需要提交额外的报告。教师培养机构按照标准要求对数据进行分类，通过对这些专业数据的分析形成专业反馈评审的证据。专业反馈评审的内容包括两个部分，即专业数据是否符合州政府标准和要求及高等教育机构自我评估报告中的分类数据。

在专业反馈评审期间，教师培养机构分析自我评估报告中的相关数据，并且提供相应证据以表明对数据的持续更新。作为自我评估的一部分，教师培养认证委员会可要求教师培养机构回答与专业数据持续更新方式相关的问题，此外，州政府可根据标准中提供的分类数据，要求教师培养机构回答其具体问题。教师培养认证委员会向州政府提供评审结果的反馈意见，同时将反馈意见作为自我评估的一部分提供给教师培养机构。

选择专业反馈评审的教师培养机构需要遵循以下要求：每所教师培养机构必须在合作协议中确定其所在州及其专业评审途径；州政府可以选择提供与标准相关的问题，并持续改进自我评估报告中的分类数据；教师培养认证委员会可要求教师培养机构回答使用专业数据持续改进教学质量的方式；只要得到州政府的同意，教师培养机构可以选择多种专业评审方式，如可以同时选择专业协会评审和专业反馈评审，也可同时选择专业反馈评审和州政府评审，教师培养机构可以根据政府协议选择单一评审或组合评审等不同方式。

其三，州政府评审。选择此方式的教师培养机构需遵循州政府的评审准则，这是州政府实施专业评审的流程要求。同时，教师培养认证委员会要求教师培养机构基于数据持续提高教学质量。

三种评审方式的具体要求和流程如表2-9所示，需要指出的是，在与教师培养认证委员会的合作中，州政府可以在教师培养机构提供的评审方式中选择一种或多种方式进行评审。即使在州政府不做要求的情况下，教师培养机构也可选择专业协会评审。

表2-9 美国教师培养认证委员会三种专业评审选项的区别

评审过程	专业协会评审	专业反馈评审	州政府评审
1.材料提交主体	选择专业协会评审的教师培养机构	选择反馈性评审的教师培养机构	选择州政府评审的教师培养机构
2.评审标准	专业协会国家标准	CAEP或EASC标准，如有需要可参考州政府标准	州政府标准
3.评估数据的提交	培养机构在实地考察前3年提交评估数据，并回答以下问题：如何利用自我评估报告中的数据持续改进以达到CAEP标准要求 附加问题：作为证据提交的所有报告的状态，以及如何利用报告进行自我提升	教师培养机构按照CAEP标准的要求，在自我评估报告中提交分类评估数据。并回答以下问题：如何利用职业资格数据持续自我改进 附加问题：州政府标准及其要求	按照州政府的准则提交数据
4.数据的评审	协会专家基于评分指南、认证标准进行评审；评审员根据专业标准的要求指出证明材料存在的优点和缺点；实地考察专家分析专业报告的证明材料	实地考察专家评审：（1）与州政府标准及其要求相一致的职业资格数据；（2）教师培养机构自我评估报告中的分类数据	州政府评审

（续表）

评审过程	专业协会评审	专业反馈评审	州政府评审
5.认证结果	专业协会的评审结果如下：（1）国家认可；（2）国家有条件认可；（3）有待于进一步改进或国家试用认可；（4）国家不认可	CAEP根据州政府标准和分类结果向州政府和培养机构提供反馈意见	州政府对认证专业的批准
6.专业评审的使用	决定教师培养机构的认证状态	决定教师培养机构的认证状态	决定教师培养机构的认证状态

五、认证评审

教师培养认证委员会基于认证标准对教师培养机构进行评审，并最终确定认证结果。委员会认证评审由实地考察团队评审、认证委员会评审及认证决议3个部分组成。

（一）实地考察团队评审

教师培养机构提交自我评估报告之后，教师培养认证委员会将组建高素质同行实地考察团队，实地考察团队包括3~5名审查成员，一般由教师、院长、校长、州政府教育部门官员、熟悉教师培养认证委员会标准和教师培养的中小学教师组成。审查员在进行培训和正式工作之前，需要经过严格的筛选。教师培养认证委员会通常会对实地考察成员的表现进行评估，以确保他们具有较高的业务水平和持续提供服务的意愿。实地考察团队的主要责任是调查认证证据的质量，包括认证证据与教师机构培养目标的准确性和一致性。审查员将调查结果作为分析每条标准达成度的依据。调查团队基于自我评估报告和实地考察获得的一手材料，为教师培养机构提供建议，实地考察团队的分析是认证委员会进行评审和决策的起点，共分5个步骤。

第一步，自评报告的初审。考察团队成员独立审查教师培养机构的自评报告，考察的重点是自评报告的数据与教师培养认证委员会标准的一致性。考察评审的内容主要包括以下7个方面：展示毕业生能力的自我评估报告，并根据考察反馈进行修改；教师培养机构的年度报告；早期自我评审的结果（仅限选择了早期自我评审的教师培养机构）；对优、缺点进行年度评审的结果；年度报告中有关选择性改进、主动变革计划和内部审计的进展结果；专业协会、专业反馈或州政府评审的反馈报告；与认证途径相关的其他材料。

考察团队在评审自评报告的基础上撰写形成性评审报告作为实地考察团队终结性评审报告的基础，形成性评审报告的内容主要包括以下3个方面：指出不充分的信息、质量欠缺和实力不足的具体证据，以便教师培养机构能够在自我评估报告中进行修改并解释其不足的原因；指出教师培养机构说服力强的证据材料和未达到标准要求的缺陷材料；考察团队与教师培养机构共同制订的实地调查工作计划，指出实地考察期间团队成员需要调查的证据（该计划提供了预定的调查路径，但考察队员的调查工作不限于该计划）。

第二步，教师培养机构的修正。教师培养机构将根据考察团队的形成性评审报告修改自评报告，并将修改后的自评报告作为教师培养认证委员会下一阶段实地考察的基础。如果考察团队认为培养机构满足了教师教育机构标准的要求，但未做好接受实地考察的准备，教师培养认证委员会可以启动延迟实地考察的计划，这时，教师培养认证委员会工作人员将跟进审查细节，并向考察团队提议恢复实地考察的具体时间。

第三步，实地考察及撰写报告。实地考察的目的是验证认证材料的准确性、有效性和可靠性，并验证证据材料与认证标准的相关程度。为此，在教师培养机构提交证据材料后的2~3个月，考察团队会进行实地考察，实地考察的内容包括审查额外证据、验证已有证据、检查教学材料（课程计划、学生作业、视频和数据资料等）。实地考察时间为2~3天，期间考察小组会与教师、学生和管理人员等进行交流，并针对职前教师进行课堂教学观摩。实地考察为教师培养认证委员会提供了一个在会议之外确认证据、并酌情查询其他证据的机会。考察期间的所有食宿等后勤费用都由教师培养认证委员会负责。

实地考察团队的主要任务包括4个方面：开展有效的现场调查活动，如面谈、观察和文件审查；确保证明材料的完整性、有效性和可代表性，不断完善评估报告，将其作为考察讨论会的参考；向教师培养机构提供有关提高培养质量的建议；采用口头会议和书面报告的形式进行总结，分析证据材料的质量和调查方法的准确性，指出已经验证和尚未验证的区域、存在的优势和不足之处。

实地考察团队在考察结束后的30天内撰写终结性评审报告，其内容包括3个方面：已经检查验证的证明材料、未验证的证明材料、检查验证的方法；与证据质量相关的调查结果，以及对确定和不确定证据的平衡分析，以标明教师培养认证委员会标准指标的任何优点和缺点；针对每条标准所提供证据的完整性、质量和代表性的总结性评估。

第四步，教师培养机构的反馈。考察团队通过认证信息管理系统将终结性评审报告提交给教师培养机构，教师培养机构将根据评审报告的内容对自身存在的问题进行实质性改进，并且可以对报告中的错误结论提出反馈建议，这些反馈建议会通过认证信息管理系统直接嵌入考察团队的报告中，或以附录形式添加在自评报告中。教师培养机构对终结性评审报告的反馈必须在认证委员会审核前1个月内完成。

第五步,实地考察团队的反馈。考察团队负责人将针对教师培养机构的修正和任何附加文件作出回应,并将其直接加入原始终结性评审报告中。

(二) 认证委员会评审

实地考察结束后,考察团队将所有材料提交给教师培养认证委员会,然后由认证委员会进行第二阶段的评审。在认证委员会做出最终决议之前,先进行两轮初级评审和联合评审,评审内容包括4个方面:自我评估报告、实地考察团队的评审报告、考察团队对教师培养机构的反馈意见、初级和联合评审小组的审议和建议记录。

首先是初级评审,由3~5名认证委员会成员组成的小组对提交的认证材料进行初级评审,初级评审的任务是全面检查认证材料,并提出认证建议。初级评审小组需要遵循教师培养认证委员会的政策和程序,如果违反了认证政策和程序,评审小组需指出这种偏离是否会影响最终的认证建议,并提出适当的补救办法。

初级评审的程序包括以下5个步骤:第一步,经与认证委员会主席商议,针对每一所待评审的高等教育机构,教师培养认证委员会的工作人员选择初级评审小组成员和首席评审员;第二步,首席评审员基于培养机构的自我评估报告、实地考察报告及培养单位和考察团队的反馈建议,撰写并提供认证总结报告,然后提出认证状态的建议;第三步,评审小组以视频或现场会议的形式,指出专业优势、专业缺陷和需改进的领域;第四步,教师培养机构和实地考察成员对初级评审人员提出的问题作出阐释;第五步,初级评审小组集体讨论、投票,形成认证建议。在整个初级评审过程中,教师培养认证委员会董事会主席或其代表可参加评审小组的任何会议和决议。

其次是联合评审,联合评审小组成员由来自不同初级评审小组的所有成员组成,联合评审小组会首先参考初级评审小组的认证建议,并确保其认证过程严格、明确、一致。最后,综合考虑教师培养机构提交的证据、实地考察团队的调查结果、每条标准的证据支持程度和缺陷等材料,做出通过或拒绝认证申请的最终裁决。

联合评审的工作主要包括以下4个步骤:第一步,合理调配人力资源,统一处理各类事务,首席评审员对复杂的证据材料进行非正式分类,并协助联合审查小组的工作;第二步,联合评审小组主席领导每一个评审小组,在认证委员会成员的领导下开展联合审查讨论,在与认证委员会主席商议后,教师培养认证委员会的工作人员会给联合审查小组安排具体的工作任务;第三步,首席评审员可以对所有议事日程提出质疑;第四步,联合评审小组经集体讨论与投票,形成认证建议。在整个联合评审过程中,教师培养认证委员会董事会主席或其代表可参加评审小组的任何会议和决议。

最后是最终决议,认证委员会根据联合审查小组的建议,并遵循教师培养认证委员会公正严格的认证申请标准进行认证决议。认证委员会需要通过商讨达成一致性决议,在决议形成之前还需要证明初级评审小组、联合评审小组和认证委员会遵循了教师培养认证委员会的政策和程序。在此基础上,全体认证委员会成员经投票形成最终的认证决议。

(三)认证决议

所有认证决议都需要在教师培养认证委员会和教师培养机构的网站上公布,教师培养认证委员会认证决议的结果包括以下类别:(1)初始认证。只要满足了教师教育机构标准的所有要求,就可获得为期7年的初始认证。但是,教师培养机构必须在其网站上公布缺陷声明，并有2年的整改期，此后培养机构提出申请并经教师培养认证委员会审查后撤销缺陷声明，一般情况下不会进行第二次实地考察。改进领域不需要进行公开披露，但如果在下一个认证周期内没有得到修改，改进领域将转为缺陷声明。（2）试用认证。满足了全美教师教育认证委员会或教师教育认证协会的标准要求，但没能完全达到教师培养认证委员会2013年版教师教育机构标准要求的高校具有2年的试用认证期限。试用认证必须在教师培养机构的官方网站进行公布。只要有一条标准没有达到要求，教师培养机构就无法获得初始认证。如果教师培养机构在报告中申请延长2年的认证期限，就需要接受实地考察，并经过认证委员会的决议。有缺陷声明的教师培养机构为了撤销声明必须在2年内进行整改，因此，教师培养机构必须提交额外证据并接受实地考察。教师培养机构在年度报告中必须对改进措施进行解释。（3）重新认证。之前获得全美教师教育认证委员会、教师教育认证协会或教师培养认证委员会认证的教师培养机构，再次获得的认证。（4）典范认证。教师培养认证委员会对于达到"典范"绩效水平的认证。（5）否决认证。驳回认证。（6）撤销认证。对之前认证决议的撤销。

认证决议结果公布之后，教师培养机构可以针对"否决认证"或"撤销认证"的决议结果提出复议或申诉。在此过程中，教师培养机构可向教师培养认证委员会提交正式的复议或申诉书面文件，以便重新审议撤销或拒绝的认证决议，但是不能对缺陷声明或改进领域的决议提出异议。教师培养认证委员会工作人员将对教师培养机构的请求进行初步审查，随后，将复议请求提交给认证委员会主席和副主席，他们将以投票的形式决定是否向全体委员会成员提交该请求。

其中，复议的依据至少包括以下3个条件之一，即实地考察团队、认证委员会或其工作人员没有遵循工作程序；实地考察团队、认证委员会或其工作人员的利益冲突或偏见影响了认证决策；认证决策没有得到充分的支持或与已知的事实相违背。教师培养机构也可以对拒绝或撤销认证提起正式申诉，教师培养机构在收到认证决议和行动报告15天内以书面形式提交申诉意向书，并在提交意向书30天内提交申诉书。

教师培养认证委员会董事会主席从认证申诉委员会成员中挑选5位成员组成申诉小组，申诉小组成员必须曾经在教师培养认证委员会、全美教师教育认证委员会考察委员会或教师教育认证协会任职。每个申诉小组至少包括一名申诉委员会的公众代表，申诉小组成员将不再是认证委员会成员，也不能以任何方式对申诉的学科专业提供认证建议。申诉小组可以查阅认证委员会接触到的所有文件（包括教师培养机构的自评报告、实地考察团队的报告及其他补充性资料），也可以查看教师培养机构的申诉书及相关财务信息，具体工作程序包括4个步骤：第一步，教师培养机构可聘请法律顾问，并支付法律咨询费用；第二步，教师培养机构进行30分钟的口头陈述；第三步，实地考察团队和初级评审小组的主席出席听证会，并回答关于教师培养认证委员会以前个案认证评审的问题；第四步，任何人都可通过电子设备参与听证会。

申诉小组可以确认、修改或撤销认证决议，也可将认证决议发回认证委员会进行重审。除此之外，申诉小组的决议是最终裁决。如果发回重审，认证委员会将重新审议该培养机构的认证材料，包括申诉书和申诉委员会上交的指示。在申诉小组裁决之前，教师培养机构先前的认证仍然有效。

六、提交年度报告

除自评报告以外，教师培养机构还必须在每年的4月之前提交一份包含8项指标的年度报告，年度报告也是持续认证的一部分。

教师培养机构可按照年度报告中8项指标的要求，定期收集、分析和公布主要专业数据，并将其作为公众问责、改进透明度和持续提升质量的措施之一。通过以上措施，可鼓励教师培养机构深入评价和自我反思。

用人单位也可以通过8项指标数据了解教师培养机构人才培养的现状。对于教师培养认证委员会来说，这些数据将成为国家信息库的基础，可作为教师培养认证委员会年度报告数据的信息来源，补充教师培养机构提供的其他信息，并描述人才培养的趋势。随着时间的推移，教师培养认证委员会将更加重视包括8项指标的年度报告制度，并按照标准化协议搜集指标数据。标准化数据的搜集可为教师培养认证委员会董事会下一阶段的工作提供便利。未来的规划包括设置并检测任何指标的显著变化和绩效水平，超过阈值的教师培养机构可由认证委员会的年度检测委员会进行审查，并考虑认证状态的改变。

第四节　美国体育教师教育专业认证的特点与启示

2017年10月，教育部颁发了《普通高等学校师范类专业认证实施办法（暂行）》，这标志着我国体育教育专业认证工作的启动。然而，专业认证对我国来说是一件新鲜事物，我国尚缺乏专业认证的理论基础和实践经验。在这种背景下，总结美国体育教师教育专业认证的特征，将对我国体育教育专业认证体系的构建提供重要参考。

一、美国体育教师教育专业认证的特点

美国高等体育专业认证体系的建立历史悠久，在不断发展完善的过程中积累了丰富的经验，在保障体育教师培养质量方面发

挥了不可替代的作用,形成了独特的风格,其特点主要表现在以下几个方面。

(一)逐渐统一的认证机构

美国宪法规定,州与各级地方政府对各自的教育事务负责,这一传统对美国体育教师教育专业认证制度产生了深远的影响,由此产生了与体育教师教育专业相关的不同认证机构,包括全美教师教育认证委员会、教师教育认证协会、美国州际新教师评估支持联合会和国家专业教学标准委员会等。然而,相关研究表明,美国近年来教师培养质量未尽如人意,入学标准过低;师范生的学科知识和教学管理、评价能力欠佳;大部分教师教育专业缺乏办学质量自我监控与改进机制[85]。同时,不同教师教育认证机构始终处于分立状态,由此带来重复认证、认证标准与风格不一等问题[86]。因此,2009年,美国在48个州宣布建立统一的基础教育质量标准,这意味着美国在教育质量要求上开始趋同,并最终在2013年7月1日将全美教师教育认证委员会和教师教育认证协会进行了合并,成立了教师培养认证委员会,由此形成了全国统一的教师教育认证机构。

(二)民间非盈利性认证模式

民间和非盈利性是美国教师教育专业认证制度的鲜明特色,无论是教师教育标准的制定机构,还是体育教师标准的制定机构,以及认证实施机构,都不隶属于某个社会团体或个人,也不是教师培养机构的代言人,更不属于政府,而是为高校提供服务的中立性社会组织机构。认证机构与高校之间是一种评估与被评估的关系,双方互不干涉对方的工作,教师培养认证委员会无权干涉培养机构的日常教学和行政事务,高校更不会对认证委员会的各项工作评头论足,双方是一种平等的服务与被服务的关系。

教师培养认证委员会与美国联邦政府保持着合作伙伴关系，在接受联邦教育部的认可后方可开展认证工作，联邦政府根据认证机构对各个高校的认证结果对高校进行财政拨款。

（三）多元的认证标准体系

美国分权制的特点，决定了其体育教师教育专业认证标准体系的多元化，从机构类别上来看，既有教师培养认证委员会颁布的教育机构标准、美国州际新教师评估支持联合会和国家专业教学标准委员会颁布的体育教师教育标准，也有美国健康与体育教育协会颁布的体育教师标准，不同的机构标准从职前、入职和职后3个方面共同促进体育教师培养质量的提升；从认证标准的类别来看，既有体育教师标准，又有教师教育机构标准，其中教师标准又分为初级体育教师标准和高级体育教师标准，而教师教育机构标准又分为通用机构标准和体育专业机构标准两个部分。高级体育教师标准是在初级体育教师标准的基础上制定而成，体育教师培养机构既要满足通用机构标准的要求，又要达到体育专业机构的标准的要求，体育教师教育专业需要达到不同性质和类别的标准，体现了美国体育教师教育专业认证制度的灵活性和多元性。

（四）严格细致的认证过程

美国教师培养认证委员会在认证评审实施过程中有着非常严格和细致的操作流程。从认证实践来看，教师培养认证委员会的认证可分为认证资格的获得、早期自愿认证评估、认证途径的选择、自评报告的提交、评审团队的实地考察、认证委员会的评审、年度报告的提交7个阶段，并且每一个阶段又分为几个小步骤，如针对认证资格的获得，教师培养认证委员会规定已经获得全美教师教育认证委员会认证的教师培养机构可自动获得其认证资格，未获得全美教师教育认证委员会认证的培养机构必须并向其提交一份详细的认证申请表；评审团队的实地考察又分为5个步骤，即自评报告的初步评审、培养机构的自我修正、实地考察及报告撰写、培养机构的反馈、实地考察机构的反馈；认证委员会的评审也可分为初级评审、联合评审和最终决议3个步骤。可见，相对于其他专业认证评审过程，美国体育教师教育专业认证步骤较多，而且更加细致和严格。

（五）证据为本的绩效评估理念

全美教师教育认证委员会在历次标准修订过程中都表现出对教育"结果"和"绩效"的重视，教师培养认证委员会成立之后在认证实施过程中更是以绩效评价为出发点，高度重视教师培养机构的证据材料。这从体育教师标准的内容中即可看出，从教师的科学理论知识、技能和体适能能力、计划实施，到教学管理、学生影响和专业精神，都是从学习结果的角度评价体育教师；教师教育机构标准更是强调通过数据的搜集、分析和评价来展示自身达到了标准要求。在认证手册中，教师培养认证委员会明确要求教师培养机构构建一种基于证据的文化制度框架，以搜集证据、监控相关利益者的参与和反馈，注重定量与定性的测量，并对所有认证材料的来源进行解释以说明达到了标准要求，目的是提高教师培养的绩效。教师培养认证委员会对绩效和证据的充分关注是高等教育认证领域中少有的，这是改革者勇气和决心的验证[87]。

（六）循环往复的认证方式

为了持续提高教师培养质量，美国对体育教师教育专业的认证并非一次完成，其认证以循环方式持续进行。教师培养认证委员会规定，通过认证的专业有效期为7年，到期后需要重新认证，与第一次申请认证相同，重新认证也包括自评、实地考察、同行评议等基本程序，只是不用再次提交认证申请。但是，如果教师培养机构或师范类专业标准发生了重大变化，就需要重新提交认证申请，并支付相关费用。这种多次、循环认证的方式可以促进高校不断提高专业教学质量，很好地避免了第一次认证后放松追求、名不符实的情况发生，有助于高校的持续发展与建设。

二、对我国体育教育专业认证的启示

2017年12月，我国开始实施师范类专业认证制度，体育教育专业同步参加师范类专业认证。借鉴美国体育教师教育认证的有益经验，结合我国体育教育认证实践，可以得到以下启示。

（一）加强认证基础理论研究

美国教师教育认证已有几十年的历史，积累了丰富的认证经验。我国2017年开始的体育教育专业认证是一种崭新的评估形式，诸多高校的认证参与人员缺乏认证理论知识和实践经验[88]。鉴于此，我国有必要加强认证基础理论的研究，尤其在认证目的、认证理念、认证标准、认证组织、认证实施、认证程序、认证结果使用等方面加大研究力度，并基于研究结果广泛宣传，为体育教育专业认证的开展提供认知导航。此外，还必须关注本土化专业认证体系的探索，与美国相比，我国体育教育专业认证的环境和发展阶段具有特殊性，我国不仅缺乏体育教育专业认证组织、专家，而且缺乏专业认证的经验和第三方认证机构的有力支持。这就决定了我国体育教育专业认证理论研究必须立足于国情，结合体育教育专业建设的长期经验，坚持"洋为中用"的原则，有选择性地吸收国外经验。

（二）加深与专业协会的合作

教师培养认证委员会与美国健康与体育教育协会在认证标准制定、认证实施等方面密切合作，实际上美国体育教师教育专业实施双重认证，即首先接受美国健康与体育教育协会的资格认证，然后再向教师培养认证委员会申请机构认证。我国师范类专业众多且各具特色，因此，不应由单一的教育行政组织独立承担认证工作。就体育教育专业而言，普通高等学校体育教学指导委员会（简称"教指委"）长期以来在我国体育教育专业质量保障中起到了主体作用。2003年《全国普通高等学校体育教育本科专业课程方案》和2018年《体育学类本科专业教学质量国家标准》等文件制定、颁布。"教指委"汇集了我国体育学界众多专家、学者，他们具有丰富的教学和领导工作经验，对体育教育专业发展动态具有深刻认知。此外，中国体育科学学会学校体育分会、中国高等教育学会体育专业委员会等组织都可参与体育教育专业认证工作，并与教育评估机构在认证专家构成、实地考察、组织协调、标准修订和数据分享等方面相互合作。

（三）提供多元认证方式

美国教师培养认证委员会照顾到了不同教师培养机构的需要，提供了3种认证路径，即简要调查、选择性改进和主动变革。多元认证方式可以让教师培养机构自主选择认证过程和自评报告的提交方式，既满足了认证机构的要求，又提高了认证主体参与的积极性。我国体育教育专业分设在不同级别和不同类别的高校内，既有学科实力雄厚的双一流高校，也有地方普通高校；既有历史悠久的体育专业院校和师范类院校，也有新设的理工类、民族类院校。体育教育专业认证的实施应该充分考虑以上差异，提供多种认证方式，以便高校能够根据自身需要选择适合的认证途径。此外，全国统一的认证模式很可能导致课程设置的趋同化和培养方式的标准化，而多元化的认证方式不仅可以避免繁琐、刻板的认证过程，也可以激发高校的创造性，提供个性化的人才培养模式。

（四）拓宽证据材料的来源途径

教师培养认证委员会将"证据"作为认证理念之一，致力于构建一种基于证据的认证文化和制度框架。2016年，美国《高等教育法》第二修订版要求各州建立教育信息数据库，并共享毕业生就业率、留任率、教学效能、毕业生和雇主满意度等数据信息[89]，这些资料来源于不同部门，为体育教师教育专业认证提供了数据支撑。目前，我国体育教育专业认证数据主要来源于培养单位，其他利益主体的数据资料来源相对不足，而且认证材料以纸质为主。实际上体育教育专业认证是一个牵扯多方利益的复杂过程，需要认证机构、培养单位、实习机构、教育行政部门、体育专业组织和中小学校之间相互合作，以达到最佳认证效果，因此，认证证据材料的来源也应该多样化。此外，体育教育专业认证材料的类型也应该多元化，如录音、视频、教学档案、会议记录和调查量表等都可以作为认证材料。

（五）加快体育教师标准的制定

美国体育教师培养机构向教师培养认证委员会申请认证之前，需要先接受美国健康与体育教育协会的教师职业资格认定，其依据就是体育教师标准。体育教师标准是基础标准，它为职前体育教师培养和体育教师资格考试提供了明确的目标和参照。我国学者[90][91]就体育教师标准制定的可行性、必要性和推进路径等问题进行了深入研究，教育部也于2012年颁布了《教师专业标准（试行）》。但是，迄今为止我国还没有制定具体到学科的体育教师标准。2012年以来，国务院、教育部相关文件中多次提到加快教师标准的研制，2018年11月，教育部《关于完善教育标准化工作的指导意见》中再次指出："完善教育标准体系框架，加快制定教师专业标准"[92]。因此，在体育教育专业认证实施背景下，我国学校体育主管部门应该紧跟国家教育战略需求，加快体育教师标准的制定。

（六）重视教育实践

我国教师培养认证委员会特别重视职前教师实践能力的培养，要求教师培养机构与中小学校和社区建立互利的合作关系，共同选拔、培训、评价高质量的指导老师，与实习单位共同设计实践方案，强调多方合作共同创建一个规范、优质的教育实践环境。我国历来重视教育实践在体育教师培养中的作用，但还存在着规范性不强、理论与实践脱节、实践机会不足、管理松垮等问题[93]。因此，有必要进一步强化教育实践在职前体育教师培养中的地位。具体来说，可采用多种模式提高实践效果，如合作教学模式、学习共同体实践模式等，实习导师与实习生可灵活采用"一人教、一人观察""一人教、一人协助""站点式教学""平行性教学""补充性教学""选择性教学""团队教学"等多种合作形式[94]。多样化的教育实践合作模式可以丰富课程资源、提高体育师范生将理论知识应用于实践的能力。

（七）提高生源质量

生源质量是影响教师培养质量的关键因素之一。教师培养认证委员会规定师范生最低入学平均绩点不低于3.0，同时要求ACT、SAT成绩逐年上升，并优先录取成绩较高者。2014年，我国体育教育专业招生人数已从2007年的2.0万人增加到3.5万人，增幅达到75%[95]，扩招意味着教育门槛的降低，也意味着生源知识水平的降低。虽然我国师范专业认证将录取分数线、报到率、第一志愿报考率等作为认证材料，但却没有给出提升生源质量的具体要求。现实中部分不具备教师潜质或不愿从事体育教师职业的生源进入体育教育专业。鉴于此，应该采取措施吸引立志于体育教师职业的优质生源，同时采取提高录取分数线和术科技能要求等措施提高体育教育专业生源质量。

第三章　美国教练教育专业认证制度

只有经过专业教练员的指导，运动员才能获得最佳的运动体验。父母把孩子送去训练并参加体育赛事，就是希望孩子们能在成人的监督下获得最佳运动成效，并取得最大的发展。体育运动国家协会认为，所有运动员有权在合格教练员的执教下接受训练，这些合格教练员需具备《体育教练员国家标准》所规定的知识、技能和价值观。

——沙琳·柏格森（美国体育运动国家协会主席）

美国州立高中协会全国联合会鼓励其会员单位的教练员参加培训，培训计划必须是新版体育教练员国家标准中所包含的8个领域和40条标准呈现的内容，该培训将为每名教练员提供一份有关美国教练教育现状及其未来发展方向的评估。

——罗伯特·卡纳贝（美国州立高中协会全国联合会主席）

第一节　美国教练教育专业认证的历史沿革

"二战"以后，随着美国社会经济的高速发展，体质下降和患"三高"的青少年数量日益增加，美国教育界开始重视青少年的业余训练和锻炼；与此同时，受到国际环境的影响，美国体育界对运动成绩持续关注，开始重视教练员的培养质量，制定教练员国家标准。在这样的背景下，美国教练教育专业认证制度得以持续发展。美国教练教育认证制度的发展具有连续性和复杂性，并且受到市场、学术和政府三种力量的影响,其内容和表现形式可作为美国教练教育专业认证产生和发展阶段划分的依据。

一、美国教练教育专业认证发展阶段

从20世纪50年代教练教育认证协会成立至今,美国教练教育专业认证制度已经走过了70年的历程,这一历程大体上可分为起步期、成长期和完善期3个阶段。

(一)起步期

美国教练教育认证制度可追溯到20世纪50年代,当时,为了有效解决体育教练员执教水平下降的问题,国家教育协会教育政策委员会(NEAEPC)建议对校际体育教练员实施认证。20世纪60—70年代,美国健康体育休闲协会(现在的体育健康与休闲舞蹈联盟,简称AAHPERD)与州立高中协会全国联合会、体育运动国家协会等机构共同举办了3次专门会议来讨论体育教练员的认证问题。1967年,体育健康与休闲舞蹈联盟下设的教练认证工作小组制定了教练员最低标准,并搜集到了相关认证材料[96]。20世纪70—80年代,相关文献报道表明美国逐渐放松了对教师教练员认证的要求,仅有部分州还要求对体育教练员进行教育培训。

(二)成长期

随着1972年教育法修正案第九条的颁布与实施,美国青少年参与运动的人数大幅增加,尤其是女孩的运动参与率达到了新高。据统计,当时美国各类学校里的成人教练员人数为100万左右,合格教练员人数远远不能满足运动参与人数增长的需求[97]。

1985年,希思黎和查普尔[98]研究发现,女性运动队及其预算的增加导致了体育教师教学岗位的减少,许多教师教练员不得不放弃教练岗位而专职于体育教学工作，由此对学校体育管理工作造成了严重影响，即随着对教练员需求的增加，雇佣兼职教练员越来越困难，从而不得不降低对教练员岗位的聘任要求。从以往来看，美国曾经强制要求教练员必须是经认证合格的教师，但是由于众多教练员专职于体育教学工作，使用非教师教练就成为学校管理者解决教练员短缺问题的主要方式。希思黎和维泽使用"跑龙套教练"和"街道教练"来形容这些不具备教师资格的教练员，国家则倾向于使用"非教师教练""非教学教练""无资质教练"等词语来形容这些教练员。因此，对这些非教师教练员进行"认证"或"授权"就显得极为紧迫。

（三）完善期

20世纪80年代中期，美国妇女运动协会和体育运动国家协会联合针对教练员认证资格展开调研，自此，体育教练员的认证问题又被重新提及[99]，美国妇女运动协会的最终调研报告建议制定相关培训方案，以培养技能熟练的教练员。1994年3月，美国国会颁布了"目标2000：教育美国法案"，把制定国家教育标准写入了联邦法律[100]。于是，在1994年国家教练员峰会上重点讨论了如何提高教练员的执教质量，经过充分讨论并在参考以前有关教练能力和标准的研究成果基础上，正式制定并推出了一份包含8个领域和37条标准的教练员标准，该标准从1995年开始正式实施。2006年，体育运动国家协会对该标准进行了重新修订，命名为《体育教练员国家标准》，新标准包括8个领域和40条标准。该标准为教练员的职业发展提供了核心知识体系和教育基准。通过审核科学实践知识、综合现有的教练教育培训计划，并考虑公众的利益要求，教练员国家标准对教练员的知识、技能和价值观做了基本规定。

2000年，教练教育国家认证委员会（National Council for

Accreditation of Coaching Education，简称NCACE）的成立进一步促进了教练教育的发展，教练教育国家认证委员会采用《体育教练员国家标准》对教练员进行认证、评价和选择，同时，该委员会也监控教练教育的发展，并针对教练教育专业的审查提供指导。教练教育国家认证委员会是由全国各地的体育领导人组成的一个非盈利性组织，其使命是为运动参与者提供合格的教练员，为此，委员会要对教练教育专业进行审查，并不断提高其教育质量。教练教育国家认证委员会于2016年5月修订颁布了新版《教练教育专业认证指南》，系统阐述了教练教育专业认证的标准和程序。截至2020年6月31日，美国已有28个教练教育专业的34个项目通过了教练教育国家认证委员会的认证，其中，一级认证9个、三级认证20个、五级认证5个[101]，如表3-1所示。

表3-1 美国教练教育专业认证统计[102]

培养机构名称	认证级别	课程名称	认证期限
美国青年足球组织	级别一	青年足球教练课程	2009.2—2016.2
克莱瑞恩大学	级别三	健康与体育学院	2010.4—2017.4
佐治亚南方大学	级别三	运动训练本科专业（健康与运动学学院）	2011.6—2018.6
人体运动学教练教育项目	级别三	执教原理和运动急救课程	2015.2—2022.2
詹姆斯麦迪逊大学	级别三	运动训练本科专业	2009.12—2016.12
库茨敦大学	级别三	运动训练本科专业（健康、体育和舞蹈学院）	2013.1—2020.1
全国州立中学协会联盟	级别三	基础执教课程	2009.2—2014.2
网球职业协会	级别五	网球培训课程高级教练	2013.1—2020.1
	级别五	成绩课程高级教练	2011.6—2018.6
	级别三	初级培训（成绩）教练教育课程	2012.11—2019.1
	级别一	青年（11~17岁）教练教育课程	2015.1—2022.1

(续表)

培养机构名称	认证级别	课程名称	认证期限
史密斯学院	级别五	运动于体育研究学院	2014.5—2021.5
北美特殊奥林匹克协会	级别三	特殊教练培训课程	2010.9—2017.9
中佛罗里达大学	级别三	运动训练本科专业（运动与体适能学院）	2011.6—2018.6
南密西西比大学	级别三	人体机能与休闲学院	2008.10—2015.10
美国橄榄球协会	级别一	抢断保护教练认证课程	2012.11—2019.11
弗吉尼亚高校联盟	级别三	高校竞技运动教练	2013.6—2020.6
西梅歇根大学	级别五	运动成绩高级教练	2015.1—2022.1
威诺娜州立大学	级别三	运动训练本科专业（体育休闲学院）	2007.5—2014.5
美国反兴奋剂协会	级别三	领域1：哲学与伦理	2010.10—2017.10
大学生比赛促进计划	级别一	领域1：哲学与伦理；领域4：成长与发育	2010.10—2017.10
	级别三	领域1：哲学与伦理	
波士顿教练学院	级别三	体适能教练教育	2015.6—2022.6
划船研究所	级别一	水上基础教练课程	2015.6—2022.6
网球职业协会	级别五	高级网球教练培训教育	2016.11—2023.11
足球技术学校	级别三	青少年足球教练	2017.6—2024.6
丹佛大学	级别一	运动机能学院	2017.10—2024.10
南密西西比大学	级别一	运动训练专业	2018.2—2025.2
北科罗拉多大学	级别三	体育运动科学（体育教练学）	2018.4—2025.4
田径运动教练协会	级别三	田径3级教练培训课程	2018.4—2025.4
伯恩利亚州立大学（再认证）	级别三	运动训练本科专业（健康、体育和休闲学院）	2020.5—2027.5
网球职业协会	级别一	职业网球教练注册课程	2020.6—2027.6
美国田径协会（再认证）	级别三	田径1级教练培训课程	2020.6—2027.6
波士顿	级别一	适应性网球教练培训课程	2020.6—2027.6

二、美国教练教育专业认证发展背景

教练教育专业认证体系是保障高素质教练员队伍的基础,美国教练教育专业认证体系的发展进程,主要受到以下几个方面的影响。

(一)青少年体质及训练水平的下降

随着美国经济的快速发展,越来越多的人开始关注青少年的体质健康,为了提高青少年的运动参与水平和运动质量,有必要对优秀教练员的培养方式展开系统分析。教练教育和教练科学的前期研究成果表明,高质量教练教育会产生以下积极影响:延长运动员运动参与的时间、促进教练员更加积极的执教行为、提高运动员的满意度和运动动机水平。美国青年体育研究会的研究也表明,在合格教练员指导下进行训练会降低运动员的损耗率和焦虑感,并提高其运动参与的积极社会心理效应。然而,这些积极影响可能更多地与教练员执教信心和意识的提高有关,而非执教能力的提高。研究显示,在接受完教练教育课程学习之后,教练员的执教效果和对自身执教能力的信心会显著提高。只有将教练教育课程与课程反馈意见及结构化实习结合起来,才能降低将这些概念融入动态教练环境中的难度,从而增加运动员的切实利益。

尽管正式教练教育对教练员的好处是显而易见的,但是仍然有许多青年体育组织和教练员对此有抵触心理,不愿接受教练教育培训。研究显示,相对于教练资格证书和正规的教练教育,在选择和培养青年体育教练员的过程中,作为一名运动员的训练经历、对直接执教经验的个人解释及其他自我指导的学习经历仍然是教练员优先考虑的因素。教练员非常看重自己的执教经验并把其作为自身执教知识的主要来源,相对于其他执教活动,他们花在接受正规教练教育或继续培训课程的时间会更少。美国大学和高中教练员平均每年花在教练员培训上的时间只有25个小时。

尽管如此，鉴于青少年体质的持续下降和"三高"疾病患者数量的持续增加，美国社会各界对体育教练员日益关注，希望通过提高教练员培养质量，进而提高国民体质。在此背景下，美国体育界对如何培养高质量的体育教练员展开了一系列讨论，并将教练教育专业认证制度作为提高教练员质量的重要手段之一。

（二）教练员国家标准的制定

知识只是教练教育专业学习过程的一部分，教练员的素质和能力更为重要，有目的地指导和反思性学习对于教练教育专业知识的获取同样重要，如果处在一个积极的学习氛围中学习效果会更好。教练员需要理解运动的动态复杂性，并设计出最好的应对技巧以完成复杂的教练任务。体育组织和管理机构需要认识到社会对合格教练员日益增长的需求，因此，需要前瞻性地为教练员提供各种培训机会。然而，教练教育专业课程内容范围、教学深度、教学方式和考核等级等问题表明需要对教练员培训进行深入系统的评价，以具体说明培养教练员所需要的时间和费用。

在过去的10年里，美国在提高运动技术水平方面发展迅速，如背景调查、指纹识别等新技术的运用。此外，人们越来越关注日益扩大的教练教育培训市场，为此，一些公立与私立的基金会和教育机构开展了大量的教练员培训。支持教练教育发展的真正潜力在于建立教练员、管理员，尤其是父母的信心，在于让他们认识到教练员培训的价值。教练教育和教学科学需要牢固地植根于教练学学科研究。

社会对高质量青年体育教练员的需求不断增长，对教练员的基础知识和基本能力也日益关注，因此，有必要构建一个完整的教练员培养框架，以便在不同级别上尽可能多地培养有潜力的青年体育教练员。2006年，体育运动国家协会对《体育教练员国家标准》进行了修订，新标准包含了教练员职业发展的核心知识体系，体现了以绩效为基础的教育基准。通过审查科学实践知识、综合现有的教练教育课程及公众的评论建议，新标准对教练员的知识、能力和价值观提出了要求。新标准要最大程度地发挥其应有的效果，最好由专业的教练教育机构采取合适的方法来传播该标准的框架。那些包含了个人经验、反思结果和指导性知识的职业发展机会，对于培养女性和少数族群教练员队伍来说尤为重要。

（三）对教练员培养质量的持续关注

1972年，教育法修正案第九条的颁布和实施，极大地促进了美国青少年运动参与人数的增加，加之美国婴儿潮一代陆续入学，学校人数持续增加，许多体育教师不得不放弃教练职责而专职于教学工作，由此导致了合格教练员的缺乏，学校不得不聘任大量无资格的教练员。据美国州立高中协会全国联合会的统计，当时大约有100万教练员任职于公立学校，但只有少部分人接受过正式的教练教育[103]，没有经过专业培训的教练员可能在运动技术传授方面具有优势，但他们明显缺乏训练组织与调控、运动损伤与处理、运动动机激励等方面的知识和能力[104]，因此，如何提高教练员的教学质量成为一个社会焦点问题。

围绕着如何提高教练员培养质量，美国社会开展了广泛的基础性研究，研究主要集中于以下领域：（1）衡量教练教育有效性的最佳方式是什么？测量高质量运动的指标有哪些？是降低运动损伤次数，提高运动员的满意度，还是提高运动成绩？（2）哪种类型的教练教育课程最有效？内容驱动型还是基于运动成绩和教练过程的概念连接型？能力型还是经验型？特定运动型还是一般训练理论型？（3）在培训众多志愿者和职业教练员时哪种教练员培训方式最有效？传统课堂学习，网络教育还是面对面的讲习讨论？（4）随着时间的推移，教练员的干预会产生什么样的影响？继续教育在提升执教水平和避免教练员流失方面起什么作用？（5）具有运动经历的导师和同事如何构建正式的教育以提升学习经历？（6）自愿或强制性的教练教育要求将如何提高少数族裔和女性教练员的比例？（7）教练员对教练教育持什么样的观点？他们偏爱的教学方式和关注的重点内容是什么？（8）教练员可以采取哪些可靠、经济的方式获取职业发展信息和继续教育经验？（9）可以采取哪些有效、可靠的工具以评价教练教育专业？（10）在有限的培训时间内针对新教练和志愿者教练应该优先开设哪些课程？而对经验丰富的教练来说，如何拓展课程的深度和相关性以促进教练的多层级发展？（11）青年体育教练员在培训中需要什么？他们在哪些方面最需要得到教育培训？

  基于以上问题，教练教育国家认证委员会认为，通过认证监督和评估教练教育专业质量来提升和促进所有业余教练的指导能力。此外，教练教育国家认证委员会建议为志愿教练员、校际教练员、院际教练员和精英教练员等制定全面的标准。且通过教练教育专业认证后，教练员培养机构将获得以下益处：（1）外部问责，为教练教育专业质量提供了外部问责，公共领域和体育产业领域对这种类型的认证需求正在增长；（2）提高声誉，通过知名第三方中介组织的认可，会显著提高教练教育专业在公众、体育界及教练教育界内的声誉；（3）质量保障，通过认证过程，教练教育国家认证委员会将确保教练教育专业达到《体育教练员国家标准》所规定的卓越品质；（4）持续改进，运动指导的艺术和科学随时都在变化，认证过程所要求的内部检查推动了教练教育专业的持续改进，这也确保了教练教育专业能够持续达到运动教练国家标准指南的要求；（5）扩大影响，通过认证的专业可以使用教练教育国家认证委员会的协会标志进行推广宣传，以此与竞争对手加以区分，且表明该专业培养的教练员能够为运动员提供积极的运动实践经验。

第二节 美国教练教育专业认证标准体系

　　教练教育专业认证是对职前教练员培养要求的鉴定过程，这一过程确保了教练员将来能够高质量地从事教练员工作。通过专业认证可以识别教练员培养机构的教育水平、教育质量，并为学生和家长的专业选择提供依据。因此，教练教育国家认证委员会制定了教练教育专业标准体系，该标准体系包括教练员标准、机构标准和认证程序3个组成部分，其框架结构如图3-1所示。教练教育专业认证标准体系反映了未来社会对教练员的动态变化需求，同时也为教练教育机构申请认证奠定了基础。

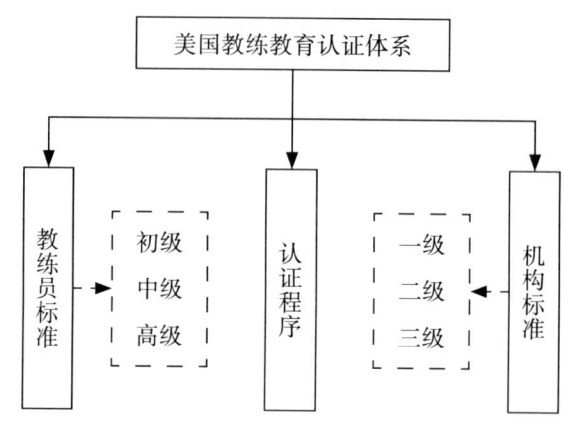

图3-1　美国教练教育认证体系框架结构示意图

一、标准制定机构

　　教练教育国家认证委员会是美国教练教育认证方面的权威机构，该协会成立于2000年，是一个由全国体育领导人组成的非盈利性组织。作为美国健康与体育教育协会的下属机构，教练教育国家认证委员会的使命是为运动参与者提供合格的教练员。为此，委员会需要对教练员培养机构和组织进行审查，开展国家认证和认可工作，达到不断提高教练员培养质量的目的。教练教育国家认证委员会开展专业认证的具体工作由董事会、评审员、协调员和审查小组负责，董事会由6~9人组成，其中大学校长3人，执行董事1人，成员3~6人，董事会的任职周期为3年；评审员从教练教育国家认证委员会的会员中招募，他们需要经过专业培训并获得相应资格，评审员主要负责认证申请材料的审查；协调员由教练教育国家认证委员会董事会任命，主要负责培训评审员、裁决评审员的调查结果，并向董事会提交包含认证结果的评审报告；审查小组由3名评审员组成，负责评审教练教育机构提交的认证文本，并对认证机构提交的反驳报告作出最终裁决。

教练教育国家认证委员会严格的审查过程确保教练教育机构符合《教练教育专业认证指南》的要求，并且能够有效满足每一个运动员独特的发展需要。通过专家团队评审，教练教育国家认证委员会能够为教练教育专业的设置、运行和评价提供高质量指导[105]。

二、教练教育机构标准

教练教育机构标准是对教练员培养机构的认证基准。教练教育国家认证委员会规定，只有达到一定条件的教育机构才有培养教练员的资质。机构标准为所有教练员培养机构提供了一个科学、一致的基础标准，教练员培养机构可据此标准审核自己的自评报告、专业师资资格和专业教学过程。教练教育国家认证委员会对于达到或超过最低机构标准基本要求的专业授予认证资格，机构标准的内容如表3-2所示。

表3-2　美国教练教育机构认证标准及要求

维度	标准	认证要求
1.专业使命	（1）确定专业教育范围，并承诺在相应级别上培养高质量的教练员	清晰标明专业结构和功能，并以书面形式呈现机构目的、原则、受众、职责及管理职能，如操作指南、组织结构图、规章制度和政策等
	（2）监督专业教育方面的所有工作	用制度手册的形式清晰标明管辖权限，并明确注明担负的责任，如课程审查、教师和学生的招聘计划、资源预算、课堂体验的评论、专业实习等
	（3）完整记录教师资格、新生名单、毕业生名单、教学大纲、课程表、学生成绩	提供以下材料的证据，包括教育年限、毕业生人数、在校生人数、教师和管理的连续性、获得外部体育组织认可的证书或参与各种体育活动的证明
2.专业师资	（4）指定一个专业负责人，其管理水平要与专业教育水平相一致	专业负责人应该具备教练员专业知识和经验，即特定运动领域内的领导者，并承担专业教学任务或负责运动管理、在专业协会担任相关职务，提交简短的个人简历或训练管理的履历
	（5）教师的知识和技能要与标准的专业级别、训练技能和知识相一致	提交一份表格表明教师：积极向学生传授专业内容，如参与的教学或训练指导、专业实习、临床实践等；具备与认证级别相一致的特定领域的知识
	（6）教师有效教学，了解未来教练员的特征和学习方式	能够应用不同教学方法传授内容，如学生互动、讲座、讨论、同伴演示/评估、微格教学、录像评论、个案研究、小组活动等
	（7）师生比合理，以便传播和表达NSSC①中的知识、技能和价值观	提供师生比数据，提供支持交互式学习的材料。当学生较多时，也要有效维持教学的互动性，如借助于小组合作、导师指导、电脑教学指导或作业等

第三章　美国教练教育专业认证制度

（续表）

维度	标准	认证要求
2. 专业师资	（8）教师深入了解并有效表达NSSC的领域、标准和职业能力	教师在教学中要明确以NSSC的领域、标准和基准为导向，详细记录教师研究方向的性质和范围
3. 课程教学	（9）课程教学内容反映了专业组织的使命和目标	课程大纲、相关课程材料及授课应该与入学前向学生宣传、推荐的材料内容相一致
	（10）持续评估专业教学内容和效果，满足专业目标和优秀教练员的发展要求	有效利用各种评估数据，包括课程评价、专家评估、教学评价等，以减少家长投诉和运动员损伤。优秀教练员发展途径包括在职培训、研讨会、教练员培训课程、观察和评估课程
	（11）向学生提供专业内容、课程要求及评价、认证资格、注册费等资料	以书面形式把以上材料提交给学生，包括课程大纲、课程手册、目录册等其他宣传材料
	（12）认证能否通过取决于学生是否完全达到可靠有效的评估目标	以评估案例的形式在课程大纲中详细描述评估程序，如抽样测试、学生演示、记录报告等，评估标准要规定毕业要求，如成绩、表现水平和学习时间等
	（13）实践经验是专业内容的一部分，实践经验的传授要与认证级别相一致	实践经验可能包括角色扮演、演示、微格教学、指导训练经验、在实际比赛中观察评价教练员
	（14）设置恰当的入学资格要求，并承诺招收弱势群体学生	申请表格或招生政策是入学审查的证据，机构规定、招生广告或招生网站等都展示了招收不同人群的承诺

（续表）

维度	标准	认证要求
4.学生学习	（15）提交体现NSSC 8个领域、40条标准的知识和技能内容	课程大纲应包含以下信息：具体的学习目标；课程内容概要，以反映课程学习时间；教育机会或学习经验；评价学习成绩的方法
	（16）提供充足的教学时间，以在相应级别上掌握执教能力	专业结构包括课堂学习时间、教学实践、知识应用、入学分数、专业会议、实践观察天数等，确保教学有效覆盖所有标准及基准

如表3-2所示，美国教练教育专业机构认证标准包括4个维度、16条标准。其中，专业使命是关于教练教育专业机构目标、结构和功能的信息，主要涉及教练员培养机构在恰当认证级别上的具体工作和机构运行的详细内容；专业师资描述了师资的监督、培训和教学经历，展示了专业教师如何根据预期的认证级别设计一个连贯有效的专业教学过程；课程教学展示了教练教育专业如何在维持和鼓励多样化的基础上提高教育质量，主要包括入学资格、实践经验、教育结果和教学评估等方面的内容；学生学习概括了教练教育专业在《体育教练员国家标准》和基准上的课程时间、课程目标、学习结果和评估等方面的内容。

教练教育专业的主要目标是培养高质量的教练员，同时，不同机构的教练教育专业根据自身优势和特征培养不同级别的教练员。根据教练教育国家认证委员会的要求，教练员教育机构必须取得相应的认证资格后方可进行教练员培养工作。因此，教练教育国家认证委员会针对不同机构的教练教育专业制定了3级认证标准，分别为一级、三级和五级（表3-3）。

第三章 美国教练教育专业认证制度

表3-3 美国教练教育机构级别标准

指标	一级	三级	五级
运动员水平	初级或中级水平的运动员	中级水平的运动员	精英运动员
赛季持续时间	短期	非连续的季节性	年度规划
竞赛水平	娱乐性或内部比赛	有组织的比赛或校级比赛	高水平职业比赛
教学重点	安全与风险管理、社会情感培养、基本运动技能介绍	竞技状态调节方法、训练教学方法、运动激励方法、中级运动技能	高级训练状态调整、高级技战术、专业发展
课程要求	全面介绍执教的真实状况,接触训练实践理论课程较多,实习和沟通时间较少	全面介绍训练哲学,可利用资源和各种身体活动,缩短理论课时间,代之以各种实习、见习和训练实践	强调沟通技能、管理技巧和督查技能等综合性知识,以及专业运动战术信息。需要大量时间进行教学并与学生接触

如表3-3所示,教练教育国家认证委员会根据教练员的执教对象、执教时间、竞赛水平、教学重点和课程要求5个方面对教练教育专业机构进行级别认证。3种级别的认证水平逐步提高,每一种高级别的认证是在上一级别基准水平上的累积性提高。一级认证代表基准水平,通过该级别认证的教练教育专业可培养初级教练员,执教的运动员可参与娱乐性的内部比赛,以开设理论课程为主,强调运动技能的安全性、娱乐性和引导性。随着认证级别的提高,对教练员执教能力的要求也相应提高,理论课时逐渐减少,适应高水平比赛的要求,沟通、管理、监督等综合能力增强,与学生接触时间增多。可见,教练教育专业级别标准是在专业标准的基础上对教练教育机构的细分,不同教练教育机构可以根据培养运动员的级别和自身优势申请相应的认证级别,这不仅

保障了专业教育机构的培养质量，而且提高了教练员培养的针对性和连贯性。需要指出的是，该标准旨在帮助教练教育机构对寻求认证的级别作出初步测定，接下来就要参考运动训练国家标准的具体要求，以获取每一个认证级别上的详细信息。

三、教练员标准

教练员标准是教练教育认证标准体系的重要组成部分，也是对教练员执教能力的具体规定，教练教育机构必须按照教练员标准的具体要求开展人才培养工作。美国教练员标准从领域和级别两个方面进行了分类，具体内容如下。

（一）教练员领域标准

20世纪以来，随着科研水平的提高，运动员的竞技成绩突飞猛进，这对教练员的执教能力提出了更高的要求。为了适应这种变化，体育运动国家协会在参考了最新的教练教育科研文献，并咨询了教练教育专业教师的反馈意见后，于2006年更新制定了《体育教练员国家标准》（表3-4），该标准是对教练员执教能力的具体规定。需要指出的是，在修订该标准的过程中，体育运动国家协会按照《美国残疾人法案》的要求，为残疾人教练员和运动员提供了更多的机会，充分满足了残疾人教练员和运动员的特殊需求。

2006年版《体育教练员国家标准》的整体内容框架由4部分构成：引言、修订过程、领域及标准和基准、级别标准。引言是对教练员标准角色和作用的介绍；修订过程描述了新标准的修订过程及其主要变化，与原有标准相比，新标准的变化体现在以下3个方面：（1）指标数量的减少，把原有的350条指标压缩为210条；（2）认证级别的减少，将原有的5级认证压缩为3级认证；（3）标准格式的改变，新标准在每条标准之后增加了一段简短的阐述，为教师提供理解的视角。教练员领域新标准分为8个领域、40条标准和210条基准；级别标准根据210条基准的要求分别对应初级、中级和高级教练员的行为规范。

表3-4 美国《体育教练员国家标准》的具体指标

领域	具体表述	标准
1.哲学和伦理	具备以运动员为中心的训练哲学和公平竞赛的职业责任	（1）培养和贯彻以运动员为中心的执教理念 （2）在训练比赛中识别、塑造和传授正确的价值观 （3）向运动员传递并强化"肩负社会责任，遵守职业道德"的理念
2.安全和伤害预防	安排运动员身体检查以预防运动损伤，提供安全的训练环境，并在出现紧急情况时采取恰当措施，有效参与运动医疗团队	（4）展示出与体育运动相关的道德行为 （5）提供安全设施，预防运动损伤 （6）及时提供、正确安装、恰当使用运动防护设备 （7）根据气候环境条件决定是否参与运动，确保运动员的安全和健康 （8）识别运动员身体状况，以免受伤 （9）识别运动损伤并及时提供恰当护理 （10）建立一个综合的运动健康维护计划，包括损伤预防、治疗和管理 （11）识别并解决运动伤害产生的心理影响
3.身体训练	运用科学原理设计和实施训练，不使用药物提高运动成绩。避免运动员的禁忌和过度训练，控制身体成分和体重，全面身体训练以预防和恢复运动损伤	（12）利用运动生理学和生物力学基本原理，合理设计训练和恢复计划 （13）教导运动员正确摄入营养，以提高其身心表现和整体健康水平 （14）提倡无毒的运动参与，并准确提供各种毒品和补充剂的信息 （15）设计健身训练计划，帮助伤后运动员全面恢复

（续表）

领域	具体表述	标准
4. 身体发育和发展	通过比赛促进运动员的身体、社会和情感发展。创设综合的学习环境，培养运动员的领导力，使他们感到舒心和受欢迎	（16）利用身体发育的变化促进运动技能的学习，并提高运动成绩 （17）支持运动员积极的运动体验和终身体育参与，促进其社会和情感的发展 （18）随着运动员年龄的增长，培养运动员的责任感和领导力
5. 教学沟通	形成自己有效的执教风格，提高训练效果，实施个性化教学、增强沟通能力，并在训练实践中有效使用管理技巧	（19）提供一个与运动员个性和专业目标相一致的积极的学习环境 （20）为运动员制订教学训练目标，并监督其实施 （21）基于季节或年度训练计划组织训练，维持训练动机、控制疲劳并调整最佳竞技状态 （22）计划和实施日常训练活动，并充分利用现有资源和训练时间 （23）采用适当的教学策略，促进运动员的发展，提高其运动成绩 （24）传授心理调整技能以提高运动成绩、降低运动焦虑 （25）利用沟通技巧提高运动员的学习效率，并享受参与运动的乐趣 （26）适当展示并利用有效的激励方法，以提高运动员的表现和满意度
6. 运动技术、战术	在规则范围内按年龄循序渐进的培养团队和个人的竞技战术，比赛中负责战术和人员安排，开展赛前侦查和博弈分析	（27）了解所执教运动专项的基本技能、技术组合要素和技法 （28）制订与运动员年龄和技能水平相适应的竞技战术和具体策略 （29）使用各种侦查方法来规划训练、准备比赛和分析比赛

(续表)

领域	具体表述	标准
7. 组织管理	为体育比赛的日常运作和管理提供资源。有效利用人力和财政资源，最大限度利用自身运动经验，并与其他利益相关者积极分享管理责任和经验	（30）组织竞赛的有效管理 （31）参与公共关系活动 （32）人力资源管理 （33）财政资源管理 （34）制订、实施紧急预案，并对相关文件进行存档 （35）管理所有信息、文档和记录 （36）承担与执教相关的法律责任，履行风险管理办法
8. 评价	具备必要的评价技能：运动员选拔、训练效果的反思，逐步实现运动员个人目标，评定训练方案，构建有意义的评价程序，促进自我反思和专业发展	（37）采取有效措施评价团队表现 （38）根据赛季目标，采用多种策略评估运动员的动机和个人成绩 （39）客观有效的评价运动员，以便分配角色或职位，并制订个人目标 （40）采用客观有效的程序评价自己和工作人员

从表3-4可以看出，美国《体育教练员国家标准》分为8个领域和40条标准，8个领域是对40条标准的分类，40条标准是对领域内容的具体展开。8个领域分别为哲学和伦理、安全和伤害预防、身体训练、身体发育和发展、教学沟通、运动技术战术、组织管理、评价。从8个领域的内容可以看出，一名合格的教练员必须具备全面的知识和技能，除了要具备基本的身体训练、运动技战术、教学与沟通等体育专业知识和技能以外，还必须具有公平竞赛的职业责任，了解运动员身体成长和运动伤害预防方面的医学知识。同时，一名合格的教练员必须是出色的管理人员，应该具

备组织管理和评价的相关能力。由此可见,美国教练员职业认证标准具有很强的针对性和实践性,要求教练员从训练和比赛的实战出发全面掌握相关知识和技能。

当然,8个领域所涵盖的内容范围非常宽泛,教练员培养机构在向教练教育国家认证委员会提交认证申请时,可以根据自身的优势选取其中某个领域进行认证,只要能够证明其培养的教练员满足了相应领域内每一条标准及其基准的具体要求即可。同时,为了更加详细地说明教练员标准在实践中的应用,NASPE针对每条标准又制定了更加详细的基准,40条标准和210条基准的具体内容如表3-5所示。

表3-5 美国体育教练员职业认证基准

领域	标准	基准
1. 哲学和伦理:教练员秉持关注运动员安全、发展和健康的执教理念,并在执教过程中起到模范带头作用,在训练和比赛中坚守道德行为	(1)培养和贯彻以运动员为中心的执教理念	通过沟通,识别从事教练行业的动因
		树立与教育机构的使命和目标相一致的、以运动员为中心的执教理念
		与运动员、父母、同事交流,秉持运动员为中心的执教理念
		欢迎所有符合条件的运动员,并鼓励弱势群体和残疾运动员的参与
		对运动员的行为进行管理
	(2)在运动中识别、塑造和传授正确的价值观	提供机会参与社区运动项目教学,以此培养学生正确的价值观
		尊重不同民族、种族、性别和年龄的运动参与者
		制订团队规章制度并严格执行,促进和加强积极个性特征的发展
		传授"失败是成功之母"的参赛理念
		传授终身健康和运动促进健康的观念
		鼓励学生通过对话解决运动中违背伦理道德的行为,促进学生个性的发展
		设计并实施相应的执教策略,以强调运动参与的愉悦性

第三章　美国教练教育专业认证制度

（续表）

领域	标准	基准
1.哲学和伦理：教练员秉持关注运动员安全、发展和健康的执教理念，并在执教过程中起到模范带头作用，在训练和比赛中坚守道德行为	（3）向运动员传递并强化"肩负社会责任，遵守职业道德"的理念 （4）展示出与体育运动相关的所有道德行为	以合乎道德的方式应用体育规则 尊重官员、父母、监护人、运动员和对手 通过努力拼搏、自我发展和自我控制的方式，促进运动员积极的社会行为 主动预防运动员、工作人员和观众的欺凌和侮辱行为，如果出现立即制止。让学生知道如何有效应对欺凌和侮辱行为 坚守体育规则，养成良好的运动行为 具备自控、自律能力，认识到教练员的行为可能对运动员、技术官员和观众产生影响 采用正向的语言和行为，为运动员创造安全、无威胁、有尊严的学习竞赛环境 正确处理各种职业关系，清晰区分教练员与父母、朋友、顾问之间的角色差异 确保合格的人员担任比赛的裁判员 应以负责任的方式减少性骚扰和运动员虐待的可能性 详述体育赌博的负面影响
2.安全和伤害预防：教练员接受伤害预防培训，掌握应急急救知识，识别高风险因素、不安全设备及器材和环境，确保运动员的安全	（5）提供安全设施，预防运动损伤 （6）提供、安装、使用必要的防护设备	根据安全技术要求安装运动设备，确保其结构的安全性 定期检查、监控运动设施，以减少和降低环境的风险 当可能存在不安全状况时，要及时修改训练和比赛计划 运动员使用的设备必须要符合相关管理机构认可的安全标准 监督运动设施的安装和维修过程 所有运动员都要知道如何正确选择、使用和护理防护装备

(续表)

领域	标准	基准
2.安全和伤害预防：教练员接受伤害预防培训，掌握应急急救知识，识别高风险因素、不安全设备及器材和环境，确保运动员的安全	（7）根据气候环境条件决定是否参与运动，以确保运动员的安全和健康	为助理教练、运动员及其父母提供有关比赛安全气候环境的信息
		在相关环境因素的基础上，促进所有运动员进行适当的尝试
		为保护运动员免受危险环境的影响，按照规则停止或更改训练和比赛计划
	（8）识别运动员容易受伤的身体状况	由父母、监护人和医生共同决定运动员完全停止或部分参与训练和比赛
		识别容易造成运动损伤的健康状况、身体结构和身体状态
		运动员睡眠不足和/或状态低迷时可以改变训练计划
	（9）识别损伤并及时提供治疗	具备和掌握运动损伤治疗方面的一般性知识
		在第一现场恰当地实施应急急救和心肺复苏术
		提供并合理使用一个储备急救箱
		鼓励运动员表达自己的疼痛和不适感，坚决扼制在病痛中坚持比赛
		应用标准程序尽量减少血源性病原体的发生
		了解受伤运动员接受专业医疗护理的时机、方法和途径
		允许运动员完全康复之后再参与训练
	（10）建立一个包括损伤预防、治疗和管理在内的综合运动健康护理计划	定期与运动员父母沟通，向其报告运动员受伤情况，促进运动损伤的预防和治疗
		寻求资深教练或专业医生的帮助，以了解运动员的身体运动状态
		一旦医生认为运动员需要进一步治疗，立即取消参赛
		根据医疗、身体和情感的需要修改执教的方法和策略

(续表)

领域	标准	基准
2. 安全和伤害预防：教练员接受伤害预防培训，掌握应急急救知识，识别高风险因素、不安全设备及器材和环境，确保运动员的安全	（11）识别并解决运动伤害产生的心理影响	认识运动员容易受伤的心理状态，并作出必要的训练调整
		为受伤队员创造条件，保持其与队友和教练的社会交往
		运用恰当的心理训练技巧减低运动员对再受伤的焦虑和恐惧，并对预期成绩进行必要调整
		在伤病恢复期间，主动提升运动员的自信和自尊
		使用适当的激励方法，促使运动员坚持伤病恢复方案
		当运动员对伤病无法适应时，督促运动员寻求专业服务机构的帮助
3. 身体训练：教练员在科学研究的基础上，做好准备活动、制订并实施恰当的训练教学计划、提高运动成绩，同时鼓励运动员保持健康的生活方式、降低训练风险	（12）正确利用运动生理学和生物力学的基本原理，合理设计训练、调控和恢复计划	身体训练是运动员保持最佳竞技状态的前提，而非惩罚的手段
		了解身体健康的影响因素，基于年龄描述专项运动所需的身体素质和健康水平
		关注身体状态和结构对制订训练计划的影响
		进行专项热身活动和放松活动，以便在授课前做好身心准备
		制订不同训练阶段的训练调控计划，熟知身体活动和训练的生理反应与适应
		利用生物力学的基本原理制订训练计划，充分发挥运动员的身体结构优势
		提供充足的恢复时间，以避免过度训练，提高课堂训练效果
		有效利用时间交叉进行不同内容的训练和调控，提高多个机能系统的训练效果
		避免对运动员有潜在危害的训练调控活动，避免运动禁忌活动

（续表）

领域	标准	基准
3.身体训练：教练员在科学研究的基础上，做好准备活动、制订并实施恰当的训练教学计划、提高运动成绩，同时鼓励运动员保持健康的生活方式、降低训练风险	（13）教授运动员合理营养摄入，提高身心表现和整体健康水平	及时帮助运动员选择食物，以最佳的方式为训练和比赛提供能量
		帮助运动员合理、安全的补充水分
		向运动员及其父母准确提供合理的营养摄入和与训练、比赛相关的信息
		准确及时地提供有关身体成分和健康体重管理的信息
		主动识别运动员潜在的饮食紊乱，并为其提供恰当的专业援助
	（14）提倡无毒运动，并准确提供各种毒品和补充剂的信息	获得有关补充剂的最新科研信息，了解其对运动成绩和健康造成的潜在影响
		让运动员父母、运动员和工作人员了解毒品、补充剂和处方药对运动成绩、体重和健康的影响和后果
		当运动员可能由于药物作用而在身体、外表或性格方面发生显著变化时，要及时进行干预，并督促运动员寻求专家诊治
		向运动员表明，使用禁止药物、饮酒、吸烟或其他药品不仅有明确的负面影响，而且也违犯了团队规则、职业规定、国家法律，并对身体健康造成伤害
		识别并确认社会、情感和心理压力是运动员使用药物/补充剂的原因，传授替代策略缓解以上因素造成的压力
	（15）设计健身训练计划，帮助伤后运动员的全面恢复	得到合格医疗专家的书面许可之后，受伤运动员才能够进行身体训练
		与受伤运动员的主治医生、父母进行定期的沟通和交流
		运动员要尊重医务人员对伤病康复的指导，确保再次比赛之前有足够的恢复时间

（续表）

领域	标准	基准
4.身体发育与成长：了解运动员的年龄和技术水平，识别运动员的认知、神经、情感和社会发展模式，为其创造有效的学习环境。参与培训，根据运动员的比赛意愿采取必要的训练和竞争策略	（16）利用身体发育的变化促进运动技能的学习，并提高运动成绩	识别运动神经的最佳敏感期和最佳发展期，以此决定运动技术的优先学习顺序
		基于运动素质的最佳敏感期和最佳发展期进行教学和训练，以此提高运动员的技战术水平
		分析与运动员身体结构和系统发育相关的肌肉运动的表现
		认识到运动员的早熟或晚熟与他们未来是否成功并无关系
		支持运动员积极面对身体发育成长过程中出现的各种问题，如手眼协调、视力训练、快速生长期和/或性成熟问题，这些问题都需要加以额外教导或转诊治疗
	（17）支持运动员积极运动体验和终身体育参与，促进其社会和情感发展	要认识到不同年龄阶段的运动员都会受到社会和情感问题的影响
		采用言语或非言语方式对运动表现进行反馈，并清晰分析成功和失败的原因，以此提高运动员的认知能力、激发其运动动机
		提倡均衡的生活方式，允许运动员参与运动之外的各种活动
		把终身享受体育活动作为运动参与的一个目标；帮助运动员应对运动参与的复杂事务和生活压力
		在运动过程中，帮助运动员认识自身在身体和情感方面的局限性
		在过度训练和过度劳累的高危情况下，评估运动员的训练和进步

（续表）

领域	标准	基准
4. 身体发育与成长：了解运动员的年龄和技术水平，识别运动员的认知、神经、情感和社会发展模式，为其创造有效的学习环境。参与培训，根据运动员的比赛意愿采取必要的训练和竞争策略	（18）随着运动员年龄的增长，提供机会培养他们的责任感和领导力	教育并鼓励运动员对自己的行为负责，并遵守团队纪律 为运动员提供团队日常管理的实践机会，允许其对自己实践表现进行评价 与运动员交流他们在运动参与和比赛准备过程中所担负的身心责任 鼓励运动员承担领导角色，并采取措施解决问题 为运动员提供管控冲突的各种方式 为运动员提供具体的机会，使其对他人进行指导
5. 教学与交流：教练员有组织地规划和实施教学，使运动员产生积极的学习体验，让运动员理解运动的基本原理，采用各种教学方法为运动员提供积极的学习环境，挖掘每个运动员的潜力，尤其注意，对运动员的潜力期望越大，越有可能影响运动员的成绩	（19）提供与运动员个性和训练目标相一致的积极的学习环境	把每一名运动员都作为独特的个体对待 开展一些能够培养团队凝聚力的活动 通过纠正运动员各种错误，显示运动员可能具备的各种能力 对运动员预期的成功给予正确指导并持续鼓励 有针对性地管理运动员，并制订正确的纪律策略 鼓励不同民族、种族、性别和社会经济地位的人平等参与运动，提高体育运动的参与率

第三章　美国教练教育专业认证制度

（续表）

领域	标准	基准
5. 教学与交流：教练员有组织地规划和实施教学，使运动员产生积极的学习体验，让运动员理解运动的基本原理，采用各种教学方法为运动员提供积极的学习环境，挖掘每个运动员的潜力，尤其注意，对运动员的潜力期望越大，越有可能影响运动员的成绩	（20）制订并监督实施教学训练目标	为每一堂训练课及每一次比赛制订目标
		运动员和工作人员参与运动目标的制订，制订切实可行的运动成绩目标
		通过前期评估和后期评价的各种技术，制订或调整运动员的个人目标
		对运动员和工作人员的赛季目标进行审查和修改，以确保目标切实可行并富有挑战性
		运动员通过自我努力可以实现设置的既定目标
	（21）基于训练计划组织训练、维持训练动机、控制疲劳，调整最佳运动状态	制订季节性训练目标，提高运动员在技能、知识、身体条件和社会发展等方面的能力
		制订每月、每周和每日的训练计划
		根据技能发展所需要的合理时间来制订训练计划
		与工作人员和运动员分享训练计划
	（22）计划和实施日常训练活动，并充分利用现有资源和训练时间	确保有足够的人员配备，对运动员的监督指导效果达到最优化
		组织运动设备和空间，以便运动员顺利过渡到下一个训练项目
		通过安排足够的训练内容和准备大量的预备运动设施，减少训练等待时间
		向工作人员和运动员清晰地说明训练内容、训练目标和可能的训练序列
		在正式教学训练之前，采用书面图表的形式向学生解释新的训练内容和战术安排
		集体项目的训练安排要考虑学习目标、安全、动机和团队士气

109

(续表)

领域	标准	基准
5.教学与交流：教练员有组织地规划和实施教学，使运动员产生积极的学习体验，让运动员理解运动的基本原理，采用各种教学方法为运动员提供积极的学习环境，挖掘每个运动员的潜力，尤其注意，对运动员的潜力期望越大，越有可能影响运动员的成绩	（23）采用适当的教学策略，促进运动员的发展，提高运动成绩	基于最佳教学实践制订专项运动技术的教学进度
		提供言语、视觉和战术暗示等多种教学指导方式，满足运动员不同学习方式的需求
		采用多种教学方法，鼓励运动员在解决问题的实践活动中以游戏化的方式学习
		规划训练实践活动的顺序，为技能的习得提供并预留足够的训练时间
		利用同行/队友的演示，提高运动员学习过程中的自信心和控制感
		使用适当的技术来分析运动员在训练和比赛中的表现
		考虑以下两个问题的学习动机，即纠正错误和再教学策略选择
	（24）传授心理调整技能提高运动成绩、降低运动焦虑	恰当运用内在与外在的奖励机制，以激发学习动机
		与运动员分享有效缓解压力的管理对策
		应用正确的心理技能树立运动员的自信心
		帮助运动员设计心理调适计划，包括赛前准备、失误应急补救方案等，有效缓解比赛压力
		通过学习注意力控制策略，帮助运动员提高注意力
	（25）有效沟通提高个人和小组的学习效率，并享受参与运动的乐趣	使用必要的专业运动术语与运动员交流预期的各项成果和活动
		通过对运动员表现的积极反馈和教学指导，向运动员传递高成就的期望
		课前构建一个有序的教学环境以吸引运动员的注意力；训练和比赛之前检查运动员的认知和理解程度
		对个人和团队成绩表现进行反馈，并把个人贡献与整个团队的目标联系起来
		任何时候都使用专业的和适龄的语言，使用非歧视性的和包容的语言
		调整教学节奏，让运动员有充足的时间处理信息、应对问题
		避免在训练和比赛的过程中与运动员过多交流

(续表)

领域	标准	基准
5. 教学与交流：教练员有组织地规划和实施教学，使运动员产生积极的学习体验，让运动员理解运动的基本原理，采用各种教学方法为运动员提供积极的学习环境，挖掘每个运动员的潜力，尤其注意，对运动员的潜力期望越大，越有可能影响运动员的成绩	（26）适当展示并利用有效的激励方法，以提高运动员的表现和满意度	确定并实施积极的激励策略 识别个别运动员独特的激励需求和挑战 基于对动机和过渡训练原理的理解，通过设计干预措施防止劳累过度 创建一个关注自身努力和成就的学习环境 针对运动员成功或失败的原因，提供准确的和支持性的反馈意见 在惩罚动员行为时，禁止使用身体活动或同伴压力的方式 通过强化过去的成功和自我效能感的其他来源，树立团队和个人的自信心
6. 运动技术与战术：有效整合运动员的技能，尽力参与有意义的比赛，及时了解最新专业技能和比赛规则	（27）了解运动专项的基本技能、技术组合要素和技法	准确展示专业运动必不可少的认知、情感和身体技能 对运动员基本技术的表现提供反馈意见 将符合运动规则和专业目标的安全策略融入个人战术中 对整个赛季需要改进的技战术进行分析和调整
	（28）根据运动员的年龄和技能水平制订竞技战术和具体策略	竞争策略和团队战术的结合要符合运动规则和执教理念 根据运动员的能力和比赛的特殊情景设计具体的战术 运动员要参与竞技战术的选择，从而使做出的决策更加有效 根据运动员的能力和状态，安排球场上职位分配、阵容、上场次序和人员流动 在比赛过程中允许调整既定的决策

（续表）

领域	标准	基准
6. 运动技术与战术：有效整合运动员的技能，尽力参与有意义的比赛，及时了解最新专业技能和比赛规则	（29）使用各种侦查方法规划训练、准备比赛和分析比赛	分析竞争对手的人员组成 通过关注对手的比赛、运动员统计数据和以前的比赛经验，制订比赛计划 通过识别对手比赛的模式和风格，对自身的训练和比赛做出适当调整 开发用于搜集和组织对手信息的侦查工具
7. 组织和管理：教练员负责管理所有训练计划、提供运动员所需信息、制订训练目标和训练政策、督促其他人遵守训练政策。运动成绩主要取决于教练员的管理技能	（30）组织竞赛的管理	利用体育组织的资源创造一个公平安全的比赛环境 确保运动员有合适的交通工具 对更衣室进行全方位的监督 在培养观众的正向行为方面发挥积极作用 对比赛所用设施进行规划 营造一种积极支持官员的氛围
	（31）公关活动的参与	赛前、赛中和赛后组织和开展有效的信息会议 与运动员、工作人员、监护人、管理人员、公众交流各种政策规定和开展的专项活动 让运动员做好准备，参与各种公共关系活动 通过与媒体和其他人的积极沟通，宣传运动项目的价值
	（32）人力资源管理	采用多种方法与所有参与者定期交流 对所有助理人员、管理人员、队长和其他人员进行必要的筛选、培训和监督 为助理教练、管理人员、队长和志愿者分配工作，并为他们制订业绩目标 确保所有员工满足最新的登记要求

第三章 美国教练教育专业认证制度

（续表）

领域	标准	基准
7.组织和管理：教练员负责管理所有训练计划、提供运动员所需信息、制订训练目标和训练政策、督促其他人遵守训练政策。运动成绩主要取决于教练员的管理技能	（33）财政资源管理	以一种对财政负责的态度，遵循专项资金的使用程序
		以一种谨慎和公平的方式采购和分配相关物品
		具备保持准确和完整财务记录的能力
		为俱乐部的支持者和其他外部支持资源提供明确的指南
		在符合管理机构规则的前提下，适当参与筹款活动
	（34）紧急预案的制订、实施与相关文件的存档	建立一套识别程序，以纠正不安全的状况，包括活动的停止、修改或转移
		为所有场馆制订一份有关紧急预案的书面记录
		熟悉助理教练、运动员、监护人，熟悉设备的安全使用
		讲授专项运动的安全措施，以降低受伤的风险
		填写必要的表格，记录每一次医疗急救
		制订相关规则，以保证所有运动员安全和健康地参与
	（35）信息、文档和记录的管理	保留对设备进行定期检查和修理的记录
		详细记录所有训练计划和培训活动，以应对法律上的质疑
		准备和保留体检、急救和受伤报告的各种表格
		在每一次训练/比赛期间都记录病史/信息，包括运动员与父母接触的信息
		对以下内容进行报表管理，包括与监护人的沟通会、运动员资格、项目评估、设备调度、旅行和预算等
		基于安全环境的要求传播维护安全的程序，包括比赛终止的程序
		建立、核实并维护弃权与参与的协议

（续表）

领域	标准	基准
7. 组织和管理：教练员负责管理所有训练计划、提供运动员所需信息、制订训练目标和训练政策、督促其他人遵守训练政策。运动成绩主要取决于教练员的管理技能	（36）承担相关法律责任，履行风险管理办法	遵守已经制订的专业交通政策 确保所有运动员都购买了运动专项保险 与管理员和医务人员共同建立并定期检查正式的风险管理计划 确保所有运动员符合《美国残疾人法案》、教育修正案第9条及其他法案中对居住设施的合理规定 与助理教练、监护人、运动员交流运动中存在的风险，记录的保持要获得运动员的许可 适当监督运动员
8. 评价：教练员及时决策训练计划的所有问题，仔细分析运动员能力和训练方案并制订专业目标；重视在运动员选拔和人员招聘中评价的作用；系统评价确保训练计划平稳、有效实施	（37）采取有效措施评价团队的表现	对合适的评价措施进行汇编，以供整个赛季使用 遵循既定的评价程序，包括目标识别、数据搜集、数据分析，以及必要时提出的修改建议 根据比赛目标、个人进步、上场时间和统计数据，对个人和团队做出综合评价 利用赛季的分析和总结，为休赛期及未来比赛制订规划 根据训练计划的总体使命评价团队 识别干扰训练计划实施的因素，并利用这些因素修改训练计划 与各利益相关者分享评价结果，以促进训练方案的改进

(续表)

领域	标准	基准
8.评价：教练员及时决策训练计划的所有问题，仔细分析运动员能力和训练方案并制订专业目标；重视在运动员选拔和人员招聘中评价的作用；系统评价确保训练计划平稳、有效实施	（38）根据赛季目标，采用多种策略评估运动员的动机和个人成绩	使用多种真实评估技术测量训练和比赛的成功结果 利用数据以尊重和激励的方式帮助运动员提高成绩 监控团队成员如何有效合作，教练组成员如何努力提高团队凝聚力 把评价方法融入日常训练计划，根据运动员的训练态度和自我效能水平提供反馈意见
	（39）客观有效地评价运动员，以便分配角色职位，制订个人目标	建立客观确切的标准，以便选择和分配团队运动的成员 寻求运动员的比赛信息，鼓励运动员采用自我评价技术测量个人进步和表现 评价运动员的个人成就，并与每个运动员定期讨论评价结果 以外交方式与运动员交流评价结果
	（40）采用客观有效的程序评价自己和工作人员	从运动员、家长、监护人、教练员及其他利益相关者中搜集各种数据，包括运动员满意度、对赛季目标的看法、执教表现等 对执教的有效性进行周期性的自我反思 寻求资深教练员的意见，评估自身训练表现、讨论观察结果，实施必要的改变 以正规书面评估报告的形式协助选择并留住工作人员 使用外交策略对人员评估和雇佣决策提供反馈意见

从表3-5可以看出，每一条标准后面都附有4~7条基准，基准是对标准更加详细的说明，同时，也是教练员执教过程中必须遵守的基本行为规范和要求。基准条目数量反映了每一条标准涵盖的区域范围，而区域范围的大小则取决于教练员认证级别要求及标准的具体应用背景，如初级教练员应能够识别紧急运动损伤并采取基本的治疗手段，但并不要求其掌握大量的治疗和恢复措施。当然，教练教育国家认证委员会并没有根据基准的内容对教练员进行分级，而是强调所有级别的教练员都应能够运用每一条标准。每一条标准及基准都是一种知识体系，他们代表了教练员所担负的责任。对于初级教练员来说，他们必须按照标准及其基准的最低要求开展执教工作，而对于高级教练员来说，他们在满足了标准及基准的基础上，需要担负更多的责任，考虑额外的要求。

其中，领域1（哲学和伦理）包括4条标准和23条基准，其内容主要是教练员应具备的以运动员为中心的执教理念、正确的价值观、职业道德和社会责任，这是作为一名合格教练员所必须具备的基本素养；领域2（安全和伤害预防）包括7条标准和29条基准，运动伤害的预防和治疗是教练员在运动实践中必须具备的职业能力之一，包括运动伤害的预防，如设备安全检查、设施维修、运动员补水、根据外部环境调整训练比赛计划，识别运动员受伤状况并提供治疗，以及调整伤后运动员的心理状态，提高运动员自尊自信等；领域3（身体训练）包括4条标准和22条基准，身体训练是教练员的基本职责，包括根据运动生理学和生物力学原理合理设计训练和恢复计划，帮助运动员合理补充营养，设计伤后运动恢复等；领域4（身体发育与成长）包括3条标准和18条基准，了解运动员身体和心理发育是教练员开展训练的前提，包括运动系统、身体结构、肌肉系统、运动敏感期、饮食管理、阶段运动目标激励等方面的知识；领域5（教学与交流）包括8条标准和47条基准，教学与训练是教练员的主要职责，该领域包含的内容也最多，包括为运动员设置积极的学习和训练黄金期、制订并督促训练目标的实现、对运动过程进行动态调整、安排训练设施和内容、根据运动员状态提高运动成绩、运用内部激励降低参赛焦虑、有效沟通并使运动员享受运动参与乐趣、提高运动员的表现满意度等；领域6（运动技术与战术）包括3条标准和13条基准，教练员只有在掌握运动技术与战术的基础上才能开展有效教学和训练，包括运动专项的基本技术动作结构、组合和要素，以及合理评定运动员的技战术水平，并在此基础上改善动作技术的方法和策略；领域7（组织和管理）包括7条标准和38条基准，从某种程度上来说，教练员也是一名管理人员，教练员要具备管理人员的所有能力包括赛事组织管理、公关、人事与财务管理、预案管理、文档管理和法律风险管理等；领域8（评价）包括4条标准和20条基准，评价能力也是教练员的职业能力之一，包括对运动员成绩的评定、数据的搜集和评价、运动技术细节的统计、赛季结果的分析，以及在评定基础上成绩的改善措施、团队凝聚力的提高，团队成员的招聘与留任、与利益相关者的沟通等内容。

美国教练员职业认证标准涵盖的领域、标准和基准是基于教练教育领域的科研新成果、新信息、新法规和新技术的要求而制定的，其目的是最大可能地为教练员和运动员提供最新知识，提高他们在运动中的愉悦感和技术水平。

（二）教练员级别标准

美国教练教育国家认证委员会规定，教练员在执教前必须取得相应的执教资格，并且达到《体育教练员国家标准》中所规定的最低执教要求。当然，并不是所有教练员都具备相同的技能或执教相同竞技水平的运动员（队），因此，根据教练员执教能力和执教运动员（队）竞技水平的不同，教练教育国家认证委员会提供了三种级别的教练员认证资格，即初级教练、中级教练和高级教练,并且制定了相应的认证标准。现以领域3(身体训练)中的第12条标准(利用运动生理学和生物力学的基本原理,合理设计训练、调控和恢复计划)为例,来说明三种级别教练员的具体认证标准。第12条标准又包含了9条基准,在每条基准上,规定了三种级别教练员认证标准的详细内容(表3-6)。需要指出的是,1995年版本的标准中有5个认证级别,2014年12月,教练教育国家认证委员会对认证指南进行修订后改为3个级别,但是,之前通过认证的教练员仍然继续使用数字1、3和5代表其认证级别。

表3-6 美国教练员职业认证级别标准[106]

基准	初级教练	中级教练	高级教练
1. 身体训练是运动员保持最佳竞技状态的前提,而非惩罚的手段	让运动员明白,训练要全力以赴,身体训练不是惩罚,而是提高训练水平的手段	让运动员明白,训练要全力以赴,身体训练不是惩罚,而是提高训练水平的手段	让运动员明白,训练要全力以赴,专门的训练措施将提高其的成绩
2. 理解身体健康的组成,理解年龄、专项特征、身体素质及健康的关系	了解一般性健康知识,教练员应该采用合适的预备性训练技术	掌握非常具体的训练技术,为运动员做好充足的准备。知道哪些训练内容可以提高运动成绩	更高级别的比赛需要额外掌握专项运动的具体要求,并具有高级体适能水平
3. 关注身体成分和结构及其对制订训练计划的影响	了解身体健康和体适能的一般知识,以评价运动员的成绩和能力	深入理解运动训练的生理学知识,把运动员视为独立的个体,并在训练中额外关注某些运动员	掌握运动生理学的各部分内容,训练运动员达到潜在的最佳竞技状态

第三章 美国教练教育专业认证制度

（续表）

基准	初级教练	中级教练	高级教练
4.进行专项热身和放松活动,在授课前做好身心准备	区分热身活动、训练和放松活动,并帮助运动员区分训练和比赛	实施具体的身体活动,对运动员进行全方位训练,提高运动成绩	实施详细的身体活动,对运动员进行全方位训练。进行专项热身和放松活动,提高运动成绩,降低受伤风险
5.根据比赛进程制订训练调控计划,具备身体训练生理反应方面的知识	提供适当的运动基础知识	在赛季和休赛季都能够为运动员提供补充性训练调控信息和技术改进计划	全年都能够为运动员提供详细的训练调控信息和技术改进计划
6.利用生物力学的基本原理制订训练计划,发挥运动员的身体结构优势	有意识进行基本的力量训练,以促进健康,预防受伤	熟练地进行力量训练,以促进健康,预防受伤	根据每个运动员的特点,采取不同的训练方法
7.保障运动恢复,避免过渡训练,提高训练效果	监测运动员的进步,基本了解过渡训练和最大训练次数	正确管理训练调控的程序	正确管理训练调控的程序,确定最大训练和恢复时间
8.有效进行交叉训练和调控,同时促进多个机能系统的发展	具有正确管理时间的意识,在训练调控的同时,进行交叉技术训练	熟练地管理时间,在训练调控的同时,进行交叉技术训练	根据运动员特点和具体的运动项目,熟练掌握训练调控的恰当措施
9.避免危害性的训练活动,避免运动禁忌活动	识别并避免训练禁忌,理解正确的训练调控方法	熟练制订训练调控计划	熟练制订并实施训练调控计划

从表3-6可以看出，教练员级别认证标准反映了对教练员执教能力的区分，随着教练员认证级别的提高，对教练员的要求也越来越严格。如基准2中，初级教练只需要了解一般身体健康知识，采用合适的预备性训练技术即可；而中级教练则要求掌握非常具体的训练技术及提高运动成绩的训练内容；高级教练员要能够根据运动专项的具体要求掌握额外的训练技术，并且具有高级体适能水平。同时，不同级别的教练应担负不同责任，对初级教练来说，他们负有有限责任，即强调比赛的参与性，技战术水平较低；而对于高级教练来说，他们负有高级责任，需要在技战术水平较高的、激烈竞争性比赛中达到具体的绩效指标。除此之外，不同级别教练员的工作领域也是有区别的，一般来说，初级教练和中级教练是指青年志愿教练、中学教练、助理教练、高校初级教练等，而高级教练一般是指大部分高校教练、所有精英和职业运动员（队）的教练。但是，教练员的执教能力与运动员的级别并不是一一对应的，高级教练也可以执教青年初级训练队。

（三）教练员标准的特点

20世纪70年代以来，随着科研水平的提高，运动员的竞技成绩突飞猛进，这对教练员的执教能力提出了新的要求。美国及时更新并执行新的教练员标准，有效保障了教练员培养质量的提高。总结美国教练员标准体系，具有以下特色。

1. 标准内容的全面性

美国教练员职业认证标准全面覆盖了教练员的专业素质和职业能力要素，从教练员标准的领域可以看出：既有体育专业层面的标准，如身体训练、运动技战术、教学沟通、安全伤害预防等；又有管理层面的标准，如组织管理、评价等。另外还涉及了教练员伦理层面，其内容体系非常全面，完全摆脱了以运动技能为主的观念，这些都是合格教练员的基础性职业要求。在教练员认证标准的基础上，为了切合标准在实践中的应用，教练教育国家认证委员会将40条标准分为210条基准进行详细阐释，每项基准的内容详细且具体，增强了标准的实用性。此外，教练教育国家认证委员会还根据教练员的执教能力和水平，对教练员职业认证级别进行了划分，根据每条基准的具体要求，对3个不同级别教练员的执教行为进行了具体规范。

2. 适用范围的广泛性

美国教练员职业认证标准的适用对象非常广泛，教练员、教育机构、认证机构、用人单位和公众都是其适用主体。教练员可以从中了解专业教育的内容，如课程设置、教学方式、预期学习结果和就业领域等，同时，还可以利用该标准帮助运动员提高技术水平和成绩；美国教练员培养教育机构不仅包括大学体育院系，而且包括各种体育协会和组织，所有专业教育机构可以根据该标准构建自己的核心课程，以持续提升自身专业教育质量，同时，可以按照标准的要求向教练教育国家认证委员会进行认证申请；教练员职业认证标准作为一个全国性的专业规范，为认证机构人员考察教练员培养质量提供了参考；最后，用人单位可从中了解雇佣和招聘的教练员的等级及其具备知识和技能。可见，美国教练员职业认证标准的适用对象覆盖了与教练员相关的所有利益相关者，这种多元性的受众正是世界教育质量标准的发展趋势之一。

3. 认证级别的层次性

横向来看，美国教练员职业认证体系不仅包括针对教练员个人的认证标准，也包括针对专业教育机构的认证标准，是一个既包括个人又包括机构的较为完善的认证体系。同时，在教练员认证标准上又分为初级教练、中级教练和高级教练，与此相对应，专业教育机构认证也分为三级，不同级别认证标准的要求依次提高。纵向来看，美国教练员职业认证标准包括领域、标准和基准3个层次，并以此逐渐细化标准内容。美国教练员职业认证标准的层次划分,不仅保证了教练员具备基本的运动学、教育学、生理学和管理学知识和技能,而且为教练员的进一步发展提供了广阔的空间。同时,又能根据社会不同领域的需求,有针对性地培养不同层次的教练员,从而提高了人才培养的适用性和针对性。

4. 认证指标的可操作性

美国教练员职业认证标准的指标体系具有很强的可操作性,无论是针对不同领域的认证标准,还是针对不同级别的认证标准,每一项标准内容的表述都相对详细。如210条基准都是对教练员行为的具体规范,职前教练员可以根据该标准的要求掌握相应级别的知识和技能,同时也可以据此找出自身学习中存在的不足和缺陷并加以弥补。教练员级别标准针对每条基准,分为初级、中级和高级3个级别对教练员的指教能力和水平进行区分,教练员培养机构可以根据自身人才培养层次,有针对性地开设课程、招聘教师、招录学生、实施教学和管理评价,并据此提交认证材料,进行相应级别的机构认证,因此,同样具有较高的可操作性。

第三节 美国教练教育专业认证过程

教练教育国家认证委员会具有严格的认证程序,委员会要求所有首次申请认证的教练教育专业必须由专业负责人向其提出书面认证申请,该专业在接下来的3年里要进行认证,如果注册专业在3年周期内没有提交认证材料,注册资格将被取消。现行教练教育国家认证委员会的认证过程主要包括6个阶段[107],其具体认证过程如下。

一、专业初评

专业评审开始之前,专业负责人要对教练教育专业进行初步评估，确定是否有必要寻求认证。专业初评有助于确定一个专业是否具备了专业认证的基本要求。专业初评的内容包括：专业使命和目标、管理人员、专业师资、课程内容、教学设计、课程规划和专业文档等，具体指标和要求见表3-7。

表3-7　美国教练教育专业初评指标和要求

要素	是	部分是	否
使命与目标 ● 该专业是否有一个清晰的使命声明并且提出了与教练教育相关的目标？	□	□	□
专业管理人员 ● 是否有一个指定的合格专业负责人/主管，以负责日常专业教学的运作、协调、监督和评价？	□	□	□
教师和教练 ● 专业教师是否参与过正规培训（获取正式资格）以提供有效指导？	□	□	□
● 是否系统、定期评价专业教师的教学效果？	□	□	□
● 教练员是否定期参加进修，关注运动训练和训练学教育的最新发展趋势？	□	□	□
课程内容 ● 课程能否反映教练教育的综合内容？（NSSC中领域8的内容）	□	□	□
教学设计 ● 该专业能否提供多样化的、交互式的、基于教师指导的学习经验（作业练习、视听设备、团队互动、低师生比等）？	□	□	□
● 教学设计是否结合了真实、典型的运动实践现场经验（视频分析、现场观察）？	□	□	□
● 教学过程中或教学之后是否对学生的知识和技能进行评价？	□	□	□

（续表）

要素	是	部分是	否
课程规划 ● 专业负责人是否对专业课程管理进行系统监督？包括综合课程的规划和更新、学习目标、详细的课程列表和教学大纲、适当的学习经验。	□	□	□
● 该专业是否针对既定目标而系统评估其教学内容和效果？	□	□	□
招生与文档 ● 专业招收和培养的学生是否在民族、性别和社会文化背景方面具有多样性？	□	□	□
● 专业是否保留并跟踪记录了相关档案？包括学生课堂出勤、适当的注册程序、学生的进步、认证文档、信件和注册资料。	□	□	□

专业初评是专业自我检查的过程，这有助于确定一个专业是否具备了专业认证的基本要素。对以上大部分问题的回答为"是"或"部分是"则意味着可以准备寻求专业认证。

二、专业注册

专业注册是一种认证前期的状态，专业认证过程开始于专业负责人向教练教育国家认证委员会提交的书面认证请求。认证的最初阶段称为"注册阶段"，这意味着该专业有意在接下来的3年里进行认证。如果在3年内没有提交认证评审文本，该专业的注册将被取消。被取消注册的专业如果要再次申请认证，则需要重新提交书面请求。

三、认证文本的准备

专业注册之后,专业负责人需要准备专业认证文本。认证文本记录了该专业如何满足《教练教育专业认证指南》的要求。认证文本要适合自身的组织目标、使命和目标受众。教练教育专业机构在准备认证文本的过程中要识别自身存在的缺点并积极改正。提交的认证文本要表明该专业是否满足了《教练教育专业认证指南》中的16条标准和《体育教练员国家标准》的具体指标要求,以确保学生掌握了教练员职业知识体系、积极参与了体验性学习并受到了高质量的指导。

具体来说,认证材料的准备可以参照以下建议进行:(1)教练教育专业机构可指定一人,专门负责认证材料的搜集和认证文本的制作;(2)教练教育专业机构需提前查阅《体育教练员国家标准》,确定该机构寻求认证的级别;(3)教练教育专业教师和领导应该熟悉认证的内容和流程;(4)查阅认证指南中有关机构组织和人员的要求,识别本机构的概况和专业教学人员结构中的优势和劣势,提供恰当的材料以满足认证指南中对组织体系和人员结构的要求;(5)审查教练教育国家认证委员会指南中有关认证流程的内容,并审查认证流程矩阵表,据此制作相关文档以支持教练教育国家认证委员会的认证指南;(6)在认证材料的早期准备阶段,通过系统审核教练教育的专业目标,识别出专业教育中存在的缺点和疏忽之处,进而在认证文本提交评审之前加以改正;(7)收集整理现有专业内容的书面文件,详细审核所有的课程大纲,确保清晰完整地描述了以下内容:师资执教能力、课程大纲、课程组合、学习经验、学生成绩的评价方法等。

认证材料要以文本的形式提交，文本的内容必须完整、清晰和准确。认证评审员将根据文本内容给出专业认证状态的建议，因此，清晰完整的信息是评审的关键。认证文本的内容包括以下4个方面：（1）封面：包括专业教育机构联系人的名字和认证材料清单。（2）概述：其具体内容以表格的形式附在文本的后面，包括4个表格，分别为教练教育专业机构目标和使命的描述、人口统计数据和知识基础、哲学思想、组织目标；教育机构的结构描述，包括教练教育专业在大学内部所处的位置及与其他专业的关系，包括组织结构体系图；专业课程，包括课程列表、实习要素、课程时间及所有课程的时间框架；专业教学总结，包括专业开设的时间（频率）、教师资格的描述、过去3年毕业学生人数、评估过程描述。（3）教练教育国家认证委员会认证指南矩阵表：矩阵表分为4类，分别为表A（组织概述）、表B（师资队伍）、表C（认证程序）、表D（课程内容）。（4）附录：包括所有课程的详细大纲及其他补充性文件，以展示出符合教练教育专业认证指南的要求。

四、认证文本的提交与结果决议

可采用以下任何一种方式提交认证文本：（1）光盘，并以超链接的形式提供相关参考文献。同时向NCACE提交5份文本资料，其中1份教练教育国家认证委员会留档，1份发给协调员，3份发给评审小组成员；（2）电子文件，包括以链接形式获取的所有材料；（3）安全网页，如果教练教育专业提供在线培训课程，应该提供能够自由访问的在线课程。从节约和绿色环保的角度出发，教练教育国家认证委员会鼓励以电子文档的形式提交认证文本。

提交的文本材料由评审员进行审核，并由他们决定：（1）教练教育专业内容是否满足专业使命；（2）专业机构及其师资人员是否能够保障专业教学的顺利开展；（3）专业教育制度是否能够提供多样的教育机会，以达到专业培养目标的要求；（4）是否能够公平、一致地评定学生的学习成绩。

认证评审员审核资料之后，他们在仔细考虑客观事实并综合分析的基础上，向协调员提交书面报告及认证建议，协调员在综合分析审查员书面报告及认证建议后，向教练教育国家认证委员会的董事会提供有关认证状态的建议。董事会在复核审查小组建议的基础上给出最终的认证结果：（1）通过，具有7年的认证资格；（2）有条件通过，在1年之内提交特定的修改材料；（3）未通过，认证结果将以书面形式通知教练教育机构。

五、反驳报告的提交

未通过和有条件通过的教练教育专业可以提起上诉，并提交反驳报告以纠正审查过程中的任何负面结果。反驳报告可以包括书面证词、录像带或其他任何能够证明已经符合标准的证据，教练教育机构只能提交与反驳结果相关的文档。暂缓通过的专业在提交反驳报告之前应该对专业认证文本做适当修改或提供额外的证据。

六、重新认证

认证周期一般为7年，通过认证的专业可在第7年时申请更新认证，此时，只要提交一份说明专业重大变化的报告即可。如果在认证周期内出现以下情况，需要进行重新认证，即专业文本的内容或提交过程存在不法行为、专业内容或管理结构发生了重大改变、专业内容不再符合科学证据或实践要求、专业标准或指南发生了改变。重新认证时需要提交认证申请并支付相关费用。

总之，教练教育国家认证委员会的认证非常严格，从教学目标、师资力量、课程设置、学生学习、教学资源、机构运行等方面对其进行全面评估，将认证的重点放在是否符合教练教育专业国家标准要求上，并定期进行认证，这对高质量教练教育专业人才的培养起到了重要作用。美国其他体育专业认证机构的运行机制与教练教育国家认证委员会相似，其共同的宗旨只有一个，即作为外部力量对美国体育专业教育质量进行监督和认证，保障体育专业教育质量，进而培养出高质量的体育专业人才。

第四节　美国教练教育专业认证制度的特点与启示

美国是世界体育强国之一，这与其高素质教练员人才队伍的支撑密不可分，而教练教育专业认证体系是教练员培养质量的重要保障。目前，我国共设置了91个运动训练本科专业点，有5万余名在校大学生[108]，但是由于培养目标偏离、教育制度缺陷等问题[109]，我国仍然存在着高水平教练员缺乏、既有教练员文化素质不高等现象[110]。鉴于此，总结美国教练教育专业认证的特点，并从中得出可借鉴的经验，有利于我国教练员人才培养质量的提高。

一、美国教练教育专业认证制度的特点

通过教练教育国家认证委员会的认证，美国培养出了大批多级别、高质量的教练员，为美国在世界竞技舞台上取得骄人成绩奠定了基础。从认证申请主体、认证机构、认证标准、认证过程、认证方式和认证结果等方面来看，美国教练教育专业认证制

度具有以下特征。

（一）认证主体的自愿性

美国教练教育国家认证委员会教练教育专业认证遵循自愿原则，高校参与认证完全是一种自主、自愿的行为。教练教育国家认证委员会是一个非营利性的第三方组织，其自身没有强制要求高校参与认证的权利。高等院校参与认证的目的主要是获得社会认可、争取政府财政拨款并获得高质量的生源，而非遵守联邦政府的行政命令。同时，教练教育国家认证委员会的董事会、评审员、协调员和审查小组等都出于自愿，他们自愿花费大量时间和精力参与认证工作，主要是想通过接受认证培训并参与认证实践活动，加深对教练教育专业发展趋势的了解、提高自己的学术地位和声誉。自愿参与不仅减少了费用，而且保障了认证机构的独立、公正和权威性。

（二）认证机构的多样性

认证机构的多样性是美国体育专业教育质量保障体系的特征之一。美国的传统观点认为，竞争是解决问题、提供服务的最好方式，其中也包括教育认证。因此，同一个体育专业出现两个或多个认证机构在美国是十分正常的，如休闲体育、体育教师教育、体育管理等专业都有两个认证机构，而运动训练则有3个认证机构。实际上，美国许多行业都存在多个认证机构并存的现象，如商业领域的"商学院促进协会"和"商学院与方案协会"；医护领域的"学院护理委员会"和"全美护理认证委员会联盟"；司法领域的"美国法学院联合会"与"美国律师协会"[111]。美国体育专业认证机构的多元化有利于不同认证机构的相互竞争，共同促进了体育专业教育质量的提升。

（三）认证标准的全面性

教练教育国家认证委员会专业认证标准既包括专业机构标准，又包括分级认证标准。其中，专业认证标准从专业使命、专业师资、课程教学和学生学习4个维度出发，分16条标准对如何提高教练教育专业质量进行整体概括。而且，为了确保专业认证的顺利实施，教练教育国家认证委员会针对每条标准都给出了具体的认证要求，参与认证的教练教育专业必须按照该标准及其认证要求开展专业教学并提供相关认证材料。此外，委员会制定了分级认证标准，从培养对象、比赛级别、教学重点和课程要求等方面对不同级别教练员的培养进行了区分，教练教育专业可以根据自身特色和专长有选择地参与不同级别的专业认证。由此，体现了教练教育国家认证委员会专业认证标准的具体全面性。

（四）认证过程的独立性

美国宪法规定，州与各地政府应对各自的教育质量负责，这一传统对美国高等教育专业认证产生了深远影响，强调了民间、非营利的认证机构在高等教育质量保障中的重要作用。教练教育国家认证委员会就是一个非政府的、第三方认证机构，它既不隶属于政府，又相对独立于任何教育机构或教育利益组织。虽然教练教育国家认证委员会是由美国健康与体育教育协会派生出来的，但是在其进行专业认证过程中保持高度的独立性。美国联邦教育部和高等教育认证委员会在对教练教育国家认证委员会进行认可时明确要求必须具有独立的资金来源，工作人员不受相关利益组织的影响和控制，以此保证教练教育国家认证委员会认证过程的客观性、独立性。但是，近年来联邦教育部通过对认证机构的认可、资助等手段加强了对认证机构的干预，专业标准的制定也趋于严格和统一，这在一定程度上影响了认证过程的独立性。

（五）认证方式的循环性

为了持续保障高等体育专业教育质量，美国教练教育国家认证委员会对教练教育专业的认证并非一次完成，而是以循环认证的方式持续进行，平均每隔7年就会有一次复评。与第一次申请认证相同，复评也包括自评、进校考察和同行评估等阶段，只是不需要提交认证申请。但是，如果专业教育机构或专业标准发生重大变化，就需要重新提交认证申请。美国教练教育国家认证委员会通过循环认证的方式持续不断地促进教练教育专业提高自身教育质量，避免出现一劳永逸的现象。

（六）认证结果的权威性

美国教练教育国家认证委员会的教练教育专业认证以专家评估为主要形式，具有科学的认证标准和严格的认证程序，确保了认证结果的科学权威性。认证标准的指标体系是教练教育国家认证委员会与教练员培养机构相互作用、相互协商的结果，会随着社会环境的变化、新教育理念和运动技战术的出现而及时修订完善，保证了标准的有效性和科学性。从标准类型看，既包括专业认证标准，又包括级别认证标准，不同类型的标准相互衔接，共同体现了对理想教练教育状况的认识和追求；从认证过程看，教练教育国家认证委员会的认证以自我评估为基础，能够使高校充分认识到自身存在的问题，同行专家的评议增强了认证的可接受性，并且使认证置于社会公众的监督之下，增强了认证结果的可行性和权威性。

二、对我国运动训练专业认证的启示

随着我国运动训练专业规模的扩大，如何提高教练员培养质量是一个亟待研究和解决的问题，美国教练教育专业认证制度的丰富理论和实践，对我国运动训练专业认证的研究和实施、提高教练员培养质量方面具有重要的借鉴意义。

（一）建立准官方的认证机构，确保认证的专业权威性

美国教练教育专业认证是由教练教育国家认证委员会来具体负责实施的，这种非官方中介机构以其公正、独立和非营利的特点成为专业认证制度实施的关键。目前，我国并未建立运动训练专业认证制度，为了提高专业教育质量，我们应该借鉴美国教练教育国家认证委员会的经验，建立专业性的认证机构。应该结合我国国情，在政府的引导下组建以同行专家为主体的准官方专业认证机构。随着我国运动训练专业认证制度组织和实施的逐步完善，认证机构可由准官方性质向非官方性质转变，从而最终构建与国际接轨的非官方专业认证机构。

（二）完善指标体系，加快推进专业质量标准的构建

1998年颁布的《高等教育法案修正案》确立了认证制度在美国高等教育质量保障机制中的地位和作用[112]。专业认证是对高质量职业准备要求的鉴定过程，这一鉴定过程的前提是参照标准的确立，因此，标准的研制是运动训练专业质量保障的基础性工作。目前，我国尚未出台专门的运动训练专业标准，2010年启动制定的《普通高等学校运动训练本科专业规范》由于教育部本科专业的调整而终止，2018年3月颁布实施的《高等学校体育学类本科专业教学质量国家标准》[113]是针对7个体育学类本科专业制定的准入、评估标准。因此，为了保障我国运动训练专业教育质量，有必要借鉴美国教练教育专业认证的先进经验，研究和制定专业质量指标体系，并以此为基础构建符合我国国情的运动训练

专业质量标准。

（三）组建认证专家队伍，提高认证的社会认可度

专业认证能否促进教育质量的提升很大程度上取决于评估人员的素质，因此，建立一支思想水平过硬、业务能力较高的认证专家队伍，是保障运动训练专业认证顺利开展的重要前提。美国教练教育国家认证委员会的董事会由6~9名成员组成，包括评审员、协调员和审查小组，这些人员都经过专业培训，认证经验丰富。因此，我们可以借鉴美国的认证经验，凸显专家参与的重要性，通过相应的制度设计，在运动训练学专业协会的基础上，吸收运动训练科学研究专家、高等体育教育专家和资深教练员组成认证专家队伍，并通过学习培训、出国交流等方式，增强认证专家队伍的理论素养和实践能力，以此来提高我国运动训练专业认证的社会认可度。

（四）施行分级认证制度，鼓励多元化人才培养

美国教练教育国家认证委员会根据人才培养的目标和条件，将教练教育机构分为3个认证级别，不同机构的教练教育专业可以根据自身优势和社会需求有选择地参与不同级别的认证，提高人才培养的针对性。我国运动训练专业设置在不同类型和级别的高校内，其中，既有"985""211"这样的研究型大学，又有教学型普通高校和体育专业院校，不同层次和类型的高校在学科优势、培养目标和课程选择上都有所区别。因此，为了避免人才培养的同质化，我们可以借鉴美国教练教育国家认证委员会的经验，根据不同机构人才培养的优势、目标和条件，对我国运动训练专业实行分级认证制度，鼓励不同层次和类别的高校在不同级别教练员培养中追求卓越，形成多元化的人才培养模式。

(五)加强自我评价机制,提高院校认证参与的积极性

美国教练教育国家认证委员会对教练教育专业的认证是一个由诸多环节和步骤组成的系统工程,但起点是专业的自我初评。现代评价理论认为,自我评估有利于拓宽评价的信息来源,获得全面、客观、公正的评价结果,还有助于自我审视、自我反思和自我改造,提高认证效率[114]。虽然我国现在的院校审核评估有内部自我评估的规定,但大都是为应对外部评估而存在的,而非高校自觉自愿地内部评估,不能真正保证专业教育质量[115]。因此,在我国运动训练专业认证的实施过程中,应该借鉴美国教练教育国家认证委员会的经验,从根本上认识专业认证的价值和作用,加强和完善专业质量的内部评价机制,提高专业认证参与的积极主动性。

(六)明确专业培养目标,提高人才培养的针对性

美国教练教育专业的培养目标明确,2013年,美国有430所高等院校开设了教练教育专业,虽然各高校的教练教育专业名称不一致,但都以培养能够胜任不同工作环境的教练员为宗旨,其毕业生也主要在职业体育俱乐部、业余体育俱乐部和学校担任教练员工作[116]。我国于2012年颁布的《普通高等学校本科专业目录和专业介绍》将运动训练专业培养目标定为:具备竞技体育基本理论、知识和较高的专项技能,能在专业和职业队、校队和学校代表队、体育俱乐部等部门从事训练、教学、竞赛、管理等方面工作的复合型人才[117]。可以看出,我国运动训练专业培养目标具有多元化特征,宽泛的就业领域使得运动训练专业的独立性受到质疑,并且与体育教育、社会体育指导与管理专业存在重叠。因此,可以借鉴美国的经验,明确我国运动训练专业的教练员培养宗旨,以此提高专业人才培养的针对性。

（七）与职业资格许可相结合，及时反映教练员需求信息

美国教练教育国家认证委员会认证制度的特点之一是将专业认证与职业资格许可挂钩，将是否通过专业认证作为毕业生能否具备某一职业资格的先决条件。教练教育国家认证委员会规定，只有通过认证的教练教育专业培养的教练员才有资格注册成为其会员，只有会员才有资格申请教练员从业资格。教练教育国家认证委员会认为只有经过认证的机构才能为学生提供未来就业所需的专业知识和技能，使学生达到基本的从业要求。2015年10月，我国颁布了新的《中华人民共和国职业分类大典》[118]，其中将教练员作为体育核心职业之一。教练员职业的设置为我国运动训练专业教育提供了重要依据，但是如何将社会对教练员的需求信息及时传递给高校，使高校有针对性地施教，是当前亟待解决的问题。因此，我们可以借鉴美国教练教育国家认证委员会的认证经验，将运动训练专业认证与教练员职业资格许可相结合，提高人才培养的针对性和适用性。

第四章　美国体育管理专业认证制度

　　体育产业是全球最大的产业之一，美国是世界体育大国，随着全球经济的发展及经济结构的优化调整，美国的体育产业结构也发生了一些变化，比如体育与信息、体育与金融等相互结合并与各行各业紧密相连。根据北美体育管理协会（North American Society for Sport Management，简称NASSM）的统计，美国有600多所大学开设体育管理专业，这些学校开设体育管理专业的有本科、硕士和博士。为了有效保障体育管理专业人才培养质量，体育管理认证委员会（Commission on Sport Management Accreditation，简称COSMA）颁布认证标准，开展体育管理专业认证工作，高质量的体育管理人才培养体系是美国体育产业强国建设的基础。

　　1985年，我国在武汉体育学院首次开设体育管理专业，由于受到《普通高等学校本科专业目标》设置的影响，目前，我国体育管理专业分别以体育经济与管理、体育市场营销、体育公共事业管理、体育信息管理等名称分散设置在不同学科门类下。相比美国完善的体育管理人才培养质量保障体系，我国体育管理专业在人才培养的应用性、操作性等方面还远远达不到要求，社会对体育管理专业毕业生的认同度较低，这与我国体育产业蓬勃发展的现状不相符。因此，我们有必要借鉴美国体育管理人才培养和质量保障的有益经验。

第一节　美国体育管理专业认证的历史沿革

20世纪80年代，美国高等院校培养的体育师资出现严重饱和，社会对体育师资的需求逐渐减少。同时，随着商业体育的不断拓展，社会对商业体育人才的需求与人才培养供给的矛盾开始凸显。在此背景下，美国高等院校开始大量设置体育管理类专业，体育管理专业认证制度也逐渐完善。

一、美国体育管理专业设置进程

体育管理学作为一门学术性科学专业，在早期一般称为体育行政学，其研究内容主要集中于学校领域，研究范围比较狭隘。随着美国体育赛事、体育产业、体育市场规模和容量的持续扩大，体育管理学研究领域也逐渐拓展到商业活动的层面。在体育管理学正式成为高等院校的一个学科专业之前，体育管理专业人才只能接受俱乐部的课程培训。早在20世纪30年代，美国学者就开始撰写体育管理相关论文。1949—1959年期间，美国佛罗里达州南方大学曾开设棒球商务管理专业，其课程内容与现在的体育管理专业课程内容类似[119]。1966年，美国俄亥俄大学设置了第一个体育管理专业硕士学位点。1971年，麻州大学设置了第二个体育管理专业硕士学位点。

20世纪80年代，美国人对体育产品与服务的需求与日俱增，体育产品的消费对象开始扩展到不同阶层和不同年龄的人群中，体育消费群体不断扩大，这必然要求批量化、标准化、重复化地创造出更多新兴体育产品，体育产业逐渐规模化，进而需要大量体育管理方面的人才,这为体育管理专业领域的发展提供了巨大的市场潜力。同时美国GDP不断增长,越来越多的人有经济能力消费体育产品,这极大地促进了体育产业的快速发展,同时也推动了社会对体育管理专业人才的需求。

随着美国体育产业的迅速发展,到20世纪90年代,美国高校设置的体育管理专业达到200多个。然而,由于专业设置增长速度过快,专业教育质量出现了诸多问题。1993年,北美体育管理协会和体育运动国家协会联合工作组颁布了"体育管理专业本科生和硕士生培养计划的指导原则",并制定了"体育管理专业课程指导标准",规定了专业核心课程的内容范围,对专业课程的设置进行合理规划和指导。课程指导标准规定高校的课程设置必须包括市场、管理和金融等领域,对应的课程有体育管理学、体育经济学、体育金融学、体育市场营销学、体育法律和体育道德类课程,此外,还有自然科学、人文、管理类学科基础课程。"体育管理专业课程指导标准"的颁布实施,为美国体育管理专业的后续发展奠定了良好的基础。

进入21世纪,美国体育产业开始进入繁荣发展期,2012年,体育产业总值达到4220亿美元,占美国GDP的2.7%[120]。体育产业的繁荣进一步促进了体育管理专业的发展,据NASSM统计,截至2015年12月底,美国有403所大学设置了体育管理本科专业,226所大学设置硕士层面的体育管理学学科领域,33所大学具有体育管理学博士学位授予权[121]。此外,佛罗里达州立大学、密歇根大学等22所大学同时开设了体育管理学学士、硕士和博士学科专业。

二、美国体育管理专业认证进程

20世纪80年代末,随着美国体育管理产业的迅速发展,许多高校开始设置体育管理专业。然而，随着专业布点数量的快速增加，各高校也出现了体育管理专业课程设置相对凌乱、差距较大的现象。为了完善学生知识结构，为用人单位雇佣体育管理专业毕业生提供一个相对统一的质量标准，高校需要一个权威的课程指导标准。1989年，北美体育管理协会和体育运动国家协会成立了合作委员会，旨在解决各校体育管理专业课程设置凌乱问题，保障体育管理专业毕业生质量，为社会提供合格人才[122]。

1990年，北美体育管理协会与体育运动国家协会合作委员会制定并颁布了体育管理专业课程设置及专业发展评估纲要，评估纲要成为了今天美国体育管理专业认证标准的雏形。1993年，北美体育管理协会与体育运动国家协会合作委员会成立了体育管理专业评审理事会，评审理事会负责制定并执行体育管理专业教育的最低标准，代表北美体育管理协会和体育运动国家协会独立行使评审体育管理专业的权利[123]。从此，体育管理专业的标准就被应用到专业审批和专业认证过程中，体育管理专业评审理事会也在不断探讨和完善体育管理专业的认证程序。

经过体育管理专业评审理事会12年的体育管理专业教育评估实践探索和理论研究，2005年7月，北美体育管理协会与体育运动国家协会合作委员会开始将专业认证制度和认证标准的构建提上日程，经过合作委员会代表的讨论，一致同意将具体操作流程分为认证组织和认证标准两个部分。第一个部分是认证组织，认证机构成员主要由北美体育管理协会与体育运动国家协会的现任会员组成，会员单位必须缴纳一定会费，作为协会开展认证服务的基础保障。第二个部分是认证标准，北美体育管理协会与体育运动国家协会合作委员会以1990年的评估纲要为基本参照，结合用人单位对体育管理专业教育的实际要求，以此为基础制定以成果评估为驱动的认证标准。

2006年5月，北美体育管理协会与体育运动国家协会合作委员会代表首次提交了关于上述内容的报告。在2006年8月的北美体育管理协会年会上，与会代表对体育管理专业认证组织和认证标准的报告进行了讨论，并提供了反馈意见。2007年1月，为了获得更多的反馈信息和建议，合作委员会代表将建立美国体育管理认证委员会的初步设想及相关认证标准的草案递交至北美体育管理协会与国家运动和体育协会的所有成员。2007年，北美体育管理社团与全国体育教育联合会多次召开研讨会议，对体育管理专业认证组织和标准提案进行了进一步完善。2007年9月，北美体育管理协会与国家运动和体育协会提出了美国体育管理认证委员会成立的官方时间表。2008年7月，美国体育管理认证委员会正式成立[124]，该组织是独立于北美体育管理协会和国家运动和体育协会的非营利组织，体育管理认证委员会具体负责制定有关体育管理专业认证的相关标准并执行认证过程。至此，美国体育管理专业认证开始走上规范化发展之路。

美国体育管理认证委员会的成立，取代了运行了20多年的体育管理专业评审理事会，之前通过体育管理专业评审理事会认证评估的教育机构必须在认证有效期结束之后重新向体育管理认证委员会申请认证。2008年12月31日，体育管理认证委员会开始正式接受教育机构的会员资格申请。专业认证需要一定的程序，申请认证的专业一旦通过认证批准，有效期长达7年[125]。体育管理认证委员会的认证对美国体育管理专业的发展起到了很好的保障和监督作用。

第二节　美国体育管理专业认证标准体系

美国体育管理专业认证标准最早可追溯到1993年由北美体育管理协会与体育运动国家协会合作委员会颁布的"体育管理专业课程指导标准"，随着体育管理专业规模的扩大，2008年，体育管理认证委员会颁布了正式的专业认证标准，开启了体育管理专业的规范化认证之路。

一、认证标准制定机构简析

成立于1985年的北美体育管理协会是美国体育管理专业认证标准最早的制定机构，2008年1月，北美体育管理协会与体育运动国家协会联合成立了体育管理认证委员会[126]。体育管理认证委员会是一个非政府组织，对美国高校体育管理专业的教育质量起到了很好的监督作用。

体育管理认证委员会是美国体育管理认证体制中的执行主体，它接受美国联邦教育部和高等教育认证委员会的监督和管理，是具有第三方性质的非政府、公益性机构。体育管理认证委员会主要由体育管理专业教育机构代表、体育管理学专家等专业人员组成。其职责主要包括制定规范的认证标准、组织专家组进行认证实地考察、撰写考察报告等。体育管理认证委员会期望通过专业认证保障高等院校体育管理专业教育质量，并基于成果评估和任务驱动，利用程式化的认证标准和流程帮助专业教育机构发现问题、弥补不足，最终为通过认证的高等体育教育专业机构提供资质认可证明。

体育管理认证委员会的董事会对认证结果拥有决定权，并负责及时、客观地向社会公布认证结果，以便社会各界及时了解认证申请高校的真实情况。除此之外，董事会还负责监督和管理整个认证过程，总结专家组的实地考察报告，为受评单位提供建设性意见。体育管理认证委员会现任董事会由5名成员组成，其中，任期3年的有3位，分别是罗伯特·贝克·乔治（梅森大学）、杰基库尼（博林格林州立大学）、乔·威廉姆斯（南缅因州大学）；任期两年的有2位，分别是安迪·格伦丁（迈阿密大学）和杰伊·格拉登（马萨诸塞州大学）。

在长期理论探索和认证实践的支撑下，体育管理认证委员会已经颁布了业界公认的体育管理专业认证标准。体育管理认证委员会的认证具有以下几方面的价值：（1）基于认证颁发资质证明，对办学合格的高等体育管理专业教育进行认可；（2）通过认证，对不同层次高等院校体育管理专业教育进行区分，督促不符标准的专业教育机构进行整改，为社会传递客观真实的教育机构信息；（3）通过认证，激励高等体育管理专业优化教学质量、改善学生学习条件、强化师资力量、鼓励科技和教学创新；（4）以民间第三方中立认证机构的身份为投资者、赞助商、学生、家长、雇主单位等提供真实的高等院校体育管理专业教育质量信息，以外部力量激励高校产生强烈的认证申请愿望。

此外，与美国体育管理专业认证标准制定机构相对应的是体育管理认证委员会的会员单位。根据服务对象的不同，体育管理认证委员会目前有3种类型的会员：第一种是机构会员，即有资格授予体育管理专业学士学位、硕士学位，且办学历史超过4年以上的教育机构，机构会员单位可以自行推选人员（机构负责人或其他系、院领导）作为该教学机构在体育管理认证委员会的代表，代表具有投票权；第二种是个人会员，个人会员需满足以下两个条件：一是非机构会员，二是高等体育管理专业的教职员工或管理者，个人会员没有投票权；第三种是公司会员，主要针对支持该协会运行目标的公司，公司会员也没有投票权。通过认证的高等体育管理专业教育机构将拥有该协会的机构会员资格，并在协会各项事务中拥有投票权。

二、认证标准的结构体系

美国体育管理专业认证标准是一个全面的评价体系，由以下4

个方面的内容组成：（1）图表和数字；（2）引言；（3）认证内容；（4）自评指南。其中，引言和认证内容部分是认证体系的主体框架，图表和数字、自评指南两项内容是开展认证的材料基础。

引言部分是有关认证标准的简要介绍，主要说明了认证目标、认证维度和具体思路，并界定了优秀体育管理专业教育的特点，以此引出专业建设的基本要求和原则。优秀体育管理专业教育特点是整个认证标准的起点，体育管理认证委员会期望以教育成果的形式对受评机构的教学水平和教学资源进行评估。为了体现基于结果的认证理念，引言部分对优秀体育管理专业教育特点进行了详细阐述。同时指出，优秀体育管理专业教育是由相互联系的不同要素共同促成的。认证考察过程主要是对教学机构的这些要素进行考察和评估。

一个优秀的体育管理专业教育机构具有以下特点：（1）清晰的体育管理专业教育目标、任务，且与所在院校的总体培养目标相符；（2）完备的体育管理专业培养方案，且方案的制订源于体育管理市场实践和体育管理学科课程，培养方案与学校目标相符，培养目标来源于体育管理专业学习任务和人才培养基本目标；（3）具有促进体育管理专业持续改进的机制，体育管理专业院系及高等学院要不断完善教育成果评估，并将自我评估与培养方案和战略计划相关联；（4）能够确保自身培养的体育管理专业毕业生具有良好的道德水准和较高的专业能力，是一名受过良好教育的专业人才；（5）在体育管理专业教育中，为学生提供多样化条件和宽松的学术创新环境；（6）为学生提供充足的教育实践机会，确保课堂教学与体育管理实践之间的有效关联，从而保证专业教育的时效性和有效性；鼓励与其他学术单位或体育管理机构进行与培养目的相一致的内、外部合作；（7）专业师资力量良好，任职教师必须在自身教学领域具有相关研究成果，此外，高校必须制订适当的教师评价体系，确保体育管理专业教职人员持续提高自身能力,并积极参与、完成与自身教育目标相符的工作;(8)尊重体育管理专业的学术和专业资格认证;(9)确保自身的教育目标和教学使命被有效传达给当前和未来的学生,提供足够的教学资源以保证教育目标的顺利达成;(10)课程设置应该反映教育机构和学术单位的教育目标,并符合当前社会的需要,其内容包含所有体育学术机构和体育经营团体验证的实践经验和规则;(11)确保学生理解体育管理专业课程内容,并能从中获得相应能力,以便在不断变化的全球环境中有效处理关键问题;(12)体育管理课程内容应该以适当的、有效的、鼓励性的方式传授给学生,同时还应该认识到实际锻炼和经验学习是优秀体育管理教育的重要部分。

根据优秀体育管理专业教育的特点,体育管理认证委员会制定了客观的、详细的、系统的认证维度、考察标准和自评文件,以此对体育管理专业教育机构进行考评和认证。其中,最核心的就是成果评估,即通过受评机构的教育成果来评估其完成自身教育使命和目标的程度。成果评估既是认证的核心原则,也是对受评机构最基本的要求。体育管理认证委员会规定,认证申请机构依据自身成果评估系统得出的评价结果将每年报送至委员会,委员会在审查基础上给出相应改进建议。

认证维度是认证标准的核心内容,也是专业教育机构自我评估的参照基准,认证维度与优秀体育管理专业教育的特点逐一对应,详细列出了教育机构为了达到相关特点而必须在相应领域达到的基本水平。认证维度的内容可分为8个方面,其内容涵盖了体育管理专业教育机构日常运行的各个领域。这8个方面分别是成果评估、战略规划、课程教学、教师资源、学术活动、教学资源、内外部关系、教育创新。8个维度又进一步分为36个详细的认证考察点(表4-1)。受评单位需在自评材料中对每个维度的具体认证考察点做出解释和描述,并出示相关证据。在以上8个认证维度中，针对每一项具体的内容，该认证标准都严格按照以下顺序进行描述：（1）结合优秀体育管理专业教育的相关特点说明对该内容进行认证的重要性；（2）对该部分的相关认证内容和指标进行详细说明和界定；（3）按照不同层次学位教育，提供所需的自评报告和文件。

表4-1 美国体育管理专业认证标准结构体系

认证维度	主要观测点
1. 成果评估	1.1 使命和目标；1.2 学习成果评价；1.3 技能发展；1.4 个人发展；1.5 业务评价
2. 战略规划	2.1 战略规划简介与价值观；2.2 所有资源概括；2.3 外部分析；2.4 优势和劣势；2.5 目标、战略和行动计划；2.6 学生学习目标
3. 课程教学	3.1 专业课程设计；3.2 专业教育内容；3.3 通识教育内容；3.4 课程宽度和深度；3.5 课程审查和改进
4. 教师资质	4.1 教师资格；4.2 教学工作量；4.3 师资政策与发展；4.4 教学效果
5. 学术活动	5.1 受奖励的学术活动；5.2 受奖励的专业活动
6. 教学资源	6.1 财务资源；6.2 设施资源；6.3 学习资源；6.4 技术支持资源；6.5 校外资源
7. 内外部关系	7.1 内部关系；7.2 招生过程；7.3 外部监督；7.4 行业联系；7.5 外部关系；7.6 国际合作；7.7 社会责任
8. 教育创新	教育创新

美国体育管理专业认证标准以任务驱动为核心原则，从专业构成的3个要素（战略规划、专业课程、专业师资）出发，要求受评机构以教育成果的产出质量（学生专业素质和人格素养）作为教职员工或教学单位的评价标准，以长期的、发展的、外向的战

略眼光处理当前的各种问题。课程方面，着重考察专业课程设计与普通教育之间的区别和联系，在充分保障专业课程的深度和广度的基础上，确保每一门课程随着行业的变化不断发展；师资方面，在教师素质、教学工作量、研究领域、人事政策等方面制定了明确要求；为了促进教学质量的不断提升，该标准还特别强调受评机构应该支持并开展各种学术和专业活动；学生方面，将学生的学习成果、就业情况、雇主反馈、学生自评等内容作为认证的主要参考点。

为了确保自评过程的规范化和制度化，体育管理认证委员会在认证标准中详细列明了认证申请机构在自评报告中需要填写并提交的各种材料及填写规范，这些材料主要来源于认证申请单位的日常文件，如学生手册、教务信息手册、教师薪酬目录、教师简历、校内外资源目录、教学设施清单等。除此之外，针对具体的考评内容，如专业课程、教职员工、教学资源等，认证标准还提供了统一格式的表格和图例表，确保自我评估信息的统一性和规范性，避免自评信息的遗漏和认证过程的主观臆断倾向。

三、认证标准内容的分析

美国体育管理认证委员会的认证标准内容主要包括8个维度，鉴于其内容体系庞杂多样，本书仅以成果评估、课程教学、教师资质、内外部关系4个维度为例，具体分析美国体育管理专业认证标准的具体内容。

（一）成果评估标准分析

成果评估是考察体育管理专业教育机构及其办学效果的程序。体育管理认证委员会坚持成果导向的认证理念，因此，成果评估标准在体育管理认证委员会的认证程序中最为重要，成果评估标准及程序也是其他领域标准进行详细解释的依据。体育管理认证委员会在成果评估时需要重点考虑不同方面的动态变化,不能仅参考一个静态的绝对数值。具体来说,体育管理认证委员会的成果评估标准主要包括以下5个方面(表4-2)。

表4-2 美国体育管理专业成果评估领域范围

认证领域范围	基本要求	主要观测点
使命和目标	必须陈述自己的使命和目标,同时要陈述如何实现使命和目标	体育管理专业的使命和目标的实现
学习成果测量	描述至少两种直接和间接的测评学生学习成果的方法	预期学生学习成果
技能发展	描述确保学生达到大学水准的基本内容及方法	学生基本技能的发展
个人发展	描述个人发展进程及使用的方法	学生个人技能的发展变化
成果测量	描述检测成果的技能和方法模型	体育管理专业的实际操作成果

由表4-2可知,美国体育管理专业成果评估不仅仅局限于学生的学习成果,同时强调学生基本技能的发展及个人持续发展等方面。这说明体育管理认证委员会的成果评估考评不只强调学习成绩,同样重视对学生实际能力的考评。特别是考评学生能力的发展变化,强调能力培养的变化过程。学生入学时的能力基准不同,最后获得的能力水准也不同,但是在整个培养过程中,如果学生能力得到提高,也符合成果认证标准的要求。体育管理认证委员会考评的是学生能力提高的相对值,而不是仅看学生最后能力水准的绝对值。一般来说,申请认证的体育管理专业或者所属的学术单位基本上已经完成了自己的使命和目标。但是,体育管理认证委员会更看重的是根据自身的办学宗旨和目标发生的变化

及提高。体育管理认证委员会成果评估的主要观测点，可以为我国高校在制定培养目标时提供一些新的思路，即多注重学生能力的培养。至少，我国高校在考评学生时，要考虑到学生基本技能和个人技能的持续发展变化，这样培养出来的学生才符合社会需求。

（二）课程教学标准分析

体育管理认证委员会课程认证准则要求课程的设置必须反映体育管理专业的使命，而且，课程设置要与当前体育管理的实践和职业体育有关。体育管理专业的课程设置必须确保学生具有这样的知识储备，即能在全球变化的环境中，具有适应变化的能力，并为之做好相关准备。课程认证准则中，同时还强调了要认识到体育管理实践的重要性，要设置相关的实践教学课程。此外，体育管理认证委员会还要求被认证教学机构描述体育管理专业的整体设计，包括描述获得学士学位必须的年限、学期和全职学习的时间，课程教学标准包括以下几个方面：

1. 专业课程内容

体育管理认证委员会规定体育管理本科专业必须包括以下几个领域的课程：社会学、心理学、国际体育管理基础、体育道德、体育法律、体育金融、财务学、经济学、体育市场营销和交流、综合等。课程范围可分为6个部分。第1部分内容为社会、心理和国际体育管理基础，课程可包括体育管理原理、体育领导、体育运营管理、运动项目及场馆管理、体育行政管理；第2部分的内容为体育道德类型，课程包括体育道德；第3部分的内容为体育市场营销和交流，课程有体育市场营销、交流与沟通等；第4部分的内容为金融、财务和经济类，课程有体育金融原理、会计和体育经济等；第5部分为体育法律方面的内容，包括体育政策、法规等课程；第6部分为综合类，如实习、管理政策与战略、毕业论文等。虽然体育管理认证委员会对参与认证的体育管理专业没有具

第四章 美国体育管理专业认证制度

体课程设置要求,但是,体育管理认证委员会要求各个体育管理专业的课程设置在内容上必须包含上述领域。

本书以密歇根大学为例,进一步说明体育管理认证委员会课程标准对高校体育管理专业课程设置的指导作用,密歇根大学有体育管理学学士、硕士和博士学位授予权,并且于2013年通过了体育管理认证委员会的认证。密歇根大学体育管理专业本科课程设置结构如下:专业必修课程有体育管理导论、体育组织战略、体育经济学、体育组织行为学、体育行政管理法规、体育金融、体育道德、体育产业销售管理等[127],课程设置完全在体育管理认证委员会的标准范围之内。体育管理认证委员会对本专业课程内容范围的设定,确保了学生完成本专业的学习后,具有该领域所要求的基本知识和技能。目前,我国高校的体育管理专业课程设置不统一,造成学生专业知识结构有较大差异。如果我国能设置一个类似的权威课程指导标准范围,将有利于构建专业所需的基本知识结构模型,从而完善学生的知识结构。

2. 通识课程内容

体育管理专业本科层次教育不仅需要必要的专业课程,还要求有文学、艺术等相关领域的课程,同时还要有人力资源相关领域的课程。这些通识类课程要求占总学分比例的57%,而专业课程所占的比例为43%。通识类课与专业课所占学分分配比例见表4-3。

表4-3 美国体育管理专业课程学分分配表

课程类型	基本要求	学分	比例
通识必修课	必须陈述自己的使命和目标,同时要陈述如何实现使命和目标	40	33.3%
通识选修课	描述至少两种直接和间接的测评学生学习成果的方法	28	23.4%

149

（续表）

课程类型	基本要求	学分	比例
专业必修课	描述确保学生达到大学水准的基本内容及方法	40	33.3%
专业选修课	描述个人发展进程及使用的方法	12	10.0%
毕业学分总计	描述检测成果的技能和方法模型	120	100.0%

从表4-3选修课程学分来看，通识教育选修课程28学分，而体育管理专业选修课程12学分，通识教育选修课程的学分分数是专业选修课程学分分数的两倍多，这说明美国体育管理专业比较重视通识基础教育，重视学生综合素养的提高。从选修课程的内容来看，通识选修课程范围设置很宽泛，如演讲、表演艺术等课程，这些课程已经突破了专业的界限。这样的课程设置为学生全面发展提供了条件，也尽可能降低了专业学习对学生综合素质的影响，有利于学生以后的发展。密歇根大学体育管理本科专业要求学生必须修满120学分，全校开设的通识教育必修课程共42学分，其中人文类课程不少于12学分，自然科学类课程最少修满12学分，社会科学课最少修满12学分。专业选修课程33学分，体育学院开设的课程包括必选24学分和9个实习学分，专业选修最少选12学分[128]。体育学院开设的课程涵盖了人文、自然科学、社会科学等类别，且最少修满36学分，通识教育课程学分占总学分的62.5%，在体育管理认证委员会的标准范围之内。我国高校体育管理专业的课程设置中，通识教育课程选修范围较窄，而专业必修课程安排偏多，学生忙于完成必修课的学分，没有充分的时间选修一些提高综合素质的课程。高校要考虑适当调整基础选修课程与专业必修课程的比例，多设置一些有利于学生个体今后发展的综合课程。

3. 课程的广度与深度

体育管理认证委员会对课程设置的广度和深度有一定的要

求。首先，课程设置需要包括足够的前沿性课程，这些课程可以为学生进一步学习或职业发展做好准备。所以，需要设置一些超越基础且具有深度和广度的课程。一般来讲，这些课程至少占体育管理课程总学分的25%。由此可见，体育管理认证委员会对体育管理专业的课程设置要求较高，在通识教育类的课程比例高于体育管理专业类型课程的前提下，对课程深度也做了规定。这样，可以避免课程设置的单一性，为扩展学生的知识面、提高综合素质，进而提高专业教育质量打下基础。我国高校体育管理专业课程设置中，存在一些陈旧的、不合理的课程，如果高校能重视对前沿性课程的设置，就会少一些已经落后于时代发展的课程。增加前沿性课程将有助于拓宽学生视野，促使他们及时了解本领域的新知。

4.课程评审与改进

体育管理认证委员会要求体育管理本科专业根据教学成果，对课程进行及时的评审和改进，动态监督体育管理专业的教育质量。担任体育管理专业课的教师必须参与课程评审和改进过程，可见，学生学习成果是课程评审的重要指标。此外，体育管理认证委员会还要求对毕业生或者用人单位进行调查，了解哪些课程可以满足学生和用人单位的需求，然后根据调查结果进一步优化课程设置。专业课程的评审和改进可以保障课程设置与时俱进，即根据市场需求及时更新课程[129]。通过对毕业生的调查，了解体育管理专业课程内容与实际工作的关系，反馈信息作为课程设置调整的参考因素。这样，可以避免因为课程设置局限及内容陈旧，导致学生学习兴趣降低的现象，也可以保证培养的学生符合市场需求。课程的评审和改进正是我国体育管理专业目前亟待解决的问题，随着我国社会经济的发展，高校体育管理专业的课程设置要与体育产业的发展状况结合，根据人才市场的需求，及时调整课程设置。

5. 课程设置人员资格要求

体育管理认证委员会在课程设置方面要求极为严格，负责课程设置的教师需要具备深厚的教育背景、丰富的教学经验或相关的工作经验。体育管理认证委员会要求课程设置人员必须是具有博士学位的全职教师或具有职业资质的全职教师。而且，在本科课程设置指导团队中，在每一个课程领域中，至少有一位具有博士学位或职业资质的教师负责该领域的课程设置，如在体育法律、体育经济等具体领域，都需要至少一位博士或具有职业资质的教师负责课程设置。体育管理认证委员会对课程设置人员配备的要求，分别从理论高度与实践经验方面保证了课程设置的科学性，具有职业资质教师的参与设置，避免了理论教学与实际应用的脱节，为进一步完善体育管理专业课程设置创造了良好的条件。密歇根大学设有体育管理课程咨询委员会，为了保证体育管理专业教育和体育产业之间的有效沟通，委员会的人员都有丰富的从业经验，如委员会委员布莱恩·莫瓦尔森是国际体育管理公司体育网络的总经理，杰弗里斯·威彭是纽约大都会棒球队的运营部主席，瑞克·桑德是亚特兰大老鹰队的总经理[130]等。这些具有丰富经验的从业人员在设置课程时能够提供重要建议，及时对课程进行评审和改进，使体育管理专业课程设置具有实效性，确保专业课程设置符合市场需求，为学生今后工作做好准备。我国高校体育管理专业课程设置时，相对缺少体育产业经验丰富人员的参与，容易出现课程设置与实际需求脱节的现象。高校体育管理专业课程设置要重视设置课程人员的资格配备，尽可能从理论高度与实践需求相结合的角度综合考虑。

（三）教职员工标准分析

体育管理认证委员会要求体育管理专业教师对本专业和学科的发展有学术贡献，为教育机构专业使命和目标的实现做过贡献。教学过程中，教师要重视道德教育，教职员工要树立道德模范榜样。此外，为了确保体育管理专业教育的时效性和相关性，专业教师的课堂教学内容要与体育管理实践紧密结合。教师要用适当、有效和激励的方式进行授课。同时，体育管理认证委员会要求学术机构给教师提供一个良好的环境，为教师的发展与学术活动提供支持，创造一个好的教学与科研环境。

1. 教职工资格标准

体育管理认证委员会要求体育管理专业教师必须具备较高的学历或丰富的从业经验。对教师的最低资格要求是在相关领域取得硕士学位，并且体育管理职业人员必须在教师中占一定的比例。此外，体育管理专业教师中，具有体育管理博士学位或体育管理相关领域博士学位的教师必须占一定比例；具有法学博士学位的教师或具有体育管理法律教学经验的教师，或者拥有相关职业经验、卓越教学成果、丰富教学经验的教师，也要占一定的比例。学术机构在教师配备时，原则上要遵循以上标准，如果有特殊需要，需要某些特殊人才，教学机构能按照个案处理。目前，我国体育管理专业教师学历层次已能达到要求。但是，基于体育产业的实际经验来考虑，教师的相关经验有些欠缺。我国高校体育管理专业的发展，应在体育管理教师相关职业经验方面给予重视。

2. 教职员工政策标准

体育管理认证委员会要求学术机构制定一系列有利于教师发展的政策。如教师深造政策、优秀教师的标准、教师晋级政策、认证政策和认证标准、教师工作量政策、学术科研政策、终止合同离职政策等。同时要求教师必须公开出版专著、论文成果或开展其他一系列适宜的学术活动。体育管理认证委员会要求教师不断追求自我提高，同时也要求学术机构给教师提供自我深造的机会。体育管理认证委员会要求学术机构应该有这方面的相关

153

政策，鼓励和奖励教师从事学术交流活动、学术研究，同时要实行学术休假制度，确保教师有一定时间专门从事科研或进一步学习，为提升教学和科研质量创造条件。目前，我国一些高校实行学术休假制度，有的高校虽然有规定，但是，实际执行中难以贯彻实施。事实上，对于教学科研岗的教师们，非常有必要定期进行学术交流和学习深造，建议高校的学术休假制度一定要落到实处，增强高校教师人才的竞争力。

3. 教学工作量标准

体育管理认证委员会要求教师有充足的时间进行教学和科研，教学机构不能期望教师每个学期超量工作。教学机构对承担行政工作的教师要给予一定的工作量减免，特别是承担研究生教学工作的老师。对承担行政工作教师实行工作量减免政策，保障了教师可以合理分配教学和行政工作的时间，有效完成工作。此外，还特别强调对承担研究生教学教师的重视，规定其工作量应该减免，这样可以保证承担研究生教学的教师有足够的时间进行科研、对研究生进行指导，教师可以在科研水平提高的同时促进研究生的教学工作。我国高校教学工作量的考评，各校标准不一。虽然对"肩挑"的教师有工作量的减免。但是大部分高校对承担研究生教学的教师并没有特殊的工作量减免政策。建议高校对承担研究生教学的教师实行工作量减免政策。这样，便于教师有更多的时间进行科研，提高学术水平。

4. 教学效果标准

体育管理认证委员会要求学术机构或体育管理专业有一套正式完整的自我评价体系，这套评价体系可以有效考评教师教学效果和学生学习效果。评价原则要求教学机构的人力资源部门根据学术机构的使命和目标做出评价。其中，对教师的综合评价包括教师自评，学生、同事和领导的评价。评价的结果应该通知被评价教师。评价的内容包括教师对学生的指导、科研活动、与体育产业的相关程度、自我发展等方面。从体育管理认证委员会对教师的评价内容可以看出，该评价是对教师自身发展的综合考察，强调了教师的自我发展和体育产业之间的关联。体育管理认证委员会这样的要求，避免了教学理论与实践脱节的现象，教学更具有针对性和时效性。我国高校体育管理专业教学效果的整体评价中，还没有涉及与体育产业结合的指标，如果从体育管理学科应用性特征分析，多一些与实践结合的考评指标，将更加符合学科特性。

（四）内外部关系标准分析

体育管理认证委员会在认证时对体育管理学术机构与体育管理行业之间的联系进行考评。同时要求体育管理专业学术机构与其他教育机构保持合作关系，教师跨领域进行合作研究[131]。而且，体育管理学术机构在使命和目标的陈述中应该体现这些内部与外部的联系。学术机构应该有这样的战略，即促进体育管理专业教育和现实体育产业之间的联系。体育管理认证委员会同时鼓励体育管理学术机构与其他教育机构进行合作。体育管理专业的课堂教学应该和体育产业之间有效衔接，确保体育管理专业教育与实践的相关性和现实性。

1.对内部的关系

体育管理认证委员会要求体育管理专业与学术机构内的其他专业有合作的关系。体育管理专业的目标和使命要和本教学机构的目标和使命相同。体育管理认证委员会要求学术机构的专业介绍里包括如下相关内容：教学机构有哪些相应的政策和程序，可以使选择该专业的学生有合理的机会取得成功。如针对新入学的学生、其他学术机构或本学术机构申请转学的学生，学术机构应该有相应的学分转换政策。同时应该有相应的休学或勒令退学的相关政策，以及退学的学生重新返校复读的政策。该准则明晰了学术机构内部相关机构与体育管理专业的关系及其与学生之间的关系，为学生的进一步深造或转学提供了政策支持。

2. 对外部的关系

体育管理认证委员会鼓励体育管理学术机构与外部教育机构或组织保持合作关系，体育管理认证委员会认为，有效的外部合作可帮助获得更多的研究资源，外部的学生可能有兴趣继续申请体育管理研究生项目，学术机构可以提供课程转换或学分转换的标准，为进一步培养研究生做准备。在国际合作方面，体育管理认证委员会要求学术机构在课程设置及学分设置方面，建立与其他学术机构有效衔接和转换的标准。这样，可以为国际学生提供短期交流的机会，也可为本专业学生提供其他学术机构或国外进行交流学习的机会。体育管理专业的学生通过课程或合作课程项目，掌握相关的知识技能和经验，有利于学生在外部动态变化环境中有效处理问题。

3. 与体育产业的关系

在变化多样的体育管理市场中，体育管理专业的学生应该掌握相关知识和技能，并丰富自己实践经验，这样可为将来的就业做好准备。体育管理认证委员会期望申请认证的体育管理专业在体育管理教育方面处于领先位置，如在课程设置、课程衔接、学生和师资的培训等方面处于领先位置。体育管理认证委员会同时要求，体育管理专业教育与体育管理实际经营者或体育组织有实质的联系。体育管理认证委员会认为与产业连接是非常重要的，通过与体育产业现实的沟通，学生和教师都可以从中受益。产业的从业者可以为学生树立榜样，也可以帮助教师发现真正值得研究的学术主题[132]。学术机构还可以根据实际需求调整课程，可以在举办一些重大论坛时，邀请重要的体育产业从业人员进行讲座，或者邀请成功实践从业人员作为客座教授等，或与企业合作签约，为学生和教师提供更多的实践机会。

在内、外部关系上，我国高校体育管理专业发展还需要进一步重视与其他学术机构的合作、交流办学经验等。同时，还要与本校的其他专业院系合作交流，特别是综合类院校的体育管理专业，一定要充分利用校内资源，加强与其他优势专业合作，取长补短。此外，专业的发展还要重视与体育产业的结合，为学生提供更多的就业机会，便于教师发现有价值的研究主题，高校还可以及时了解社会需求，培养符合标准的人才。

第三节 美国体育管理专业认证程序

为了获得美国体育管理认证委员会的认证，申请认证的高校专业需要通过以下6个基本步骤，即认证申请、机构自评、实地考察、认证结果公布、持续检查与监督、再认证。

一、认证申请

体育管理认证委员会属于非政府性质的第三方机构，因此，它进行的专业认证是建立在受评单位自愿申请基础上的。只要有4年以上体育管理专业办学经历，并且拥有体育管理学学士、硕士或博士学位授予权的教育机构或科研单位都可以向体育管理认证委员会提出专业认证申请。委员会将对首次申请认证的单位进行初审，初审通过之后才会接受其认证申请。

二、机构自评

一旦体育管理认证委员会受理了申请认证机构的认证申请，

就会通知受评单位,要求其按照体育管理专业认证标准进行自我评估。在此期间,受评机构需要填写相关表格、提供所需信息、搜集有关证据材料,以确认该受评单位已有的教育资源、所获得的专业成绩及可能存在的问题与不足。自评材料填写完毕后,受评单位需要撰写自评报告,自评报告的内容包含自评结果和改进措施的总结。整个自我评估结束后,受评单位需要将自评报告及支持材料、数据等一起提交给体育管理认证委员会总部,等待最终的认证结论。

自我评估是整个专业认证过程的核心和基础,在自评过程中,受评单位的教师、学生、行政人员、校友、董事会成员等都可以申请参加自评工作。整个自评过程由受评机构的认证领导委员会主持,根据美国体育管理专业认证标准的要求,受评机构一般由若干个下属工作小组专门负责该领域自评资料的收集和分析,最后形成自评报告。美国体育管理专业认证标准包括8个维度、36个具体指标,受评机构需要按照自评指南的要求,详细说明自身在战略规划、评估手段、师资队伍、课程设置、教学设施、教学实践和创新、校内外资源和关系等方面存在的优势与不足。首次申请认证和再次认证的专业都需要按照专业认证标准的要求,总结本专业在每个维度及具体指标方面取得的工作成绩、出现的问题和面临的挑战,以及应对这些问题时所制订的应对策略和措施,这一部分内容是自评报告的主体。申请继续认证的受评单位首先需要针对上次认证中受到特别关注的问题进行特殊考察,并在自评报告中说明其改进状况。机构自评过程实际上是受评单位在认证过程中进行自省的过程,这为以后的实地考察、委员会裁决等程序的进行提供了基本依据和框架,机构自评在整个专业认证进程中起着举足轻重的作用。

三、实地考察

实地考察是美国体育管理专业认证程序中的重要一环，为了保证实地考察的顺利进行，体育管理认证委员会特别制定了实地考察指南，该指南明确规定了专家组的考察范围、工作任务、食宿旅安排，杜绝了受评单位利用不正当的手段向专家组提供虚假信息的情况。实地考察专家组主要由教育专家、体育管理从业人员、行业专家、其他同类单位专家组成，这些专家一般拥有丰富的专业知识和相关经验，深入了解体育管理专业教育的各个工作环节。专家考察组按照既定的考察程序，基于认证标准和受评机构提供的自评报告，实地考察申请机构的专业教育情况，考察小组实地考察的方式主要包括查阅学校资料、召开各种非官方座谈会。其内容包括对师资队伍、课程设置、教学实践和创新等动态指标的考察，以及对受评单位过去两年的各种教学文件及原始资料的考察，如教授履历表、教学大纲和各门课教案、学生考卷、作业、实验报告、实习报告、毕业论文等。对于校内外资源、科研设备、硬件条件等静态指标的考察，考察方式主要以实际察看教学环境和设备条件为主。同时，分别召集教师、职工、学生、往届毕业生进行随机座谈，获取所需要掌握的信息。

在此基础上，每位专家必须将各自分管的考察内容汇集起来，以此撰写规范的实地考察报告，并上交至实地考察组组长，实地考察组组长将全组的考察报告综合成文，向所有实地考察专家做审核综合报告，接受反馈。实地考察结束前，考察组成员会与学校领导及教授代表一起召开考察工作总结会，指出专业建设中存在的问题，并提出改进意见和建议。自评与实地考察的结合模式有助于客观认识受评单位,既避免了评估与认证中的弄虚作假现象,又加强了认证者与被认证者之间的沟通与了解,从而真正达到促进专业教育质量不断提高的目的。

四、认证结果公布

实地考察结束后60个工作日内,实地考察小组必须完成正式的实地考察报告,并及时将考察报告反馈给受评单位,经受评单位查证无误后提交给体育管理认证委员会的董事会,董事会将以实地考察报告为主要依据,在充分考虑机构自评报告及受评单位对考察报告反馈意见的基础上,做出对申请单位的专业认证决策,并将认证结果向公众发布。

五、持续检查与监督

为了避免通过认证的单位不思进取、消极维持现状,美国体育管理专业认证设定了5年的认证有效期,在有效期内体育管理认证委员会对通过认证的专业进行检查与监督,确保其持续良好的、达到认证标准的教学状态。当受评单位的认证过期后,需要重新递交认证申请,进行新一轮的认证。

六、再认证

再认证是指体育管理认证委员会组织专家对受评单位进行周期性的重访,任务是调查并评估体育管理专业学院在认证结束之后的实际工作,对其进行质量跟踪。在重访过程中,一旦发现问题会及时采取措施予以纠正。如果通过认证的受评单位在人才培养过程中出现低于认证标准指标的情况,体育管理认证委员会董事会就会给该专业发出限期改进的警告，如果限期之内仍然没有改进，其认证资格将会被取消。

第四节　美国体育管理专业认证的特点与启示

美国体育管理认证委员会的认证制度为体育管理专业教育质量提供了一个持续提高的机制。通过专业认证的方式，高校体育管理专业教育质量得到有效监督，并且体育管理专业培养机构为了自身声誉和专业排名，更加重视专业教育质量建设。美国体育管理专业认证制度对我国体育管理专业教育具有深刻的启发意义。

一、美国体育管理专业认证的特点

美国体育管理专业设置历史悠久，在其发展过程中逐渐形成了一套合理、有效的专业认证制度，有效保障了体育管理专业人才培养质量。总结其有益经验，可以得出美国体育管理专业认证具有以下特点。

（一）认证效果的有效性

体育管理认证委员会为体育管理专业的持续发展提供了良好机制。通过专业认证，高校体育管理专业的教育质量得到有效监督，促使体育管理专业处于高等教育的前沿。专业认证的实施，使相关的学术机构产生竞争，学术机构为了提高自己的声望及体育管理专业的排名，更加重视体育管理专业的教育质量。体育管理专业认证也是一种承担社会责任的行为，为用人单位雇佣体育管理专业毕业生提供一个质量标准。在体育管理认证委员会认证准则的指导下，高校体育管理专业的设计和专业布局及时得到调整，以适应外部环境的不断变换。教学机构避免了纯粹追求理论教学的弊端，使专业发展与产业现状紧密结合，学校注重培养学生的应用能力，重视培养学生适应体育产业变化所需的知识和技能，进一步为满足体育产业发展人才需求创造了有利条件，促进了体育产业的繁荣。

（二）认证主体的独立性

美国体育管理专业认证制度的参与主体包括政府、体育管理认证委员会、认证申请机构、公众等，不同主体在认证实施过程中都有自身明确的权利范围。各主体之间有效地行使自己的权力、争取自身的最大利益。它们既要相互合作，又要相互限制，同时还要相互独立。无论是政府对高校的资助和招生资格许可的发放、社会团体和个人对学校和专业的投资，还是用人单位对于毕业生的雇佣，以及学生和家长对专业的选择都具有相对的独立性。

首先，从认证实施的直接主体来看，体育管理认证委员会拥有独立的财政系统，它既不从属于某些社会团体或个人，也不受控于某些高校，更不隶属于某个政府部门，因而它在运行方面具有高度的独立性，其宗旨是独立地为体育管理专业教育机构提供高质量认证服务。而高等院校体育管理专业参与认证的目的是吸引优质生源，而且，其参与认证是一种自愿行为，不会受到政府部门或体育管理认证委员会的强迫，不同层次的体育管理专业教育机构都可以申请认证。

其次，从间接参与认证过程中的政府和公众来看，政府为了保障认证服务的质量及公众、高校的利益，委托联邦教育部和美国高等教育认证委员会对体育管理认证委员会进行监督和制约，其中，联邦教育部的资质认可确保受体育管理认证委员会评估的专业受到联邦政府资助，高等教育认证委员会的认可确保体育管理认证委员会在国家高等教育界的地位。公众对于体育管理认证委员会的结果认同程度决定了该认证组织的业务来源，同时为教学机构主动寻求认证提供了外部动力。通过政府和公众的间接作用，专业认证活动便构成了一张无形的"网"，避免了由于认证权利的过于集中而产生的垄断腐败现象。

（三）认证过程的严谨性

美国体育管理专业认证过程非常严谨。首先，作为认证过程的基础部分，认证申请机构依照认证标准和规范模板自行起草自评文件，自评报告经体育管理认证委员会评估委员会审核通过后，方可正式开始认证流程。在认证申请机构自行评估的基础上，由体育管理认证委员会指定专家组成实地考察小组，依据认证标准进一步实地考察受评单位的教学工作现状。自我评估与实地考察的结合确保了体育管理专业教育机构在认证过程中的主体地位，体现了学术的权威性和专业性。其次，专业认证是体育管理认证委员会与体育管理专业教育机构之间长期的互动过程，认证过程不仅需要考察受评单位专业建设现状，而且需要考评专业教育机构的各项教学工作是否符合体育管理行业未来发展的长期需求，并将专业教育的发展和创新作为重要的观察指标进行考核，体现了认证过程的严谨性。

（四）认证标准的动态性

美国体育管理专业认证标准是动态、发展的，其内容设计以优秀的体育管理专业教育为基本导向，侧重于从目前状况的正确认知出发，通过认证为受评单位提供合理的改进方向，这充分体现了"以变化的外部需求改善自身情况"的发展性原则。同时，体育管理认证委员会对相应概念进行了明确的界定，充分体现影响教育成果的要素在体育管理专业教育过程中的作用，从而有效引导体育管理专业的各教育机构有步骤、有计划、有重点、有前瞻性地开展专业建设的各项工作，逐步提高专业教育水平。体育管理认证委员会认证标准的这种设置遵循了专业教育的基本规律，客观真实地反映了战略、课程、教师与学生在专业教育中的关系，明确了学生作为教育成果在专业教育中的核心位置，进一步体现了宏观与微观、长期与现实、专业教育与普通教育的统一。

此外，体育管理认证委员会的认证标准充分结合体育管理专业的"外适性"，强调了高等体育管理专业人才培养的基本要求，即体育管理专业人才的培养来源于体育产业的真实需求，并且强调随着外部环境的改变，专业人才培养也应作出相应调整，这为专业发展提供了客观、可靠、准确的发展原则。该认证标准的各项内容定义清晰，易于观察和测量，尤其是对主要观测点支撑佐证材料的要求。体育管理认证委员会要求培养机构提供详细的、量化的、统一的表格，对个别不能量化的指标运用定性的办法，一定程度上减少了认证过程中可能出现的主观倾向。另外，认证标准结构简单、内容详尽、方法易行，在节约了人力、物力的同时，也保证了认证过程尽量不给正常的教学工作带来干扰和影响。

二、我国体育管理专业建设问题分析

高校体育管理专业的设置与市场需求及产业结构调整密不可分。体育产业是当今社会经济发展中的重要力量，其发展需要一大批既懂体育又懂经济，既懂赛事又懂管理的综合性专业人才作为支撑。我国最早于1985年在武汉体育学院和北京体育大学先后设立体育管理专业，开始了体育管理专业人才的培养。但是，由于我国体育管理专业教育的历史较短、经验欠缺等多种因素，我国体育管理专业发展存在一些与专业设置初衷相悖的现象，导致体育管理专业办学质量低下，专业的发展不能满足体育产业的发展需求。

（一）所属专业学科门类定位不清

我国体育管理专业的设置历程处于不断变化之中，从1993年"体育管理"专业在《普通高等学校本科专业目录》调整后，属于教育学门类，到1998年体育管理专业被取消。2002年，《普通高等学校本科专业目录》调整后，重设体育管理专业并改名为"体育经济"。此时的"体育经济"专业仍属于教育学门类。2012年，"体育管理"专业再次改名为"体育经济与管理"，属于管理学门类下工商管理一级学科的特设专业（表4-4）。

表4-4 我国体育管理专业所属学科门类历程

专业目录	专业名称	所属学科门类	所属一级学科
1993年版	体育管理	教育学	体育学
1998年版	（专业取消）	—	—
2002年版	体育经济	教育学	体育学
2012年版	体育经济与管理	管理学	工商管理

随着我国经济的发展，体育管理专业的社会需求已经发生了变化，此时的体育管理专业从原有的体育学一级学科转向管理学科门类是专业发展的必然选择。但是，我国体育经济与管理专业的这次定位与美国的体育管理专业的定位几乎相同，从美国的体育管理专业发展历程来看，隶属于管理学下的体育管理应该是必然的。目前，我国虽然把体育经济与管理专业归属于管理学门类下，但是仅仅定位为特设专业，不属于基本专业，稳定性不强，不利于该专业发展[133]。

（二）课程设置缺乏权威标准

由于我国体育管理专业设置较晚，在专业刚刚兴起时，有必要借鉴体育教育、社会体育指导与管理等成熟专业的课程设置，这是可以理解的。但是，随着社会经济的发展，体育管理专业建设日益成熟，体育管理专业知识体系也趋近完善，此时，应该删除一些属于体育教育专业且与体育管理专业无关的课程，并且相应增加体育管理专业核心课程。然而，由于我国体育管理专业课程设置缺少权威指导标准，导致一些属于体育管理专业的核心必修课程，因为各种原因无法开设。

如中央财经大学体育经济专业（由体育管理专业转变而来）设置了26门与社会需求直接相关的专业课程，但是诸如体育学原理、运动人体科学概论等体育教育类课程仍然存在，却没有开设"体育金融"这门核心课程。体育金融是金融学和体育学的交叉学科课程，体育金融主要研究在不确定的环境下，如何通过资本市场，对资源进行最优配置；在体育领域内，如何应用金融知识理解资本结构，获取更多的资金；体育实体如何应对由于经济环境变化，造成的对体育产业的影响。特别是研究体育企业如何根据生产的需要接受个人的投资，体育市场和中介如何在协助个人及企业完成这一资源配置任务时，达成合理的均衡价格体系等。在体育管理专业发展成熟的美国，体育金融也是该专业的必修课程。但是，在我国，由于没有标准的课程指导与制约，所以导致像中央财经大学这样以金融学为国家重点学科的院校，开设的体育经济专业并没有体育金融这门必修课程，却有体育史等教育学课程。

（三）理论研究缺乏国际交流

国际学术交流可以拓宽研究者的视野，及时掌握该领域前沿的核心知识和研究趋向，对研究者有启迪作用，同时可以在交流中相互了解，让国外同行了解我国体育管理专业建设概况。然而，目前我国体育管理学学者在参与国际学术交流方面的积极性并不是太高，以2007—2012年北美体育管理协会年会的参与者为例，中国大陆学者6年间只发表了6篇论文，而美国体育管理专业学者发表了122篇论文，两者相差甚远。同处亚洲的韩国学者6年间发表了34篇论文，也远远高于中国学者的发文量，这从一个侧面说明了我国学者参与国际交流的次数较少。因此，我国应该重视体育管理专业学术交流活动，通过国际学术交流，拓宽研究者的视野，提高我国体育管理理论研究水平，有助于体育管理专业发展。

三、美国体育管理专业认证对我国的启示

随着我国社会经济的快速发展，体育产业规模不断扩大，急需高质量的体育产业管理人才。借鉴美国体育管理专业认证体系建设的有益经验，可从以下几个方面提高我国体育管理专业人才培养质量。

（一）重视专业课程标准的建设

专业是课程的组合，课程是专业的核心知识单元。美国体育管理专业特别重视课程标准建设。美国的体育管理专业由北美体育管理协会与体育运动国家协会合作委员会专门负责课程设置指导[134]。该合作小组由体育运动国家协会与北美体育管理协会共同成立，合作小组设置的课程指导规定了体育管理专业基本知识结构，最终体现为专业课程（表4-5）的设置。全国各体育管理专业开设的专业课程，应该在这个课程指导范围之内。当学生完成该指导范围内的课程时，可以达到本专业知识结构要求的最低标准。

表4-5　美国体育管理专业课程领域及内容

课程领域	课程内容
体育社会学	体育的性别与种族、体育的暴力与偏差行为、适应体育、国际文化与体育、古代和现代奥林匹克、体育职业化、体育与社会阶层、各年龄体育、体育心理学、药物滥用、体育与文化
体育管理学	管理学、体育管理、组织行为学、激励理论、时间管理、人力资源管理、团体行为、领导理论、体育与领导、场馆和赛事的管理规划与设计、场馆和赛事的运作和维护、目标管理和全面质量管理
体育伦理学	伦理学、职业伦理权利及责任、职业道德规范、个人与管理价值
体育营销学	营销学、体育营销、营销组合、市场划分与目标市场、营销企划书、赞助、代言、授权商品、募捐、消费者行为
体育传播学	沟通技巧、体育与媒体、电脑应用及信息管理、体育与大众传播、商业写作、体育新闻学、新闻稿写作
体育财务学	会计学、预算学、各类报表运用、体育与财务、体育产业的预算与财务
体育法学	侵权行为、危机管理程序、产品责任、宪法、合同法、行政法、法律系统、群众管理和安全
体育经济学	经济学原理、体育产业经济的发展与趋势、体育产业与经济理论的运用
体育公共管理	职业和业余体育组织、各级体育组织的体制框架与运作、政府单位与体育组织的关系与影响
管理实习	见习：在修业期间内，体育相关产业的经验 实习：在体育产业内的工作，重点在理论与实务结合，工作时间必须每周40小时，共10周以上，并配合教授的指导与监督

目前，我国体育管理专业教育质量相对较低，课程设置缺乏权威的指导标准，各个高校课程设置不一，课程结构相差较大，课程的深度和广度欠缺，学生的专业知识结构不完善。高校体育管理教育与体育产业之间联系不紧密，教师队伍中缺乏具有体育产业从业经验背景的人员，教师自身缺少从业经验，在教学过程中，不能体现教学的有效性和时效性。培养的学生不符合用人单位的需求，人才市场存在供需脱节现象。因此，我国要尽快制定体育管理专业课程标准，逐步完善各高校体育管理专业的课程设置结构，避免出现课程设置结构不合理的现象。

（二）积极参与专业认证

美国的体育管理专业认证制度和标准对于专业人才的培养及教育机构的长远发展起到了不可替代的作用，为美国体育管理专业建设和体育产业规模的增长提供强大的人才支持。对于我国的体育管理专业建设而言，美国体育管理专业认证体系有很多值得借鉴的地方。

首先，积极参与专业认证，目前我国高等教育中开展专业认证的有师范类专业、工程类专业和医学类专业，体育管理专业所属管理学类专业还没有实施专业认证工作。因此，目前阶段我国体育管理专业可参与国际体育管理专业协会的认证工作，如北美体育管理协会，该协会受理世界各国高等教育体育管理专业认证申请。值得注意的是，北京体育大学体育管理专业已经通过了北美体育管理协会的认证，国内其他高校可借鉴北京体育大学体育管理专业建设的经验，走国际化专业认证道路，以提升自身的国际化水平和教育质量。

其次，建设高水准与国际接轨的、独立于政府的、依托于行业人才需求的、能够担负起体育管理专业教育质量保证任务的专业认证体系是目前我国体育管理专业建设工作的核心。构建具有中国特色的体育管理专业认证体系，首要任务是建立一支专业水平高且相对稳定的认证专家队伍，从美国的经验来看，专家队伍应以行业专家为核心主体，包括教育界的专业人士和行业专家，只有这样的队伍，才能确保教育界和所属行业的有效沟通，从而保证专业认证的专业性和权威性。另外，参与专业认证需要具备较高的专业能力素质，认证工作人员需要掌握的知识包括国内现行教育法规政策、国内外最新评估与认证理论及方法。同时，还应重视专家的国际学术交流。多形式、多样化地组织认证专家学习国外的先进经验，适当聘请国外的认证专家，不断提高我国专业认证专家的业务水平。

最后，合理的体育管理专业认证制度首先必须理顺政府、公众群体、专业认证机构、高等院校在专业认证过程中的关系，明确各主体的权利和义务，形成平衡的权力结构，即形成对专业认证广泛认同的"认证文化"。只有在社会公众群体中形成这样的"认证文化"，才能在无形之中为体育管理专业认证的良好发展赋予强大的社会压力。

（三）专业人才培养与产业需求紧密结合

"专业是依据社会的专业化分工和明确的培养目标，设置于高等学校（及其相应的教育机构）的教育基本单位或教育基本组织形式"[135]。《辞海》对专业的界定为："高等学校或中等专业学校根据社会专业分工需要所分成的学业门类"[136]。由此可见，高校专业设置与社会需求密不可分，高校专业设置的最终目的是为社会提供所需的人才。从美国体育管理专业认证体系来看，其专业认证与体育管理产业需求紧密结合。因此，我国体育管理专业人才的培养也需要与体育管理产业需求相结合，这主要体现在以下几个方面。

首先，培养目标与产业人才需求的紧密结合，美国体育管理本科人才培养目标定位于培养未来的体育管理者，目标定位明确。正是这种需求导向的培养目标，使得北美地区的体育管理专业课程标准与认证制度，得到了产、学、官的认同，树立了良好的典范，因而逐渐影响世界各国竞相效仿。而我国大多数高校体育管理本科教育的培养目标为：培养德智体全面发展的，能在体育相关部门从事管理、研究和教学的高级专门人才。这样的表述使得培养目标含糊，没有与目标定位相匹配的素质要素加以支撑，更缺乏与产业需求相关的职业导向性的目标定位。

其次，课程设置与产业需求的紧密结合，如表4-5所示，北美体育管理协会与体育运动国家协会为了提倡体育管理院系在教学及课程上的良好品质，培养出优秀的专业体育管理人才，于1987年出版了《体育管理院系学生职业准备指导》。1993年、1999年和2010年再次修订课程标准。其中，体育管理本科课程主要有10个领域。美国大学将体育管理教育与学生的就业需要、职业发展紧密联系，按照通才培养目标全方位开展对体育管理本科人才的培养。在课程上也相应地呈现出了高度重视人文、科学与专业相结合的特点。而我国体育管理本科课程受我国高校"学问中心"教育思想的影响，单纯考虑了知识的掌握，忽视了社会的需求、学生的需求。因此，有必要借鉴美国的经验，以市场需求为导向进行体育管理专业课程设置。

最后，在师资配备上与行业紧密结合，师资是课程的主要承担者，他们的知识、经验是专业人才培养质量的决定性要素。体育管理认证委员会认证标准中明确要求专业教师必须具备较高的学历层次或者丰富的从业经验，且具有体育管理职业经验的教师必须占有一定比例。目前，我国体育管理专业师资以高学历的学科教师为主,他们具有丰富的科研经历,但是相对缺乏实践经验。体育管理是一个理论与实践相结合的专业,因此,为了培养体育管理产业需求的实践型人才,有必要配备一定数量的体育管理一线人员师资。

第五章　美国运动科学专业认证制度

随着人民消费水平的逐步提高，现代人对健康的需求愈加强烈，健康产业已经成为21世纪引导全球经济发展的重要产业之一。资料显示，我国至少有8000万残疾人，慢性病患者更是超过了2亿人。在此背景下，我国运动康复专业应运而生，作为一个新设专业，目前运动康复专业的建设面临诸多问题。美国运动科学专业与我国运动康复专业类似，两个专业的目标都是培养运动康复人才，其毕业生能够对健康人群和疾病患者进行健身评估、运动康复设计和处方撰写等。美国运动科学专业认证制度保障了其人才培养质量，毕业生作为健康健身团队的一个组成部分受到了用人单位的好评。因此，应该借鉴美国运动科学专业认证制度的有益经验，为我国运动康复专业人才培养提供参考。

第一节　美国运动科学专业认证简析

在过去的40多年里，随着体育事业领域的不断扩大，越来越多的体育专业人员开始在学校体育领域之外就业。尤其是随着社会各阶层对健康意识的增强，人们对身体活动在健康促进和疾病预防方面的作用意识也在不断增强，且这一领域就业的机会也不断增加。为适应社会发展需求，美国高校开始设置运动科学专业，以培养运动康复方面的专业人才。相对于其他专业来说，运动科学是一个新兴专业，2004年，美国成立了运动科学认证委员会（Committee on Accreditation for the Exercise Sciences，简称

CoAES），为运动科学专业人才的培养提供指导。

一、运动科学专业性质简析

在美国，运动科学专业蓬勃发展，通过该专业的学习，毕业生可以为成为一名临床运动生理学家做好准备，可以在临床康复医学、物理治疗、医师助理等领域就业。

（一）专业特征

在美国，运动科学专业是一个宽泛的学科领域，美国不同类别的高校开设了这一科学专业，该专业的主干课程包括生物力学、运动营养学、运动心理学、运动控制与发展、运动生理学等。运动科学专业人才的培养机构必须开设以上学科课程。运动科学专业毕业生可以在运动健康健身领域内就业，毕业生能够熟练评价健康行为及风险因素，进行健身评估和撰写运动处方，激励个体改变不良生活习惯，保持积极的健康生活方式。毕业生可以在大学、公司、社区及康复机构从事与体适能相关的职业，提升人们的健康水平。

在招生方面，申请进入高校运动科学专业的学生必须具有高中文凭或同等学力，符合运动科学专业所在高校的入学要求。运动科学专业学生可在4年内完成学士学位的全部课程。除必修专业课程以外，该专业的课程还包括综合性的学术课程及一次以上的教育实习，专业教育实习结束之后毕业生可参加国家职业认证考试。

（二）职业特征

在职业能力方面，运动科学专业的毕业生能够针对健康人群和疾病患者进行评估，并设计和实施个人与团体的健身锻炼计划,能够熟练地评估健康行为和风险因素,基于健身评估撰写运动处方、激励个人改变消极的健身与生活习惯、保持积极向上的健康生活方式。毕业生能够表现出健康健身方面的领导才能。运动科学专业人员作为健康健身团队的一个组成部分,可与私人健身教练、运动生理学家在不同环境中合作,如企业、医院、社区、健身会所和健身中心等。他们面向健康人群和疾病患者,向其实施安全有效的运动与康复方法,并引导他们积极参与康复锻炼。同时,他们能够对患者的健康状况进行评估和识别。

二、运动科学专业认证特征

美国运动科学专业认证的负责机构是运动科学认证委员会,通过运动科学认证委员会的认证后有诸多益处。对学生来说,通过认证可增加自身潜在的价值和能力,提高就业机会、增加就业率;对家长来说,可通过具体的成果数据识别认证的好处,如学生获得运动科学认证委员会资助机构提供的奖学金等;对高校来讲,通过认证可以提高自身美誉度,吸引更多优质生源,同时可获得联邦教育部的资金支持。

运动科学专业认证具有以下特征:(1)运动科学认证委员会与联合健康教育专业认证委员会(Commission on Accreditation of Allied Health Education Programs,简称CAAHEP)联合开展认证工作,运动科学认证委员会是联合健康教育专业认证委员会的一个下属机构,两者的联合认证以教学结果为基础,因此,专业认证不会对教师人数、实验室面积和教学设施规模等产生影响;(2)运动科学认证委员会和联合健康教育专业认证委员会的联合认证可以确保寻求认证的高校专业达到国家标准和认证指南的要求;(3)通过运动科学认证委员会认证的专业能同时获得其帮助机构的官方认可,这些机构包括美国运动协会、美国运动医学学院、美国运动治疗协会、库珀研究所、国家运动医学协会和国家力量健身协会。得到赞助机构的官方认可能够有效吸引优秀学生及家长的青睐；（4）只要通过运动科学认证委员会的专业认证，在该专业注册的学生将获得运动科学认证委员会大部分资助机构的认证考试资格，节约了学生的认证考试成本[137]。

第二节 美国运动科学专业认证标准

2017年10月，美国联合健康教育专业认证委员会推出了新版《运动科学教育专业认证标准与指南》（简称"认证标准与指南"），该标准是在2004年和2006年版本的基础上修改而成的。开设运动科学专业的高校可采用"认证标准和指南"进行课程开发、评价和分析，认证过程中的实地考察团队也需要在"认证标准和指南"的要求下进行专业实地考察评估。

一、标准制定机构简析

"认证标准与指南"是以下机构相互合作研制的结果，即美国联合健康教育专业认证委员会、美国运动科学认证委员会、美国运动医学学院、美国运动学协会、美国锻炼委员会、美国运动治疗协会、库珀研究所、美国国家运动医学学会、国家力量与健康委员。其中，联合健康教育专业认证委员会和运动科学认证委员会将为符合"认证标准和指南"要求的高校专业颁发认证资格，通过认证的高校专业名单会及时向学生、用人单位、教育机构和公众公布。由于标准的主要制定机构是联合健康教育专业认证委员会、运动科学认证委员会，因此，以下主要介绍这两个机构的发展历程、性质和成员构成等情况。

（一）联合健康教育专业认证委员会

联合健康教育专业认证委员会是一个由美国高等教育认证委员会认可的专业认证机构，成立于1994年的联合健康教育专业认证委员会是一个非营利性组织，其前身是美国医学协会的一个分支机构。联合健康教育专业认证委员会由一个委员会和一个董事会组成，委员会由其下属机构代表及毕业生、公众利益和驻地医生有密切关联且关心社区事务的代表组成。委员会负责批准联合健康教育专业认证委员会的章程、使命和愿景声明，并确定哪些学科专业可获得其认可。联合健康教育专业认证委员会的董事会由16名成员组成，他们都是由委员会成员选举产生。董事会是联合健康教育专业认证委员会的认证机构，董事会在审核认证委员会提供的认证建议之后，做出授予或否决认证的决议。董事会也是联合健康教育专业认证委员会业务的主要监管机构，执行由委员会制定的机构使命和愿景。

目前，联合健康教育专业认证委员会与29个单项认证协会（表5-1）合作开展认证活动，联合健康教育专业认证委员会已经在30个健康科学职业领域内认证了2100多个相关专业。其中，一个单项认证协会可开展多个相关专业的认证活动。这些单项委员会负责具体专业的日常认证工作，审查其特定专业的培养计划。

表5-1 美国联合健康教育专业认证委员会单项认证协会名单统计

医学类专业	体育类专业	医师类专业	其他类专业
神经生理监控学	运动生理学	麻醉技师	艺术疗法
心血管高级超声检查	运动科学	麻醉助理师	辅助治疗
心血管治疗	运动疗法	手术助理师	多导睡眠技能
临床研究	私人健身训练	足矫正师	娱乐疗法
超声医学诊断学		灌注师	

（续表）

医学类专业	体育类专业	医师类专业	其他类专业
急诊医疗服务		矫正修复助理员	
细胞技术		矫正修复技术员	
神经诊断技术学		医学诊断员	
手术技术学		血液医学师	
医疗辅助		哺乳顾问	

由上表可知，美国联合健康教育专业认证委员会主要面向医学领域开展专业教育认证，2006年，美国国家科研理事会正式把运动学作为生命科学的一个分支学科，由此，与运动学有关的学科专业都纳入生命科学领域。其中，参与美国联合健康教育专业认证委员会认证的体育学专业有4个，即运动生理学、运动科学、运动疗法和私人健身训练[138]。

（二）运动科学认证委员会

参与联合健康教育专业认证委员会认证的运动学专业及教育机构主要集中在健康、健身和运动领域。目前，运动学领域已经有13个硕士学位专业、54个学士学位专业和3个联合运动学学位专业通过了联合健康教育专业认证委员会的认证。从类别上来看，包括3个运动生理学专业、54个运动科学专业、3个私人健身教练专业和3个运动疗法专业。

其中，成立于2004年4月的运动科学认证委员会属于联合健康教育专业认证委员会的一个分支机构，运动科学认证委员会的首要任务是制定运动学科专业认证标准和指南，为学生将来在健康、健身和运动领域内就业做好准备，其次是针对所有寻求联合健康教育专业认证委员会认证的专业，构建并实施一套自我评估、评审和推荐的认证流程。目前，已经有54个运动科学本科专业通过了运动科学认证委员会的认证[139]（表5-2）。

表5-2　美国运动科学专业认证名单统计

州府名称	大学名称	专业名称
亚利桑那州：弗拉格斯塔夫	北亚利桑那大学	运动科学
科罗拉多州：丹佛	丹佛大都会州立大学	运动科学
康涅狄格州：新英格兰	康涅狄格州立中央大学	运动科学
康涅狄格州：纽黑文	南康涅狄格州立大学	运动科学
佛罗里达州：杰克逊维尔	北佛罗里达大学	运动科学
佛罗里达州：彭萨科拉	西佛罗里达大学	运动科学
佐治亚州：莫罗	克莱顿州立大学	运动科学
佐治亚州：亚特兰大	佐治亚州立大学	运动科学
佐治亚州：瓦尔多斯塔	瓦尔多斯塔州立大学	运动科学
伊利诺伊州：爱德华兹维尔	南伊利诺伊大学爱德华兹维尔分校	运动科学
印第安纳州：马里昂	印第安纳卫斯理大学	运动科学
印地安那州：印第安纳波利斯	印第安纳波利斯大学	运动科学
堪萨斯州：鲍德温市	贝克大学	运动科学
肯塔基州：穆雷	穆雷州立大学	运动科学
肯塔基州：路易斯维尔	路易斯维尔大学	运动科学
路易斯安那州：梦露	路易斯安那大学门罗大学	运动科学
缅因州：戈勒姆	南缅因大学	运动科学
马里兰州：佛罗斯特	弗罗斯特堡州立大学	运动科学
马里兰州：索尔兹伯里	索尔兹伯里大学	运动科学
马萨诸塞州：牛顿	拉斯勒学院	运动科学
马萨诸塞州：斯普林菲尔德	斯普林菲尔德学院	运动科学
马萨诸塞州：韦斯特菲尔德	韦斯特菲尔德州立大学	运动科学

（续表）

州府名称	大学名称	专业名称
密歇根州：芒特普林森	密歇根中央大学	运动科学
明尼苏达州：圣保罗	圣凯瑟琳大学	运动科学
密苏里州：圣路易斯	密苏里浸会大学	运动科学
纽约州：多布斯费里	莫西学院	运动科学
纽约州：布鲁克波特	纽约州立大学布罗克波特学院	运动科学
纽约州：牙买加	约克学院	运动科学
北卡罗来纳州：夏洛特	夏洛特北卡罗来纳大学	运动科学
北达科他州：法戈	北达科他州立大学	运动科学
北达科他州：俾斯麦	玛丽大学	运动科学
俄亥俄州：伯利亚	鲍德温华莱士大学	运动科学
俄亥俄州：鲍灵格林	鲍灵格林州立大学	运动科学
俄亥俄州：肯特	肯特州立大学	运动科学
俄亥俄州：阿达	俄亥俄州北大学	运动科学
俄亥俄州：代顿	怀特州立大学	运动科学
俄克拉荷马州：艾德蒙	俄克拉荷马中央大学	运动科学
宾夕法尼亚州：布鲁姆斯堡	布鲁姆斯堡大学	运动科学
宾夕法尼亚州：东斯特劳斯堡	东斯特劳斯堡大学	运动科学
宾夕法尼亚州：圣戴维斯	东部大学	运动科学
宾夕法尼亚州：格罗夫市	格罗夫市立学院	运动科学
宾夕法尼亚州：印第安纳	宾夕法尼亚印第安纳大学	运动科学
宾夕法尼亚州：洛雷托	圣弗朗西斯大学	运动科学
宾夕法尼亚州：斯利珀里罗克	斯利珀里罗克大学	运动科学

第五章 美国运动科学专业认证制度

（续表）

州府名称	大学名称	专业名称
宾夕法尼亚州：西切斯特	西切斯特大学	运动科学
罗得岛州：金士顿	罗德岛大学	运动科学
南达科他州：布鲁金斯	南达科他州立大学	运动科学
佛蒙特州：里德诺韦尔	里德州立学院	运动科学
弗吉尼亚州：马纳萨特	乔治梅森大学	运动科学
弗吉尼亚州：林奇堡	自由大学	运动科学
弗吉尼亚州：法姆维尔	朗伍德大学	运动科学
弗吉尼亚州：林奇堡	林奇堡学院	运动科学
弗吉尼亚州：诺福克	奥多明尼昂大学	运动科学
威斯康星州：奥什科什	威斯康星大学奥什科什分校	运动科学

美国运动科学认证委员会由12名董事会成员组成，其中包括1名主席、10名个人成员和1名美国运动医学学会的特定代表成员。为了高质量地完成认证工作，运动科学认证委员对董事会主席和成员的职责做了细致分工，其中董事会主席的职责包括：（1）与运动科学认证委员的管理员合作，确保各种报告按时完成并提交给联合健康教育专业认证委员会；（2）参加1月和7月的联合健康教育专业认证委员会领导人会议；（3）与联合健康教育专业认证委员会的工作人员合作，确保及时更新运动科学认证委员会的政策和程序；（4）与联合健康教育专业认证委员会的董事会保持联系，向联合健康教育专业认证委员会通报运动科学认证委员的业务运作情况和问题；（5）确保按计划审查认证标准；（6）安排电话会议和现场会议的议事日程；（7）主持召开运动科学认证委员的年度会议；（8）定期参加运动科学认证委员的电话会议；（9）帮助审查年度报告；（10）参与每年至少1次的实地考察；（11）为新专业的自我评估报告提供帮助；（12）拥有最新的运

动科学证书；（13）作为联合健康教育专业认证委员会的成员，具有运动科学专业认证的经验。

董事会成员的职责包括：（1）参加运动科学认证委员的年度会议；（2）定期参加运动科学认证委员的电话会议；（3）帮助审查年度报告；（4）参与每年至少1次的实地考察；（5）为新专业的自我评估报告提供帮助；（6）拥有最新的运动科学证书；（7）作为联合健康教育专业认证委员会的成员，具有运动科学专业认证的经验；（8）自愿参加每年1月和7月的联合健康教育专业认证委员会的领导人会议。

二、认证标准的结构

"认证标准与指南"是运动科学专业认证的最低质量标准，认证的目的是为毕业生将来从事运动科学类职业做好准备。其中，标准是对运动科学专业教育的最低要求，指南则是对标准内容的具体阐释和解释，以及对标准相关内容的示例或建议，指南没有强制性要求，但可协助解释标准的含义。从结构上看（表5-3），美国运动科学专业认证标准可分为2个部分，即专业标准和核心课程标准。其中，专业标准由5个一级指标和18个二级指标构成；专业核心课程标准由5个核心知识领域（课程）组成，是对学生学习结果的具体描述，也是从学生核心能力出发对5门课程具体范围的界定。

表5-3 美国运动科学专业认证标准

类别	领域	指标
专业标准	1.培养机构	（1）独立培养机构 （2）联合培养机构 （3）培养机构的职责

（续表）

类别	领域	指标
专业标准	2. 专业目标	（1）专业目标和结果 （2）目标的恰适性 （3）目标预期
专业标准	3. 教学资源	（1）资源类型与数量 （2）教职员工 （3）课程 （4）资源评估
专业标准	4. 学生评估	（1）课程学习评价 （2）学习结果评价
专业标准	5. 公平实践	（1）信息公开 （2）非歧视性法规要求 （3）安全措施 （4）学生档案 （5）实质性变化 （6）合作协议
课程标准	1. 健身与健康评估	（1）健康筛查与评估协议 （2）体能评估与锻炼计划 （3）健康参与者和疾病患者健身评估 （4）心肺功能的评估与解释 （5）肌肉力量、耐力和灵活性评估 （6）人体成分的测量与评估
课程标准	2. 运动处方	
课程标准	3. 锻炼咨询与规划	
课程标准	4. 法规制度	
课程标准	5. 健身管理	

三、专业认证标准内容分析

专业标准是针对运动科学专业人才培养机构的认证准则，该标准从培养机构、专业目标、教学资源、学生评估和公平措施5个领域、18个具体指标对运动科学专业进行评估。

（一）培养机构

培养机构是指开设运动科学专业的教育机构，包括独立培养机构和联合培养机构两个类别，培养机构认证标准的内容如表5-4所示。

表5-4 美国运动科学专业培养机构标准

二级指标	要求
1. 独立培养机构	（1）经认证机构认可的中学后教育机构，该机构具备学士学位授予资格，并且在法律授权下开设高等学科专业 （2）经联合健康教育专业认证委员会（CAAHEP）认可的国外中学后学术机构
2. 联合培养机构	（1）2~3个开设运动科学教育专业的单位实体，至少有一个单位满足独立培养机构的要求 （2）必须以合作协议或谅解备忘录的形式明确记录每一个培养机构的职责，包括治理权限
3. 培养机构的职责	机构必须确保符合《认证标准和指南》的规定要求

从上表可以看出，美国运动科学认证委员会对运动科学专业培养机构的要求并不是很高，只要具有学士学位授予权的高等教育机构，在法律规范要求下都可以开设运动科学专业；同时，鉴于运动科学专业的职业特征，为了使其培养的学生能够与运动实

践紧密结合，美国运动科学认证委员会也允许高校与其他机构联合开设运动科学专业，以培养适合社会需求的专业人才，但是在专业认证过程中明确要求清晰划分每个培养机构的职责。

（二）专业目标

专业目标即运动科学专业的培养目标，美国运动科学认证委员会要求培养机构从3个方面清晰标明自身专业目标，即目标的制定要求、目标的修订要求和目标的最低界限（表5-5）。

表5-5 美国运动科学专业目标标准

二级指标	要求
1.专业目标和结果	（1）以书面声明的形式展示学习领域目标，其内容需反映服务对象的需求，并且要与服务对象的利益相一致。服务对象包括在校学生、毕业生、教师、赞助机构、用人单位、医生和公众 （2）学习领域及目标的书面声明为专业的设计、实施和评估提供了依据。学习领域及目标必须与主办机构的使命、服务对象的期望及国家认证标准的要求相兼容。目标和学习领域能够满足健康护理人员和用人单位的实质需求，满足专业学生的教育需求
2.目标恰适性	（1）定期对专业目标和学习领域进行评估，专业负责人及时识别服务对象的需求和期望，并据此作出反应 （2）培养机构组建咨询委员会，每年至少召开一次会议，协助专业负责人制定专业目标，并定期修订目标，监测服务对象的需求和期望，确保专业做出及时修订
3.目标预期	专业最低目标：培养在认知、技能、情感和行为等领域具备初级职业能力的运动科学专业人员

首先，从目标的制定要求来看，运动科学认证委员会要求培养机构制定切合实际需求的专业培养目标，如要求专业目标与学生、毕业生、教师、赞助机构、用人单位和公众的利益相一致，并且需要满足健康护理人员、用人单位和学生的切实需求；其次，运动科学认证委员会要求对培养目标进行适时修订，及时识别服务对象的需求和期望，据此对目标作出修订，体现了与时俱进的精神；而且将目标的修订作为认证的强制性要求；最后，规定了运动科学专业的最低目标，培养机构可以在最低目标的基础上提高自身的专业目标，运动科学认证委员会也鼓励培养机构的这一做法。

（三）教学资源

教学资源是人才培养过程的重要组成部分，也是决定专业培养目标是否达成的关键。与我国对教学资源的理解略有差异，美国运动科学认证委员会将教职员工、课程都纳入教学资源的范畴之内，还将教学资源评估列入认证标准指标之一（表5-6）。

表5-6　美国运动科学专业教学资源标准

二级指标	要求
1.资源数量与类型	教学资源必须充足，以确保专业目标和学习结果的实现。教学资源包括教师、教学秘书、后勤人员、课程、财务、办公室、教室、实验室、学生辅助设施、临床附属设备、日常用品、计算机、教学参考资料、教工继续教育等
2.教职员工	为了实现既定的专业目标和教学结果，培养机构必须雇佣数量充足的、具备相应资质和工作能力的教职员工，包括：（1）专业负责人。①资格：必须是培养机构的全职教工，拥有运动科学领域3年以上的工作经验，具有硕士以上学位。②职责：确保专业目标和教学结果的实现，负责与专业

第五章　美国运动科学专业认证制度

（续表）

二级指标	要求
2. 教职员工	相关的所有日常事务，包括对专业进行有效的组织、管理、持续审查、规划和设计。同时，负责人必须对所有教学人员的教学实践工作进行监督、管理和协调。③教学任务：鉴于负责人的管理职责，应合理分配其教学时间，并根据培养机构的任务分配管理与教学时间的比例，负责人代表培养机构履行监督管理职责 （2）师资。①资格：合格教师应具备2年以上的运动科学相关工作经验，具有教师资格证书、接受过学科培训、具备学科教学经验、掌握学科知识。②职责：所有教职员工都应该熟悉专业目标，并能够展示出有组织的教学和评估能力；按照专业培养方案的要求，教室、实验室和所有教学环境中必须配备有资质的教职人员，他们作为联络人为学生学习提供及时指导、监督和评估
3. 课程	（1）课程开设：开设的课程必须确保专业目标和学习领域的实现，教学必须是课堂、实验室和临床实践的综合系列活动 （2）课程大纲：教学必须基于明确的课程大纲，其内容包括课程描述、课程目标、评价方法、标题提纲和毕业生能力要求等 （3）课程结果：通过比较来证明开设的课程达到或超额达到相关规定的要求；学习结束时学生通过专业实习掌握相关经验，并参加国家职业资格认证考试
4. 资源评估	（1）评估：每年至少开展一次评估，以衡量本标准所描述资源的适用性和有效性，并将资源评估的结果作为专业规划和持续改进的基础 （2）改进：如果专业资源存在某种缺陷，必须制订相应的改进计划，在执行改进计划时进行记录，通过持续性资源评估对改进结果进行测量

由上表可知，美国运动科学专业认证要求提供的教学资源种类较多，包括教师、教学秘书、后勤人员、课程、财务、办公室、教室、实验室、学生辅助设施、临床附属设备、日常用品、计算机、教学参考资料、教工继续教育等方面。这些资源是保障专业培养目标实现的前提。运动科学认证委员会强调专业负责人在运动科学专业人才培养过程中的作用，不仅特别规定了专业负责人的任职资格和职责，而且强调专业负责人的首要任务是管理而非教学，因此对专业负责人的教学工作进行了特别规定。在专业师资方面，运动科学认证委员会强调教师的实际工作经验，要求专业师资必须具有运动科学领域两年以上的工作经历。而且要求教室、实验室等所有教学环境中必须配备有资质的教职人员，以便及时为学生学习、实验提供指导，这体现了以学生为中心的认证理念。在课程方面，运动科学认证委员会从课程开设、课程大纲和课程结果3个方面进行认证，尤其值得注意的是，运动科学认证委员会认为运动科学专业课程是包括课堂、实验室和临床实践的综合课程体系，而非单一的理论课程；并且规定从课程描述、课程目标、评价方法、标题提纲和毕业生能力要求等方面撰写专业课程大纲，课程大纲是课程实施的前提性文本，完善的课程大纲有利于课程目标的达成；同时，强制要求学生课程学习结果要达到或超额达到认证标准中有关能力的具体规定，通过课程学习和专业实习，学生在掌握相关经验的基础上能够参加国家职业资格认证考试。从以上规定可以看出，美国运动科学专业认证对课程的要求较高，并且要求课程的开设和实施紧密结合临床实践，体现出运动科学专业的职业特征。此外，运动科学认证委员会还要求培养机构定期对以上教学资源进行评估，及时改进。

（四）学生评估

美国运动科学认证委员会从学生课程学习效果和专业学习结

果两个方面对学生进行评估（表5-7），旨在通过对学生学习的评估搜集相关数据，为进一步改进教学质量提供参考。

表5-7　美国运动科学专业学生评估标准

二级指标	要求
1.课程学习评估	（1）评估频率和目的：尽可能多次对学生进行评估，旨在为学生和专业教师及时提供有效数据，说明学生在课程学习领域取得的进步和成就 （2）评估证明：详细记录学生的评估状况，记录他们的学习进度和成绩
2.学习结果评估	（1）评估内容及要求：国家职业资格认证考试通过率、学生淘汰率、毕业生满意度、用人单位满意度、就业率、总结性专业整改措施等。专业学习成果的数据必须达到评估标准的最低要求 （2）评估结果的应用：定期评估专业学习领域及其目标的达成度，根据评估结果及时审查、修订培养方案 （3）评估结果的公布：定期向CoAES提交专业目标、学习领域、评估系统（评估类型、评估分数和评估恰适性）、评估成果、成果分析，以及基于成果分析的改进计划；不符合认证标准要求的专业必须与CoAES进行商讨，以便针对缺陷制订合适的改进计划

从上表可以看出，为了准确搜集学生学习现状，把握学生学习进度，运动科学认证委员会要求培养机构每年多次对学生进行评估，并详细记录评估过程；评估形式多样，包含了学生淘汰率、考试通过率等过程性评估，也包括用人单位满意度、毕业生满意度和就业率等终结性评估；运动科学认证委员会还要求培养机构定期公布评估结果，评估结果的公布对学生和培养机构来说

都是一种压力,可促使学生努力学习,培养机构进一步采取有效措施改进人才培养质量,以达到学生、社会、家长和用人单位的要求。

(五)公平措施

公平措施是美国运动科学认证委员会专业认证标准中的一项特殊指标要求,公平措施包括信息公开、非歧视性法规要求、安全要求、学生档案、实质性改变和合作协议6个方面(表5-8)。

表5-8 美国运动科学专业公平措施标准

二级指标	要求
1.信息公开	(1)公告、目录、出版物、广告必须准确反映专业实情 (2)入学申请人及在校学生必须了解:培养机构及其专业的认证状态、认证机构的名称、通讯地址、网址及电话号码、录取政策、要求和程序,跳级、学分转换、体验式学习学分的政策规定;总学分、学费和其他费用要求,退学要求及程序 (3)所有学生必须了解:校历、学生申诉程序、课程结业标准、毕业标准、临床实践的政策和程序 (4)培养机构须持续一致地向公众提供学生或毕业生成绩的最新信息,包括按照本标准要求进行的一项或多项成果评估结果 (5)培养机构应建立适当的沟通方式(通过网站、电子或印刷文件),向利益相关群体传达学生的成就
2.非歧视性法规要求	(1)与专业相关的所有活动都必须是非歧视性的,包括招生、教师招聘、学生录取、教师就业实践等 (2)这些活动必须符合联邦政府和州政府的法律、法规要求。此外,需制订教师申诉程序,并让每一个教师知晓

第五章 美国运动科学专业认证制度

（续表）

二级指标	要求
3.安全要求	充分保护患者、学生、教师和其他教育活动参与者的健康和安全，所有专业活动必须具有教育性，学生不能代替教职员工
4.学生档案	完好保存学生在入学、咨询和评价方面的记录，课程成绩和学分必须记录在学生成绩单上，并由培养机构永久保存在安全地方
5.实质性变化	培养机构必须及时向CAAHEP/CoAES报告附录A中所述的重大变化，此外，还要在规定时限内向CoAES报告以下重大变化 （1）影响专业教学的机构使命和目标的改变 （2）培养机构法律地位或性质的改变 （3）课程内容和教学方法方面的改变 （4）学位授予的改变 （5）学制的延长或学分的增加
6.合作协议	培养机构和参与学生培养的所有机构之间必须签署正式的合作协议书或谅解备忘录，以阐述培养机构及其合作单位之间的关系、角色和职责

信息公开是高等教育机构开放性的体现，只要涉及非保密性公告、信息，专业学生申请人、在校学生、社会公众都有知情权，特别是有关学生录取过程中的标准、程序，专业学习过程中的课程学习要求、毕业要求、跳级要求、学分转换等信息，以及学生退学程序和政策等信息都要向社会公开。此外，运动科学认证委员会要求运动科学专业培养机构与利益相关群体建立适当的沟通方式，如网站、电子邮件或印刷文本等，应及时向他们传送学生学习的有关数据。美国是一个移民国家，因此，在高等教育人才培养方面特别强调非歧视性法规要求，如运动科学认证委员

会要求培养机构在新生录取、教师招聘、就业实践等方面不能存在歧视性规定，而且所有活动都要符合州和联邦政府的法律法规要求。安全是高等教育人才培养的前提，运动科学认证委员会不仅要求要保护学生、教师的健康安全，而且要保护患者、其他教育活动参与者的健康安全，而且硬性规定培养机构开展的活动必须具有教育性，非教育性活动不适合在高等院校开展，学生不能代替教工的职责，所有这些规定旨在促进培养机构把注意力聚焦于运动科学人才培养上。在实质性改变方面，运动科学认证委员会要求培养机构及时向其报备专业培养方面的重大改变，如培养目标与使命的改变、培养机构性质的改变、教学内容和方法的改变、学位授予权的改变、学制的改变等，这是对运动科学专业人才培养规范性的要求。最后，对于合作办学的机构来说，运动科学认证委员会要求两者要签署正式协议，厘清两个机构在办学过程中的关系、角色和职责。运动科学专业认证是一种基础性认证，其目的是保障人才培养的基础性条件，公平措施指标就是在这一目标的基础上制定的，当然，每所高校在达到这些基础性条件后，可以进一步提升自己的人才培养质量标准。

四、课程标准内容分析

美国运动科学认证委员会规定，所有开设运动科学专业的高等教育机构必须开设以下5门核心课程，即"健身与健康评估""运动处方""锻炼规划""法规制度"和"健身管理"[140]，并且给出了每门课程的能力指标，这些能力指标是运动科学专业毕业生必须具备的核心素养。

其中，"健身与健康评估"课程是针对健康人员、疾病控制人员在健身锻炼及运动康复前、中、后身体功能的评估，包括6个领域，即运动前的健身筛查和评估，体能评估和锻炼计划，健康参与者和疾病患者健身评估，心肺功能的评估与解释，肌肉力量、耐力和灵活性评估，身体成分的测量和评估（表5-9）。

表5-9　美国运动科学专业《健身与健康评估》课程标准

领域	类别	学习要求
1.健身筛查与评估	认知	（1）了解运动前健康检查的程序和工具，了解个人健康和疾病史、当前的医疗条件、风险因素、疾病症状、身体活动习惯、药物等方面的准确信息 （2）了解有关知情同意书和健康疾病史的主要内容 （3）了解有关知情同意书和健康疾病史的局限性
2.体能评估与锻炼计划	认知	（1）了解美国运动医学学会有关不同层级风险因素的阈值，包括与脑血管疾病（CVD）产生相关遗传和生活方式因素 （2）了解心血管、肺呼吸和代谢系统疾病的主要体征和表象 （3）了解心血管疾病的风险因素和病情，锻炼与测试前咨询医务人员，如静息心率和血压不正常变化，胸、颈、肩、胳膊等部位新的不适感，运动或休息时的不适感、晕厥、头晕、跛行 （4）了解呼吸系统疾病的风险因素和病情，锻炼和测试前咨询医务人员，如哮喘、运动性哮喘、休息时或运动期间极度气喘，慢性支气管炎，肺气肿 （5）了解代谢系统疾病的风险因素和病情，锻炼和测试前咨询医务人员，如肥胖，代谢综合征，糖尿病或葡萄糖不耐受，低血糖 （6）了解肌肉骨骼系统疾病的风险因素和病情，锻炼和测试前咨询医务人员，如急性或慢性疼痛，骨关节炎，类风湿性关节炎，骨质疏松症，炎症，腰痛

(续表)

领域	类别	学习要求
2.体能评估与锻炼计划	认知	（7）了解ACSM风险分层类别，及其运动锻炼和测试对医疗许可的意义 （8）了解由良好身体活动习惯引起的风险因素 （9）了解术语：总胆固醇（TC）、高密度脂蛋白胆固醇（HDL-C）、低密度脂蛋白胆固醇（LDL-C）、甘油三酸酯、空腹血糖受损、葡萄糖耐量降低、高血压、动脉粥样硬化、心肌梗塞、呼吸困难、心动过速、跛行、晕厥和缺血 （10）基于胆固醇国家教育计划/ATP指南，了解成年人血浆胆固醇推荐水平 （11）基于高血压国家教育计划指南，了解成年人血压推荐水平 （12）了解心肺功能测试的医学监察建议 （13）了解健康调查表的内容：既往疾病史、家族心脏病史、矫形局限性、处方药物、活动模式、营养习惯、压力和焦虑水平、吸烟和饮酒的副作用等
	技能	（1）针对参与者脑血管风险因素阈值、心血管、肺呼吸或代谢病的主要症状，以及已知心血管、肺呼吸或代谢疾病，具备相应的风险分层技能 （2）具备审查赛前筛选文件的能力，确定运动前医疗检查的必要，并选择合适的身体活动评估方案
3.健康参与者和疾病患者健身评估	认知	（1）了解身体成分的生理基础：心肺适能、身体成分、弹性、肌肉力量和耐力 （2）根据初步筛选数据，为每名运动参与者选择最合适的测试计划 （3）了解身体成分测试设备的校准技术和使用方法

第五章 美国运动科学专业认证制度

（续表）

领域	类别	学习要求
3.健康参与者和疾病患者健身评估	认知	（4）了解与健康体适能组成相关的身体成分测试计划的目的和程序 （5）了解并遵守测试终止标准，以及体成分测试终止后的正确程序 （6）了解身体成分评估的顺序 （7）了解日常药物的疗效及其对运动测试的影响：抗心绞痛药，抗高血压药，抗心律失常药，支气管扩张剂，低血糖药，精神药物，酒精，减肥药，冷片，咖啡因和尼古丁 （8）了解慢性病患者（心脏病、高血压、糖尿病、肥胖症、肺部疾病）运动测试的生理和代谢反应
	技能	（1）分析和解释健康体成分评估信息 （2）针对儿童、青少年、老年人和个人的特殊情况，修改测试方案和程序
4.心肺功能的评估与解释	认知	（1）了解次最大和最大心肺功能评估方案 （2）了解血压测量技术 （3）了解测量收缩压和舒张压的克洛特夫（Korotkoff）声音测定方法 （4）了解运动后血压反应 （5）了解心率测量方法和运动后心率反应 （6）了解自感疲劳分级（RPE） （7）了解心肺功能测试前、中、后的心率、血压和自我疲劳分级检测技术 （8）了解心血管和肺呼吸系统的解剖和生理学知识 （9）了解心肺疾病的相关术语，包括心绞痛、心动过速、心动过缓、心律失常和过度换气

(续表)

领域	类别	学习要求
4.心肺功能的评估与解释	认知	（10）了解心肌缺血、心肌梗塞、中风、高血压和高脂血症的病理生理学基础 （11）了解心肌缺血、心肌梗死、高血压、跛行和呼吸困难等疾病对运动心肺功能的影响 （12）了解运动氧耗的知识（心率、泵血量、心输出量、通气量和通气阈值） （13）了解测量最大氧气量（VO_{2max}）的方法 （14）了解无运动经历和经常运动参与者在急性分级运动时心肺功能的反应
	技能	（1）解释心肺功能测试的结果 （2）通过触摸解剖标志物测量血压和脉搏 （3）能够在运动间隙和运动中测量心率、血压和自我感知疲劳分级 （4）掌握极限运动测试方法：循环测力计、跑步机、现场测试和台阶测试 （5）能够基于次最大量运动测试结果，确定心肺适应功能
5.肌肉力量、耐力和灵活性评估	认知	（1）了解常见的肌肉力量、肌肉耐力和灵活性评估方案 （2）解释肌肉力量、肌肉耐力和灵活性评估的结果 （3）了解绝对力量、相对力量和最大重复次数（1-RM）估算的含义 （4）了解骨骼、骨骼肌和结缔组织的解剖学知识 （5）了解肌肉运动术语，包括前、后、下、上、内侧、外侧、仰卧、旋前、屈曲、伸展、内收、外展、过度伸展、旋转、环转、主动肌、拮抗肌和稳定肌

第五章 美国运动科学专业认证制度

（续表）

领域	类别	学习要求
5.肌肉力量、耐力和灵活性评估	认知	（6）了解每个动作发生的面和轴 （7）了解支撑、平衡、稳定性和各种姿势的脊柱合理曲线与重心的相互关系 （8）了解脊柱弯曲的正常曲率和姿势调整的一般评估方法 （9）了解以下肌肉的位置和功能：胸大肌，斜方肌，背阔肌，肱二头肌，肱三头肌，腹直肌，内外斜角肌，竖立肌，臀大肌，股四头肌、腿肌腱，内收肌、外弯肌和腓肠肌 （10）了解主要关节及其相关运动
	技能	（1）识别主要骨骼、肌肉和关节 （2）掌握肌肉力量、肌肉耐力和灵活性的评估方法（最大力量、手握肌力、俯卧撑、仰卧起坐、坐位体前屈） （3）采用较低阻力（2-10 RM）测试最大力量 （4）解释肌肉力量、肌肉耐力和灵活性评估的结果
6.人体成分的测量与评估	认知	（1）了解不同体成分测定方法的优势、劣势和局限性（空气置换体积测定法、双能X线吸收测量法、静水压力称重法、皮肤折叠法和生物电阻抗法） （2）了解身体部位周长和皮褶厚度的标准化含义 （3）了解测量体质指数、皮褶厚度和周长的程序 （4）了解身体脂肪分布对健康的影响，以及BMI、腰围和腰臀比的意义
	技能	（1）掌握皮褶厚度和周长测量的解剖学定位技术 （2）解释人体测量和体成分评估结果的含义

"健身与健康评估"是运动科学专业的核心课程，如表5-9所示，课程标准内容涉及较多的学习指标要求，其中，健身筛查和评估是在运动锻炼之前，为了保障运动的安全，对运动参与者的健康、疾病史、疾病症状、活动习惯、常用药物等进行检查，并且确保健身锻炼人员知晓自己的身体状况和疾病史，降低运动风险；体能评估与锻炼计划包括13条基础知识和2条基本技能，基本知识是指心血管、呼吸、代谢、骨骼肌肉等身体各系统的机理，以及运动过程中身体各系统的反应、适应机理。此外，还包括美国运动医学学会有关健身运动的概念、建议。2条基本技能是在掌握以上基础知识的基础上，将知识运用到具体实践中的能力。

健身参与者和疾病患者健身评估领域分为8条基础知识和2条基本技能，其内容主要是有关身体成分的测定、常用药物的疗效与运动的关系、各种类型慢性疾病与运动的关系等；心肺功能的评估与解释领域包括14条基础知识和5条基本技能，主要包括与心肺功能有关的身体指标的测量，以及各种指标在运动中的运用，包括最大心肺功能、血压、舒张压、心率、自感疲劳分级、最大摄氧量等指标；肌肉力量、耐力和灵活性评估领域包括10条基础知识和4条基本技能，其内容主要是运动中骨骼、肌肉、关节基本指标的测量及其在运动中的运用，包括不同类别的力量、耐力、灵活性的测量；人体成分的测量与评估领域包括4条基础知识和2条基本技能，内容主要是不同体成分测量方法及运用，包括空气置换体积测定法、静水压力称重法、皮肤折叠法等。

"运动处方"课程标准包括9个学习要求指标，其内容可从3个方面进行阐释，首先，针对不同年龄阶段的人群制订运动处方，如青年人、老年人、孕妇等特殊人群，不同年龄阶段的人群的身体机能、运动需求不同，其运动处方的制订要因人而异；其次，针对不同疾病患者制订运动处方，如心血管系统、呼吸系统、代谢系统、骨骼肌肉系统等，不同系统疾病患者的运动需求不同，运动处方也不尽相同；最后，制订运动处方前需要进行健康评估，运动处方实施之后，需要基于环境改善运动处方（表5-10）。

表5-10 美国运动科学专业《运动处方》课程标准

名称	学习要求
运动处方	1. 审查运动前健康筛选报告，包括自我健康调查问卷及评估、运动经历和健身评估 2. 制订并实施安全有效的运动方案，实现预期的运动结果和目标 3. 基于运动参与者的健康状况、目标和可用时间，采用FITT原则（频率、强度、时间和类型）为其制订心肺功能运动处方 4. 基于运动参与者的健康状况、目标和可用时间，采用FITT原则（频率、强度、时间和类型）为其制订灵活性、肌肉力量和肌肉耐力的运动处方 5. 制订抗阻、有氧和灵活性运动进展的指南，实现健身参与者的目标 6. 在运动前健康检查、健康史和身体成分测量的基础上，针对个人目标，制订体重管理计划 7. 为心血管、肺呼吸、代谢和其他临床疾病患者制订并实施运动方案 8. 为健康的特殊人群（老年人、青年人和孕妇）制订并实施运动方案 9. 基于环境条件改善运动处方

"锻炼咨询与规划"是一门有关运动方案实施的课程，这门课程与"运动处方"课程紧密结合，是在运动处方制订之后如何进行实施的课程，其内容主要包括有效的沟通技巧、对运动方案的理解、动机激励策略、促进健康生活和行为的方式等（表5-11）。可见，运动处方和运动方案的制订是运动科学专业学生的基本技能，但有效实施既有运动处方才更能体现学生的专业能力和水平。

表5-11 美国运动科学专业《锻炼咨询与规划》课程标准

名称	能力要求
锻炼咨询与规划	1. 采用有效的沟通技巧，优化并遵循既有的运动方案和其他健康行为 2. 应用有效的行为和动机激励策略，优化并遵循既有的运动方案和其他健康行为 3. 为患者提供教育资源，支持其选择和维护健康的生活方式和行为 4. 在健康健身职业实践范围内为患者提供支持，并参考其他专家的意见

与前面几门课程的内容相比，"法规制度""健身管理"2门课程的能力指标相对较少，"法规制度"主要是从风险管理的角度出发，要求学生掌握与健身有关的设施、雇员、部门规定等内容，以及运动损伤预防和应急急救程序等内容；"健身管理"内容标准包括5条指标，主要是与健身相关的人力资源、财务资源、管理政策规定、营销计划及与其他医疗专家的沟通，这些内容是作为一名运动康复师必备的基本技能（表5-12）。

表5-12 美国运动科学专业《法规制度》与《健身管理》课程标准

名称	学习要求
法规制度	1. 为降低成员、雇员和业务风险，针对健康健身设施及其部门机构制订风险管理指南 2. 制订有效的运动损伤预防计划，确保及时的应急政策和程序
健身管理	3. 按照领导、组织和管理技术的要求，管理人力资源 4. 按照领导、组织和管理技术的要求，管理财务资源 5. 根据公认的安全法律指南、标准和规定，制订健康健身设施管理政策和程序 6. 制订并实施专业服务和设施的营销计划 7. 采用有效的沟通技巧与其他医疗专家（营养师、形体治疗师、医生、护士）建立联系

第三节　美国运动科学专业认证程序

美国联合健康教育专业认证委员会于2017年12月颁布了"认证标准与指南"[141]，其中认证指南部分详细描述了运动科学专业认证程序。根据指南的要求，只有经运动科学认证委员会推荐的专业，联合健康教育专业认证委员会才正式受理其认证申请。因此，运动科学专业认证程序包括3个步骤，即培养机构的认证申请、运动科学认证委员会的认证建议和联合健康教育专业认证委员会的认证决议。

一、培养机构的认证申请

截至2018年年底，共有54所美国高校开设了运动科学专业，这些高校向运动科学认证委员会提出认证申请，根据认证的不同阶段，可将认证申请分为首次认证申请、持续认证申请、维持认证申请、自愿撤销认证申请和临时冻结认证申请等不同类别。

（一）首次认证申请

对于首次参加认证的专业来说，其认证申请可分为两步：首先，专业负责人或培养机构的正式代表填写认证申请表，并以电子邮寄方式寄到美国运动医学学会或美国运动科学认证委员会。认证申请表必须包括专业负责人或培养机构指定代表的签名，以授权认证申请过程。对于首次申请认证的专业来说，运动科学认证委员会主动与培养机构取得联系，并提供认证过程的详细信息。需要注意的是，提交认证申请表时不需要缴纳任何费用。其次，申请认证的专业需要接受全面审查，包括提交自我书面评估报告和接受实地考察。培养机构向运动科学认证委员会提供自我评估报告之后，将与运动科学认证委员会协商安排实地考察的具体时间计划和任务安排。

（二）持续认证申请

首次认证申请通过运动科学认证委员会的审核后，进入持续认证申请阶段，在持续认证申请阶段培养机构需要完成以下两项任务：首先，收到运动科学认证委员会的书面认证受理通知之后，培养机构专业负责人再次填写"认证申请表"，并以电子邮件方式寄到美国运动医学学会或运动科学认证委员会；其次，持续认证申请时，需要根据运动科学认证委员会的政策和程序对专业进行实地考察。实地考察过程中如果发现存在重大缺陷，培养机构可以要求其他团队进行第二次实地考察。考察结束之后，实地考察团队需要提交考察结果报告，培养机构可通过书面形式就考察结果向运动科学认证委员会提出意见，并在协会将考察报告转发给联合健康教育专业认证委员会之前纠正存在的错误。

（三）维持认证申请

在专业认证期限内，如果发生以下情况，专业负责人或培养机构的代表需要及时通知运动科学认证委员会和联合健康教育专业认证委员会，以便认证机构及时做出相应评估和反馈，维持专业认证状态，否则将取消专业的认证资格。

（1）如果专业负责人或系主任及专业重要人员发生变动，需要在合理期限内告知运动科学认证委员会和联合健康教育专业认证委员会。（2）如果专业赞助机构发生改变，则必须通知两个委员会；赞助机构正式变换之前，原来的赞助机构必须向两个委员会提交一封书面说明信（有赞助机构负责人或其代表的签名），正式说明放弃对该专业赞助的原因。此外，新的赞助机构必须提交一份赞助服务转移请求表。运动科学认证委员会将酌情考虑要求提交新的自我评估报告,以及是否进行实地考察。专业赞助机构的改变并不能保证认证资格的转移。(3)公共认证机构或州政府可能会做出影响培养机构认证状态的不利决定,培养机构必须及时将该信息通报给运动科学认证委员会和联合健康教育专业认证委员会。(4)运动科学认证委员会需要根据其政策和程序要求按计划对专业进行全面评审,根据专业符合标准要求的程度,决定全面评审的频率,但是,所有专业每10年必须至少接受1次全面评审。(5)培养机构及专业必须在运动科学认证委员会和联合健康教育专业认证委员会确定的合理期限内,向两个机构支付认证费用。(6)培养机构必须按照运动科学认证委员会的政策要求,及时提交各种报告,包括自评报告、进度报告、鉴定报告和年度报告等。(7)培养机构必须指定一个合理的实地考察时间,以便联合健康教育专业认证委员会有足够时间进行下一轮的全面评审。考察的时间可由联合健康教育专业认证委员会根据上一次认证行动来确定,也可由运动科学认证委员会确定。

不符合上述管理要求可能会导致警告处分,以致最终撤销认证。一旦专业管理缺陷得到弥补,联合健康教育专业认证委员会将立即撤销警告处分。

(四)自愿撤销认证申请

自愿撤销认证的通知必须由培养机构的专业负责人或指定代表以书面形式提交给联合健康教育专业认证委员会,说明自愿撤销认证的日期、毕业学生档案的存放地点等。

(五)临时冻结认证申请

除首次认证之外,任何已获得认证的专业可随时向联合健康教育专业认证委员会提交临时冻结认证的请求,此时,应由培养机构的专业负责人或其指定代表以书面形式提交临时冻结认证申请书，表明临时冻结认证的预定日期。在认证临时冻结期间，该专业不能注册录取任何学生。认证临时冻结的最长期限为两年，冻结期间培养机构必须持续向运动科学认证委员会和联合健康教育专业认证委员会支付所有必要费用，以维持其认证资格。

为了重新激活认证状态，培养机构专业负责人或其指定代表必须向运动科学认证委员会和联合健康教育专业认证委员会提交一份阐述其激活认证状态的书面通知书。此外，培养机构需要满足运动科学认证委员会有关临时冻结认证的一些额外要求。如果培养机构在两年临时冻结期结束之前没有将重新激活认证的意图告知联合健康教育专业认证委员会，委员会将默认为培养机构自愿撤销认证。

二、运动科学认证委员会的认证建议

美国联合健康教育专业认证委员会规定，其下属的运动科学专业认证委员会直接负责运动科学专业的具体认证工作。培养机构在认证申请程序结束之后，运动科学认证委员会必须对专业进行全面审查，并根据审查结果向联合健康教育专业认证委员会提出认证结果建议，运动科学认证委员会的具体职责包括以下几个方面。

（一）初始认证建议

培养机构以书面形式就实地考察报告提出异议，在切实纠正事实错误之后，运动科学认证委员会向联合健康教育专业认证委员会的董事会成员提交一份经公众认可的认证建议，该建议可能是以下任何一种：初始认证、持续认证、转让赞助、试用认证、否决认证或撤销认证。联合健康教育专业认证委员会董事会成员对认证建议进行审核并以投票的形式形成最终决议，随后，立即将该决议以书面通知的形式告知培养机构。

（二）持续认证建议

专业初始认证到期之前，运动科学认证委员会必须给培养机构重新认证或自愿申请撤销认证的考虑机会。运动科学认证委员会的裁决是最终的决定，联合健康教育专业认证委员会将不会接受专业培养机构的申诉，并将运动科学认证委员会的决定以书面形式通知培养机构。

（三）试用认证建议

运动科学认证委员会在向联合健康教育专业认证委员会提交认证建议之前，该专业必须处于试用认证期，培养机构有权要求重新修改认证建议，也有权要求撤销认证。运动科学认证委员会针对试用认证期限的专业重新考虑认证建议时，必须基于所有认证委员会成员的一致意见和培养机构纠正缺陷的证明材料。联合健康教育专业认证委员会的董事会成员不接受针对试用认证决定的申诉。

（四）撤销认证建议

在运动科学认证委员会向联合健康教育专业认证委员会提出撤销认证的建议之前，培养机构有权要求重新审议该建议，也有权自愿撤销认证或撤销认证申请。运动科学认证委员会必须基于已经达成的认证建议和培养机构纠正缺陷的文本证据，才可以重新审议否决或撤销认证的建议。培养机构可以针对联合健康教育专业认证委员会董事会成员的否决和撤销认证决议提供申诉，联合健康教育专业认证委员会将撤销或否决认证决议书连同"负性认证行为申诉书"的副本一起邮寄给培养机构。

所有正当认证程序完成后，如果认定为撤销或否决认证，培养机构的专业负责人将收到一份缺陷声明。如果培养机构认为其专业符合了认证标准的要求，则有资格重新申请认证。需要注意的是，为了保护学生的利益，联合健康教育专业认证委员会规定只要在认证合格期间入学，学生毕业时无论该专业处于何种认证状态，联合健康教育专业认证委员会都将认定其为专业认证合格毕业生。

三、联合健康教育专业认证委员会的认证决议

运动科学认证委员会在审查培养机构自评报告的基础上，对其进行实地考察，然后根据实地考察结果对专业进行综合评审，并给出认证建议。根据联合健康教育专业认证委员会的认证建议，美国联合健康教育专业认证委员会的董事会给出最终的认证决议，因此，整个认证决议过程包括以下步骤。

（一）提交自我评估报告

培养机构撰写自我评估报告，其内容包含了专业如何根据专业特点满足"标准和指南"中的每项标准。运动科学认证委员会制订符合自身要求的自我评估模板，培养机构必须按照该模板提交自我评估报告，提交自我评估报告是开始认证评审的第一步。

（二）运动科学认证委员会对自评报告的评审

运动科学认证委员会的代表根据需要评审自我评估报告，并向培养机构提供反馈建议。

（三）实地考察

运动科学认证委员会指定人员进行现场考察，实地考察通常持续1~2天，实地考察为运动科学认证委员会提供了一个验证自

我评估报告内容及进一步评估的机会。实地考察包括对专业文件和设施的考察，对在校学生、毕业生、教师、管理人员、咨询委员会成员及其他人员的访谈。实地考察结束之后，培养机构将收到一份来自运动科学认证委员会的实地考察评估结果报告，在运动科学认证委员会进一步认证评审之前，培养机构将有机会对考察结果评估报告的内容作出回应。鉴于实地考察是运动科学认证委员会评审的主要措施，而且实地考察的程序复杂、要求严谨，我们在下面章节将详细论述实地考察的过程和内容。

（四）运动科学认证委员会的专业评审

运动科学认证委员会审查实地考察结果报告及培养单位的反馈意见，在此基础上，确定每项标准的符合程度。如有必要，运动科学认证委员会可要求培养机构提供补充性材料。

（五）运动科学认证委员会的认证建议

运动科学认证委员会首先提出认证建议，然后将该建议转发给联合健康教育专业认证委员会，供其进行最后的裁决。在最终认证结果出来之前，运动科学认证委员会通常不会将该认证建议告知培养单位。只有经联合健康教育专业认证委员会董事会商讨通过之后，才会将认证结果通知培养单位。

（六）特别法定认证程序

如果运动科学认证委员会的建议是拒绝、延缓或撤销认证，则在该建议提交给联合健康教育专业认证委员会之前，运动科学认证委员会首先履行正当的法律认证程序，即允许培养机构提交额外的证明材料，培养机构有权要求运动科学认证委员会重新考虑其认证建议。如果运动科学认证委员会的初始认证建议合理有效，则重新考虑后的结果是最终的认证建议。

（七）联合健康教育专业认证委员会董事会的认证决定

运动科学认证委员会提出认证建议之后，联合健康教育专业认证委员会董事将审查该认证建议，并在每年的6个固定会议（1月、3月、5月、7月、9月和11月）期间，统一做出认证决定。会议结束一周后，联合健康教育专业认证委员会将以电子邮件的形式将董事会的认证决议分发给专业培养机构负责人、主任或院长。

（八）持续质量审查

运动科学认证委员会需要按照已颁布的标准持续有效监控专业质量，其措施包括进展报告、年度报告和重点实地考察，以上措施由运动科学认证委员会具体实施。

四、运动科学认证委员会的实地考察程序

在运动科学专业认证流程中，实地考察是一个关键性步骤。在实地考察过程中，运动科学专业认证委员会指定的考察人员将遵循一定的原则要求，详细审查认证申请机构的教学质量。

（一）实地考察的宗旨

实地考察是最复杂的认证过程，同时也是运动科学认证委员会最主要的职能。运动科学认证委员会有义务保证自身、所服务的受评教育机构及实地考察人员完全符合资格，并具备相应能力。认证过程很大程度上依赖于实地考察团队的工作表现，实地考察团队必须准确可靠的搜集、审查、解释、验证和记录所有与专业评审相关的信息。运动科学认证委员会在很大程度上根据这些信息提出认证建议，如果这些信息不准确、不全面，运动科学认证委员会将无法公平和负责任地给出认证建议。

运动科学认证委员会认为，描述实地考察人员预期的行为和能力，将有助于提升他们履行实地考察的责任，并为新的实地考察人员提供培训依据。认真准备和持续改进实地评估过程，将提升整个认证过程的准确性和一致性。

实地考察评估是运动科学认证委员会最重要的功能之一。在1~2天的校园考察评估时间内，考察小组成员与所有利益相关者互动、评审相关文件并适当检查专业设施。通过实地考察，运动科学认证委员会确保每个专业文件都能够得到有效利用，以便支持与资源和认证结果相关的分析和行动计划。

（二）实地考察小组的构成

1. 考察组长的任命

实地考察小组设组长和副组长，其中，组长必须具有运动科学专业系主任的任职条件，必须是运动科学认证委员会的成员，且具有实地考察成员培训的经历。此外，符合以下标准之一的实地考察成员，可被任命为实地考察小组副组长：参加过一次由运动科学认证委员会举办的实地考察人员培训班，具有组长助理的工作经历，过去两年内具有实地考察工作的经历。

2. 考察小组章程

运动科学认证委员会规定，所有正式考察成员都需经委员会的任命；所有实地考察队员不能有任何可能影响考察评估真实性的潜在利益冲突，如果考察队员、运动科学认证委员会或认证申请机构认为存在利益冲突，则将由另一名成员取代现有实地考察队员；一般情况下，实地考察队员由当前的运动科学认证委员会会员构成，如果出现实地考察队员缺乏的情况则由运动科学认证委员会指定；除正式成员之外，实地考察小组还可能有额外人员的参与，额外参与人员必须是在训人员或观察员，他们可自费陪同实地考察人员进行考察；考察小组组长是实地考察的主要负责人，他们必须具有丰富的实地考察评审经验，如果运动科学认证委员会会员是考察小组的成员，则由其会员担任考察小组组长。

3. 考察成员的任命

（1）成员的选择。有意成为实地考察成员的合格人员可将自己的工作简历和请求书发给认证管理办公室，管理办公室将向申请人提供实地考察人员准入标准和一份调查问卷。如果需要较多的实地考察人员，则运动科学认证委员会董事会主席将对申请人员进行审核，并将自己的任命建议提交给运动科学认证委员会。董事会主席审核之前，管理办公室会要求申请人员更新6个月以上的工作简历，如果申请人未能在规定时间内提供最新的工作简历，则视为自动放弃申请资格。

（2）成员的任命。①实习员：经运动科学认证委员会审核后，申请人员将获得实习生身份。培训完成后，实习生将被正式任命为实地考察人员。②正式考察人员：正式实地考察人员是指已经成功完成实地考察培训的人员，他们必须经过运动科学认证委员会的审查，并由主席正式任命，期限为1年。实地考察人员的再度任命将基于以下两个方面的条件：首先是上一年度参与实地考察的次数；其次是履行实地考察职责的绩效评估结果。所有实地考察人员必须签署保密声明。

（3）任命的撤销。如果实地考察人员出现以下情况将被撤销任职资格：①自愿辞职；②两年任期内表现不合格；③未能纠正评估过程中出现的任何缺陷。表现不合格是指：（a）平均每年参与实地考察的频率少于1次；（b）两年内未参加任何实地考察培训。

4. 考察成员的能力

一般情况下，单个实地考察人员不可能完全熟练的具备所有领域的技能，运动科学认证委员会采用团队的形式，以弥补个人知识和能力上的不足，作为一个整体，实地考察团队具备考察所需要的所有能力。

（1）专业知识。作为运动科学认证委员会的代表，实地考察人员必须掌握以下专业知识：培养机构自我评估报告中所描述的专业资源、评估流程及其组成部分；运动科学认证委员会的认证标准和指南，包括复议机制在内的认证与再认证流程；运动科学、运动生理学专业资源评估和结果评估的作用。

（2）通识知识。准确完整地完成实地考察评估，要求实地考察人员具备以下通识知识：机构组织管理原则，包括机构认证程序、财政政策和规划、不同机构的管理结构；课程设计和教学方法，包括传统教学方法；心理学理论及其应用，包括心理认知测试和评价、绩效考核方法；最新的专业课程教学标准，包括程序和设备；目前的学习资源。

（3）情感。为了获得一个令人满意的实地考察结果，考察人员不仅需要具备以上知识和技能，还要具备特定的情感。运动科学认证委员会认为，一名合格的考察人员应该具备以下基本的态度和情感：在评估过程中关切利害关系各方的敏感性，包括隐私、保密数据；认证评估的政治敏感性，包括认证不良决策对内部和外部的影响、认证过程潜在制度或程序的滥用；对考察人员咨询角色的敏感性；对考察人员责任和权限限制的敏感性（不能代替运动科学认证委员会做出认证建议）；对个人不同价值观和哲学观的敏感性；对个人或职业偏见的敏感性。

（二）利益冲突

所有与运动科学认证委员会相关的人员，包括其会员、工作人员、实地考察人员、顾问和其他代表，都应保持高标准的职业精神和诚信态度。以诚信、可靠和尊重专业知识的行为方式开展工作。同时，运动科学认证委员会要求实地考察人员和其他认证工作人员，在认证评审过程中必须严格执行保密要求。

实地考察人员必须拒绝与自身存在利益冲突的任务，无论该利益冲突是真实存在还是感知存在。利益冲突包括实地调查的单位有亲密朋友、竞争对手、前同事、前学生或亲戚，以及该单位是自己曾经的受雇机构。过去任何时候，如果考察成员曾经担任该单位的顾问或其赞助机构的顾问，也应该取消其实地考察资格。考察成员在价值观、世界观和专业发展趋向上存在明显差距，或难以进行客观评价时都可能会产生利益冲突。如果培养机构认为存在利益冲突，则必须在实地考察团队发布公告后10日内提出异议。

（四）实地考察团队的注意事项

实地考察团队在工作中需要谨记以下规定：（1）考察成员在评审过程中所获得的所有信息都视为保密信息，考察成员必须签署保密声明。披露认证过程中获得的任何信息都违反保密协议，团队考察成员在多次会谈中发表的一些个人意见具有隐私性，也属于保密范畴。实地考察人员不能与机构代表以外或认证过程中的任何人讨论机构认证方面的任何信息。（2）考察人员在实地考察评估期间或认证过程结束之前，不能参加任何形式的个人招聘或求职活动。实地考察期间，团队成员不能暗示自己或他人的临时或固定的职位角色。此外，他们不能在实地考察结束后1年内向该单位申请任何职位。如果有以上情况发生，有关团队成员或运动科学认证委员会会员应第一时间将潜在的利益冲突告知管理办公室。（3）考察成员不得接受与评估专业相关的任何个人礼物、优惠或服务。有利于现场考察的早餐、午餐、晚餐或会议除外。（4）考察成员不应使用现场评估或自身报告宣传个人理论，也不应该在考察过程中直接进行批评。（5）考察人员必须客观、公正。有同情心的考察人员可能会向受评机构传递一种虚假信息，即误导他们乐观地认为自己的专业已经达到了认证标准。相反，如果考察人员持有敬畏心态，则会阻止自己客观地指出受评机构的弱点。基于个人偏见的过度批评可能会对专业产生严重的负面影响。"认证标准与指南"是专业评估的唯一标准,实地考察人员必须严格按照"认证标准与指南"对专业进行评估,坚决拒绝考察人员对标准存有任何质疑。(6)实地考察人员的着装应该保守且得体。(7)考察成员在整个访问期间的行为必须无可指责。猥亵的言论、下流的笑话和任何形式的歧视(性别、种族、民族、性取向等)行为必须立即报告给运动科学认证委员会办公室。

(五)实地考察评估小组的职责

以下所述的责任是按时间顺序列出的,即现场考察之前、考察期间和考察之后。一般来说,标有星号(*)的那些职责是实地考察小组组长所具有的。现场考察团队的每一位成员都应该完全熟悉标准、所有准则和解释性意见及认证过程的组成部分。团队的每个成员都必须尊重并保证与认证过程相关的所有材料和活动的机密性。

1. 认证参与的确认

在运动科学认证委员会确定了专业实地考察评估任务后,考察成员必须在收到通知后的10天内向行政办公室确认自己是否愿意参与实地考察。但是当实地考察评估成员意识到与被评估专业存在明显的利益冲突时,必须立即取消自己的实地考察资格。并在实地考察之前尽可能早地告知运动科学认证委员会办公室。

2. 自评报告的审查

收到专业自我评估报告和任何补充文件后,实地考察成员必须根据适用的标准审查其内容。(1)必要时考察组长应与运动科学认证委员会办公室联系以澄清自评报告的内容。(2)审查书面自评报告文档之后,团队成员应该相互沟通,以便制订数据收集和评估的策略;列出具体的审查领域;确定关注的问题;与专业负责人沟通,必要时要求提供额外材料。(3)对于上述条款中未阐明的任何问题或关注点，团队成员应与运动科学认证委员会办公室进行沟通。

3. 考察日程的批准

实地考察成员应与专业负责人或被访问专业的行政官员协商，安排一个双方都满意的考察日程。访问日程必须在访问前10天内提供给实地考察团队。考察日程要注意以下几点：（1）如果临时改变实地考察的时间，则应与运动科学认证委员会办公室联系；（2）实地考察人员的食宿由运动科学认证委员会派专人负责；（3）实地考察成员的时间安排应合理，迟到或早退都会降低实地考察的效率，还可能会对考察小组完整客观地评估专业计划产生不利影响；

4. 考察小组的预备会议

正式考察之前，考察团队成员应召开预备会议，会议上小组成员应交换意见，决定各种访谈的开展方式及其他问题。

5. 与培养机构的协商

实地考察成员在与专业负责人或培养机构代表的第一次接触中，应清楚地告知他们有关现场评估的目的、功能和机制，以及他们与运动科学认证委员会和联合健康教育专业认证委员会认证过程的关系，降低被评估专业人员的恐惧感和焦虑感。

6. 数据的搜集与解释

考察成员应寻求、收集、验证和解释所有可能证明该专业符合认证标准的信息。同时要求：（1）尽量对专业的主要教师、教辅人员、在校学生、毕业生和咨询委员会代表进行座谈；（2）审查和分析有关文件和报告，特别是资源评估材料；（3）必要时检查相关资源和设施。

7. 文档

如果没有足够的文档，运动科学认证委员会将无法采取任何行动，因此考察成员必须在"现场审查报告"表格中仔细记录所有调查结果。在完成最终报告之前，实地考察小组应在实地考察的第一天结束时要求培养机构提供任何遗漏的材料。需要注意以下几点：（1）提供证据证明"不符合"的标准。例如，如果运动生理学/临床运动生理医学顾问的职责不达标，则可记录包括学生或教职员工的陈述、录取时没有一名或多名医师参加、没有安排正式的医师研讨会等；（2）对于所有引用为"不符合"的标准，必须注明适用标准的编号/字母；（3）在提交调查报告之前应审查其准确性，仔细识别并纠正其中的错误。实地考察团队的观察/印象与他们的文档之间的一致性至关重要；（4）对于未达到标准者，实地调查报告必须以书面形式给出补救建议。

8. 咨询会议

考察小组完成考察报告之后，小组成员应该与专业负责人会面，确认考察报告中的数据，并讨论考察的结论和建议。考察小组成员要在筹备会议期间和总结会议之前发现他们的结论是否存在错误或者信息不完整。此外，实地考察期是一个非常理想的时间，他们可以提供诸多想法和建议，以此帮助专业负责人解决实际问题。

9. 总结会议

在现场评估期间，实地考察小组必须以口头形式向专业负责人提供客观的评估结果。然而，最终报告将在实地考察结束后完成。（1）应详细记录参加总结会议的人员；（2）考察小组成员应该尝试评估会议在场人员对实地评估结果的同意程度；（3）针对"未满足"标准的条款，考察成员应尽可能进行确定性纠正；（4）考察小组成员应重审其职能，并审查实地考察的顺序（包括核实考察报告中的相关事实，向运动科学认证委员会通报实地考察结束之前所做的改进），在实地考察之后，尽可能再次审视认证程序和重新审核机制；（5）在任何情况下，评估小组都不应该在实地考察期间表明他们对运动科学认证委员会认证建议的估计,而应该只陈述自己的发现。

10. 实地考察评估报告

完成实地考察后的2周内,考察小组必须向行政办公室提供一份打印的"实地考察报告"。实地考察报告必须有2名小组成员的签名;如果无法在2周内提交,则必须提供有关特殊困难、异常情况和/或事件的解释性信函或其他文档。

11. 考察小组的其他职责

(1)实地考察评估结束后的2周内,向行政办公室提交所有差旅/费用报告;(2)如果对实地考察评估小组成员的表现有疑问,可与运动科学认证委员会的行政官员进行沟通;(3)对于可能影响实地考察评估有效性或完整性的任何不当行为或异常情况,向运动科学认证委员会的行政主管报告;(4)填写实地考察同行评议表。

(六)运动科学认证委员会办公室的职责

运动科学认证委员会办公室在整个实地考察期间都应积极推进。在前期阶段,办公室工作人员分配考察小组成员,确保每个考察成员都收到所有适当的项目材料。为了帮助考察小组分析自评报告,办公室工作人员应提前完成自评报告分析。办公室工作人员可以回答关于自评报告或现场评估过程的问题。在现场评估之后,工作人员将实地考察问卷分发给专业管理人员和工作人员,并确保及时将实地考察报告的副本发送给专业负责人。

(七)考察成员的行为规范

1. 考察组长的职责

实地考察之前考察组长负责:(1)审阅专业自评报告,如有需要及时与管理办公室取得联系。(2)尽早与专业负责人沟通,并就实地考察日程达成一致。对所有相关群体进行了访谈,考察组长可以根据需要对其具体内容进行修改。必须留出足够的时间审查支持性文件、参观教室及实验室或其他设施、与专业相关人员开咨询会议和总结会议。要求专业负责人为考察团队安排方便的酒店，并为考察小组提供便利交通。（3）与考察团队的其他成员进行沟通，交换意见，为考察小组的住宿安排提供便利。（4）与运动科学认证委员会办公室沟通取得书面报告的电子副本。切记，最后的考察报告必须打印后送交行政办公室。

实地考察期间，还应注意以下几点：（1）实地考察前安排不超过15分钟的小组会议，会议形式可以随意多样。在这次会议上，每名考察成员都应该阐述自己从自评报告中获得的关注点或发现的问题，并讨论访谈的一般格式、议程和任何其他相关事项。（2）确保考察小组成员都参加访谈，每次面谈之前，确保面试者了解认证过程、运动科学认证委员会对保密性的重视程度、考察人员的具体职责及认证过程对毕业生和在校生的影响。（3）安排方便的时间和地点来审查支持性文件，方便与专业负责人取得联系，及时索要可能的其他文件。（4）考察第一天结束后安排一次小组会议，就第二天的考察活动交换意见并布置考察重点，针对第一天访谈信息开始撰写考察报告。（5）协调并完成书面报告，取得两名小组成员的签名。考察报告可在审查支持性文件时完成，也可在其他方便的时间完成。建议在考察结束前至少完成一份文件草稿，因为考察报告必须在访问结束后两周内送到行政办公室。应该注意的是，除非得到所有考察小组成员的一致同意，考察报告草稿不得随意更改。

2. 实地考察成员行为规范

实地考察人员是运动科学认证委员会的代表。他们的行为直接反映了认证机构的职业道德要求。尽管不规范行为很少出现，但不规范行为的出现会对认证体系的信誉产生不良影响。因此，应认真遵守以下行为规范，将不规范行为的发生率降至最低，以此来增强教育界对认证过程的信心。

考察期间,考察团队成员应:(1)避免利益冲突。实地考察人员必须拒绝任何可能存在利益冲突的任务。包括培养机构雇佣考察成员的亲密朋友或竞争对手、以前的同事、学生或亲戚,或考察人员曾在受评机构工作。在过去任何时候,实地考察人员曾担任受评专业或其赞助机构的顾问,也应该取消其考察资格。当专业培养方案的价值观、理念或导向与实地考察人员之间存在明显差异,使得客观的评估变得困难或不可能时,也可能出现利益冲突。(2)保密。只有在实地考察人员对评估过程信息严格保密的情况下,认证过程才是可信的。(3)避免外部环境影响。实地考察人员不应接受受评机构或专业的任何恩惠、服务、礼物或酬金。如果接受受评机构提供的便利(机场接送服务),实地考察成员应具有良好的判断力和常识来确定服务范围。(4)避免个人价值观影响。专业质量的判断和改进建议必须仅基于标准。实地考察人员不应向培养机构人员施加个人偏爱或理念,也不应建议机构采取可能会因运动科学认证委员会的行动而改变或推翻的措施。(5)避免成为告密者。实地考察人员会发现与专业声誉有关的隐私问题、各方紧张关系或冲突问题。对涉嫌渎职或潜在冲突的专业人员或行政官员发出不适当的警告可能被视为挑衅,必须避免。(6)避免声誉影响判断。敬畏某知名人员,如学术权威,往往导致实地考察人员不愿意指出培养机构的明显缺陷,忽略存在的问题不仅是不适当的,而且可能给培养机构带来错误印象,掩盖真正问题、错失补救机会。(7)避免毫无根据的慷慨大度。一些实地考察人员察觉到严重缺陷时倾向于大事化小,或者希望培养机构自行解决缺陷问题。有些培养机构根本达不到认证标准,如果不承认并报告这些事实,可能会误导专业负责人及其领导,危及学生接受优质教育的权利,并最终影响认证体系的可信度。(8)避免滥用职责权力。实地考察人员可能会发现,一个边缘化的培养机构在他们的控制之下。不要滥用认证权力来破坏一个只需要接受帮助的专业培养机构。(9)避免琐碎事情的干扰。实地考察人员经常会发现一些小问题,这些小问题可以通过关注细节来解决,不要小题大做。通常,简单的口头协商或讨论即可触发适当的改革。(10)避免招聘培养机构的人员。实地考察人员经常在受评机构发现自己院校想要招聘的人员。不要利用考察人员身份所提供的机会来引诱优秀教员离开受评机构。(11)避免诱惑。实地考察人员可能会看到提供咨询、临时工作或永久职位的机会,不要向受评机构暗示自己有在此就职的想法。

(八)协商会议

考察小组对所有数据进行评估和讨论之后,安排时间必须与专业负责人或机构代表召开协商会议。在本次会议上,不仅应详细告知专业负责人明确的专业问题领域,而且要对专业优势进行鼓励。考察小组人员应该利用这段时间来证实他们使用的数据是否支持自己的结论和建议。考察小组成员应提出解决上述问题的各种方法,并讨论报告中的补救建议。会议期间,考察小组成员应特别注意自己的专业行为与态度。

考察小组既是信息的收集者,也是受评专业的资源提供者。为了很好地履行这些职责,考察小组成员必须秉持公正的、支持性的、礼貌的、非评判的(特别是在与专业有关的任何听证会上)、客观的、善于观察的、乐于助人的和友好的态度。这并不是说考察小组不应该为受评专业提供帮助,而是说在协商会议上应该特别小心。

(九)总结会议

最后的总结会议需要遵循以下原则:(1)来自不同群体的利益相关者都有机会听到实地考察小组的简要报告;(2)总结报告

之前，评估小组应重新审查认证程序、各个步骤所需的时间，并允许专业负责人对任何所谓的"不符合"标准的条款做出回应；（3）小组成员必须阅读保密声明；（4）考察报告必须包括专业优势和"未达到"的标准及经讨论而提出的改进建议；（5）虽然总结会议可以采取考察组长所希望的任何形式，但为了显示团结，最好让考察小组成员和受评专业人员都参加；（6）必须获得所有参会人员的签名，并将其作为最终书面报告的一部分提交给运动科学认证委员会。

（十）书面评审报告

评审报告是运动科学认证委员会评估过程中一个重要而独特的数据。在评审报告中，考察小组必须提供相关信息，以便让运动科学认证委员会深入了解专业及运行环境。简单的事实陈述并不能帮助运动科学认证委员会对专业的质量做出明智判断。评审报告应该是对专业自评报告的补充和验证，而非对其内容的简单复制。评审报告的内容应该能够全面展示受评专业的教育活动，并且这些活动必须与其专业目标和运动科学认证委员会的评估标准相关。评审报告应简明扼要，能够提供客观证据证明专业质量达到了认证标准的要求。此外，报告内容应该避免出现个人的理念和晦涩的术语。

一份有效的评审报告将重点描述自评报告中模糊的问题和优点。此外，还应指出自评报告中可能存在的任何错误性信息或误解性信息。专业缺点和优点都应在报告中加以适当说明。除非有特殊情况需要说明，否则没有必要讨论已经达到标准要求的指标内容。对于问题区域，必须说明考察小组提出的具体建议，以帮助专业负责人处理这种情况。书面评审报告应该进行坦率的分析，同时，由于报告的副本将发送给该培养机构，因此该报告不应含有报复或贬义成分，不应过分关注个性，也不应包含不必要的旁白，以便运动科学认证委员会能准确了解该专业的优缺点。

如果培养机构想要对评审报告的内容进行补充或反驳，考察小组应指示专业负责人在实地考察结束后2周内，将3份补充材料或反驳材料发送到运动科学认证委员会。考察小组组长将评审报告整理成最终版本，并在考察结束后2周内尽快送交运动科学认证委员会办公室。然后，办公室工作人员将向培养机构发送一份报告的副本，并指示其以适当的方式做出响应。期间，专业培养机构也将有机会对任何不准确的事实做出反应，并对考察小组在现场收集的信息做出解释和评论。

（十一）电子报告的提交

评审报告可从运动科学认证委员会办公室获得，评审报告应以电子方式提交给办公室。实地考察对认证过程非常有价值，运动科学认证委员会希望通过评审报告的撰写尽可能为客户提供便利，并维持良好的关系。

（十二）费用报销

实地考察小组成员可从运动科学认证委员会办公室收到一份实地考察材料及现场联系人的备忘录，后者将安排考察计划并为成员安排食宿和交通计划，考察成员也可以自行安排考察过程中的食宿和交通，但必须确保其费用低于联系人的安排。所有实地考察小组成员应尽力减少费用成本。差旅费用报告应在现场评估访问后30天内完成并提交报销，只有在国税局规定允许的范围内报销，报销额度不超过美国国税局允许的数额。

（十三）保密

考察组成员在预备会上仔细阅读以下声明："作为运动科学认证委员会的实地考察人员，我们将了解到有关专业、培养机构及其教职员工的大量信息。我们同意尊重并保护这些信息。所有讨论信息以及在实地考察前、考察中和考察后所提供的书面信息都将受到严格保密。"

考察组成员在总结会议上阅读以下声明:"作为运动科学认证委员会的实地考察人员,我们已经知晓有关专业、培养机构及其教职员工的大量信息。我们同意尊重并保护这些信息。所有讨论信息以及在实地考察前、考察中和考察后所提供的书面信息都将受到严格保密。"

(十四)实地考察日程安排

实地考察日程安排由考察团队组长与专业负责人协商制定,但运动科学认证委员会为了规范实地考察过程,制定了考察日程安排模板(表5-13)。为了提供实地考察效率,有时候一个考察团队会同时考察两个专业。其日程安排如表5-14所示。运动科学认证委员会给出的实地考察日程表只是一个模板,考察团队和受评专业可根据实际情况适当调整。

表5-13 美国运动科学认证委员会专业实地考察日程模板

第一天		第二天	
时间	任务	时间	任务
7:30AM	实地考察小组成员集合并前往受评学校	8:00AM	实地考察小组成员集合并前往受评学校
8:00AM	到达学校	1小时	考察成员执行会议
1小时	与专业负责人见面	1小时	与学校领导会面
1小时	参观专业设备设施与专业教师会面	1小时	咨询会议:考察小组与教职工会面,以澄清任何具体问题或疑虑
1小时	查看课程文件、学生记录和评估文件		

第五章　美国运动科学专业认证制度

（续表）

第一天		第二天	
时间	任务	时间	任务
2小时	小组成员与咨询委员会成员共进午餐		
30分钟	如有可能与医疗顾问会面		
45分钟	如有可能与临床导师会面		
1小时	与在校生会面		
1小时	与毕业生会面		

表5-14　美国运动科学认证委员会双专业实地考察日程模板

第一天		第二天	
时间	任务	时间	任务
7:30AM	实地考察小组成员集合并前往受评学校	8:00AM	实地考察小组成员集合并前往受评学校
8:00AM	到达学校	1小时	考察成员执行会议
1小时	与专业负责人见面	1小时	与实习导师见面
1小时	与2个专业的所有教职员工见面	1小时	与学校领导会面
1小时	与在校生见面	1小时	如有可能与医疗顾问会面
2小时	小组成员与咨询委员会成员共进午餐	1小时	午餐
1小时	参观设施设备	1小时	咨询会议：考察小组与教职员工会面，以澄清任何具体问题或疑虑
1小时	与在校研究生见面	30分钟	总结会议：所有利益相关方，包括校领导、教职员工和学生
1小时	与毕业生会面		

223

（十五）考察小组成员的评估

考察小组成员之间的相互评估及来自受评单位的评估是运动科学认证委员会认证过程不可分割的一部分。小组成员的同行评估表有关每个小组成员的准备、沟通和职责问题。此外，专业负责人和培养机构的高级官员都参与对考察小组的评估。

第四节　美国运动科学专业认证的特点与启示

2013年，国务院颁发《关于促进健康服务业发展的若干意见》，该文件指出，今后政府将致力于打造一批知名品牌和良性循环的大健康产业集群，力争使我国健康服务业总规模达到8万亿，这为我国运动康复专业教育的发展提供了广阔的前景。为了更好地迎合国家健康战略需求，培养大批高质量的运动康复专业人才，有必要总结美国运动科学专业认证制度的特点，进而根据我国运动康复专业人才培养提出有针对性的建议和启示。

一、美国运动科学专业认证制度的特点

美国运动科学专业是一个新兴专业，其专业认证制度是在参考其他相关专业认证体系基础上构建而成的，吸收了美国诸多专业认证制度的优点，其特征主要表现在以下几个方面。

（一）评审机构的协调合作性

美国负责运动科学专业认证工作的机构有2个，即运动科学认证委员会和联合健康教育专业认证委员会，两个机构相互配合、协调合作，共同促进运动科学专业认证的顺利实施。从机构性质

上来看，两个机构都是非营利性的第三方组织，他们都经过了美国联邦教育部和高等教育认证委员会认可，具有开展专业认证的合格资质，并且两个机构都制定章程对自身业务进行了规范。

从机构层级来看，联合健康教育专业认证委员会的级别更高，它主要负责健康教育相关专业的认证工作。目前，联合健康教育专业认证委员会与29个单项认证协会合作开展认证活动，即这29个单项认证协会都属于联合健康教育专业认证委员会的分支机构，单项认证协会在认证实施过程中接受联合健康教育专业认证委员会的业务指导。联合健康教育专业认证委员会已经在30个健康科学职业领域内认证了2100多个相关专业，一个单项认证协会可开展多个相关专业的认证活动。其中，运动科学认证委员会作为联合健康教育专业认证委员会的29个分支认证机构之一，主要负责3个体育类专业的认证工作，包括运动生理学专业、运动科学专业和私人健身教练专业。

从工作任务方面来看，两个机构都制定了自身的规章制度，并根据协会规章开展认证活动，但联合健康教育专业认证委员主要从宏观层面对运动科学认证委员会的认证工作进行指导，如最终认证结果的决议、认证工作人员的培训等；而运动科学认证委员会主要负责具体的认证工作，如认证申请、实地考察、材料搜集、结果反馈、认证建议等。

（二）突出实地考察的重要性

认证是指高等教育机构为保证和提高教育质量而进行的外部审查活动，外部审查包括两种形式：一是对受评专业各种证明性材料的间接性审查；二是对受评专业教育现状的直接审查（实地考察）。两种审查形式相辅相成，缺一不可。其中，实地考察是认证实施过程中的重要环节，通过实地考察不仅可以审核受评专业的各种间接性证明材料的真实有效性，同时也可以面对面地观察受评专业的教育现状，从中发现认证材料不能展示的真实现状。运动科学认证委员会尤其重视实地考察环节，为此专门颁布了《实地考察人员政策和程序手册》，详细规定了实地考察的目的、考察人员的选拔、培训与职责、考察的程序和详细的日程安排、保密要求、访谈会议、协商会议、总结会议，以及考察报告的撰写要求、格式和提交日期等。

此外，通过实地考察撰写考察报告也是运动科学认证委员会评审受评专业进而提出认证建议的前提。在考察报告中会详细说明受评专业的优点和缺陷，以及专业自评报告中可能存在的任何错误性信息或误解性信息。并且，运动科学认证委员会要求考察小组以条目的形式一一列出具体的改进建议，培养机构可据此优化人才培养的过程。

（三）核心课程的社会适切性

高等教育学家布鲁贝克曾用"适切性"概念描述高等教育课程的设置问题，即高校课程的设置基于学生、社会还是学科逻辑体系。长久以来，知识、社会和个人被认为是影响课程设置的3大基础性力量，基于以上3个因素，高等教育表现出3种不同的课程设置模式。高等教育的目的之一是解决社会问题，社会需求决定了高等教育人才培养目标的确定，同时也决定了课程设置。从运动科学认证委员会对运动科学专业认证课程标准内容来看，美国运动科学专业课程设置体现出了明显的社会适切性，运动科学认证委员会要求美国运动科学专业设置6门核心课程，这6门核心课程的标准共同将培养学生运动健身健康的竞争力、掌握运动健身康复基本知识和专业技能作为基本质量取向，其内容面向学生未来的职业取向，培养的学生能够针对健康人群和疾病患者进行评估并制订和实施个人和团体的锻炼健身计划。他们能够熟练地评估健康行为和风险因素、进行健身评估、撰写合适的运动处方、激励个人改变消极的健康习惯、保持积极向上的健康生活方式。从这些学习能力的描述来看，美国运动科学专业课程的设置迎合了大众提升自身健康水平的迫切需求。

随着现代城市化程度的提高，美国青少年健康状况不容乐观，超重、肥胖的检出率持续升高，体质水平却在下降[142]；同时，随着人口老龄化的加剧，截至2015年，美国65岁老年人占全国人口总量的12.5%[143]。鉴于此，无论是年轻人还是老年人都需要科学的健身锻炼，而运动科学专业设置的核心课程包括健身健康评估、运动处方、锻炼规划和健身管理等，这些课程正迎合了社会对健康健身人才的需求，体现出了明显的社会适切性。

（四）认证过程的公平性

美国运动科学认证委员会在认证过程中特别强调过程的公平性，这与美国社会的契约、公平、法治精神相关。公平的认证过程不仅可以保障受评专业的利益，而且能够提高运动科学认证委员会认证的美誉度和信誉度，从而吸引更多的高校参与认证。为此，运动科学认证委员会专门将公平措施作为专业认证标准的一个核心指标。从其内容上看，认证过程的公平性主要体现在以下几个方面：一是信息的公开，运动科学认证委员会要求受评专业将与人才培养相关的所有信息都向社会、学生、家长公布，只有在信息充分交流和掌握的情况下，认证过程和人才培养过程才能公平实施；二是非歧视性要求，美国社会特别重视保护特殊人群的权利。因此，运动科学认证委员会要求各认证专业不能在专业招生、教师招聘、学生录取等环节设置针对特殊人群的歧视性规定，还要符合联邦政府和州政府的法律规定；三是体现公平性原则，运动科学认证委员会要求运动科学专业机构必须具有契约精神，联合培养机构之间需要签订正式的合同，以厘清两个机构在办学过程中的关系、角色和职责。

此外，为了保障认证过程的公平合理性，运动科学认证委员会对实地考察人员的行为进行了规范，包括避免考察成员与受评机构之间存在朋友关系、竞争关系、师生关系、亲戚关系和工作关系；禁止考察人员在认证过程中接受礼物、酬金和服务等额外恩惠；避免个人价值观影响评审判断；避免介入培养机构内部冲突或紧张关系之中；避免受到学术权威的影响；杜绝滥用职权；避免职务诱惑等。这些规定对于保障认证过程的公平性具有不可替代的作用。

二、美国运动科学专业认证制度对我国的启示

目前，我国高校没有设置运动科学本科专业，但是，从美国运动科学专业的课程设置和人才培养目标中可以发现（表5-15），美国运动科学专业与我国的运动康复专业类似。鉴于此，针对我国运动康复专业人才培养现状，我们可以从美国运动科学专业认证制度中得到以下启示：

表5-15　美国运动科学专业与中国运动康复专业的比较

	运动康复（中国）	运动科学（美国）
核心课程	康复评定学、运动康复治疗技术、骨骼肌肉康复、运动生理学、运动解剖学、健康教育学、体育概论、体育心理学、体育社会学、体育科学研究方法	生物力学、运动营养学、运动心理学、运动控制与发展、运动生理学、健身与健康评估、运动处方、锻炼规划、法规制度、健身管理
培养目标	运动康复专业学生必须掌握现代康复的基本理论和方法，具备运动康复诊疗和运动防护技能，能胜任运动康复和运动防护方面的工作	运动科学专业毕业生能够熟练评价健康行为及其风险因素，进行健身评估和撰写运动处方，并激励个体改变不良的健康习惯，保持积极的健康生活方式

（一）明晰专业培养目标

培养目标是教育机构为了满足各行各业、各个社会层次的人才需求和不同层次受教育者的学习需求而制定的教育目的的具体化，培养目标为课程设置、课程教学计划、课程组织实施和课程评价提供依据。美国运动科学认证委员会要求培养机构应从3个方面清晰标明自身的专业目标，即目标的制定要求、目标的修订要求和目标的最低界限。可见，美国运动科学专业非常重视培养目标的设定。我国对运动康复专业培养目标存在争议。一种声音是培养目标多个方向，学生毕业后既可以考取康复治疗师，也可以从事营养指导师、体育保健师、健身教练员、健康管理师、队医、教师等职业；而另一种观点认为直接确定培养目标，学生毕业后到医疗系统从事康复治疗的物理治疗师、作业治疗师、言语治疗师等工作。这个问题一直被争论，而各个学校根据自己对运动康复与健康专业的理解，形成了不同的培养目标，其课程设置的差异也就比较大，由此导致毕业生的质量也各不相同[144]。

随着《健康中国"2030"规划纲要》的颁布和实施，未来中国大约需要30多万名的康复类人才，这为运动康复专业学生提供了广阔的发展空间。运动康复专业学生只要具备了一定的知识和技能，就可以承担除康复医师之外的其他成员的工作职责。并且我国的运动康复专业学生颁发理学学士学位，这符合卫生部科教司于2003年9月1日颁布的《康复治疗专业技术人才准入标准（康复治疗师）》试行条例规定[145]，该条例规定毕业生可以参加国家康复治疗师资格统一考试获得康复治疗师的从业资格，并可根据规定晋升职称。所以，我们可以把运动康复专业学生培养成为具有基础医学、临床医学、运动医学、保健医学、康复医学知识和技能的，能在医疗系统从事康复疗师、物理治疗师、作业治疗师、文娱治疗师等工作的专业技术人才。同时，各高校应根据学校自身条件和办学特色，分析社会发展需要和学生未来发展需求，细化人才培养目标，制定合理的人才培养方向，建立必要的定期评价机制，适时调整专业发展定位和人才培养目标，以适应经济社会和体育事业发展的需要[146]。

（二）树立职业导向的培养模式

美国运动科学认证委员会规定，通过其认证的专业能同时获得其赞助机构的官方认可，这些机构包括美国运动协会、美国运动医学学院、美国运动治疗协会、库珀研究所、国家运动医学协会和国家力量健身协会等。同时该专业的毕业生将获得以上机构的职业认证考试资格，这不仅节约了学生的考试成本，而且为学生的就业奠定了基础。美国学科专业分类目录与美国标准职业分类系统中，运动科学专业对应的职业为生物生理学家，由此可见，美国运动科学专业的设置具有非常明显的职业导向性[147]。此外，在师资配备上，运动科学认证委员会要求运动科学专业合格师资必须具备两年以上的运动科学相关工作经验、接受过学科系统培训，从以上规定可以看出，美国运动科学专业认证与职业资格紧密相连。

2017年12月，我国教育部颁发的《关于推动高校形成就业与招生计划人才培养联动机制的指导意见》中指出："推动高校形成就业与招生计划、人才培养联动机制……，切实提高专业建设与社会需求的适应度，提高人才培养目标与培养效果的达成度[148]。"鉴于此，我国运动康复专业人才的培养应充分借鉴美国运动科学专业人才培养的有益经验，发挥医学与体育学融合的优势，树立职业导向的人才培养模式，提高专业人才的社会适应性。

（三）成立体育专业认证机构

近年来，我国体育学类本科专业教育规模不断扩大，招生人

第五章　美国运动科学专业认证制度

数持续增加。但是并没有构建一个公正、公平、权威的体育专业认证机构。除体育教育专业之外，包括运动康复专业在内的体育学类本科专业无法开展认证工作。2011年10月，教育部颁布了《关于普通高等学校本科教学评估工作的意见》，其中明确指出"鼓励专门机构和社会中介机构对高等学校进行专业评估"[149]，这为我国体育专业认证机构的成立提供了契机。认证机构是专业认证实施的前提和关键，同时也决定着专业认证的实施质量。美国运动科学专业认证是在联合健康教育专业认证委员会的监控下，由其下属运动科学认证委员会负责认证实施工作的。结合美国的认证经验和我国国情，我国体育专业认证机构可包括两个主体，即教育部高等教育教学评估中心（简称"教育部评估中心"）和体育专业学术组织。当前，我国师范类专业认证工作就是在"教育部评估中心"指导下开展的，因此，"教育部评估中心"毫无疑问应该成为体育专业认证的宏观指导机构，并在整个认证过程中起到核心主导作用。

宏观机构主要从政策制定和顶层设计的角度保障体育专业课程质量，与此相对应，中介性质的专业组织在专业认证实施方面应承担专业角色。如美国联合健康教育专业认证委员会是一个独立机构，它既不代表政府，也不代表学校，其中介性质可以保障认证过程的公正性、科学性，并且联合健康教育专业认证委员会的体育专业认证在美国具有高度的权威性。就中国情况来看，在"教育部评估中心"的宏观指导下，体育专业认证的具体实施机构应该是国内体育教育领域最权威的协会组织，教育部高等学校体育教学指导委员会（简称"教指委"）是对高等学校体育教育教学工作进行研究、指导、评估及提供咨询和服务的专家组织。因此，可以在"教育部评估中心"履行监督职责的基础上，将"教指委"作为我国体育学类本科专业认证的具体实施机构，并

231

成立专门的分专业认证委员会,保障体育学类本科专业认证制度的科学性、专业性和规范性。

(四)构建以专业素养为基础的核心课程标准

专业是课程的组合,课程质量会对专业人才培养质量产生实质性的影响[150],而构建科学、规范的课程标准是专业成熟的标志。美国运动科学专业课程标准以能力为基础,以学习结果为基本要素制定毕业生标准和课程标准,这两个标准是评价毕业生能力水平和课程质量的基本依据。我国体育专业建设历经20世纪80年代的"教学大纲"、90年代的"课程方案"和2008年的"专业规范"等阶段,但是,到目前为止并没有制定专门的课程标准。2018年颁布的《普通高等学校体育学类本科专业教学质量国家标准》(简称"国家标准")针对每个体育类本科专业制定了10门核心课程,体育专业核心课程的强制实施对于规范专业建设,提高体育专业人才培养质量具有一定的促进作用。但是该标准同样没有给出核心课程的具体标准,因此,我们有必要借鉴美国运动科学认证委员会课程标准的内容,尽快制定出适合我国国情的体育专业核心课程标准。

美国运动科学认证委员会以毕业生专业素养为基础构建运动康复专业课程标准,其毕业生专业素养包括专业知识和专业技能两个方面,每门课程都是从这两个方面对学生的能力进行描述。从国外体育专业核心课程标准的制定经验来看,也以学生的专业素养为基础构建课程标准。如英国高等教育质量保障署体育《学科基准声明》列出了5个知识领域和16条具体的能力指标[151]。澳大利亚体育科学协会以毕业生专业素养为基础构建体育专业课程标准,其毕业生专业素养包括专业知识、专业实践和专业发展3个知识领域和6条能力标准,这6条能力标准是体育学专业在人才培养上区别于其他学科专业的关键[152]。由此可见，在知识领域的统领下，构建以专业素养为基础的体育专业核心课程标准，是世界各国体育专业人才培养的普遍做法。因此，在制定我国运动康复专业课程质量标准的过程中，有必要借鉴国外经验，清晰界定大学生专业素养，并将专业素养融入专业核心课程标准体系之中。

第六章　美国体育专业认证制度的借鉴与启示

对美国体育专业认证制度进行研究是为了借鉴其有益经验，从而促进我国高等体育专业认证体系的建设。毫无疑问，已有百余年历史的美国高等体育专业认证制度作为美国高等教育质量保障体系的重要组成部分，已为美国体育教育、体育产业、运动竞技和医疗康复等领域培养了大批高质量专业人才，在美国体育强国建设方面发挥了重要作用。目前，我国已经拥有世界上规模庞大、种类多元的高等体育专业教育体系，美国体育专业认证制度的成功经验对我国体育专业认证制度的建立，具有十分重要的借鉴意义。尽管中国、美国高等教育质量保障的背景不同，但在我国高等体育专业教育改革和迅速发展的关键时期，我们应结合我国高等体育专业教育的实际特点，吸取美国的成功经验，跨越式地提高我国体育专业教育质量保障水平，最终实现与国际体育专业教育质量保障制度的接轨。

第一节　美国体育专业认证经验总结

美国在体育专业教育质量保障理论和实践方面进行了长期探索。纵观美国4个体育专业认证制度的发展历程和体系内容，不难发现，美国体育专业认证制度存在一些共同特征，并且积累了诸多有益经验，对高等体育专业教育质量的提升和保障体系的完善起到了重要作用。

第六章　美国体育专业认证制度的借鉴与启示

一、完善的法规保障

众所周知，颁布和实施教育法规是现代国家教育发展的显著特征之一。从西方发达国家高等教育领域的发展进程来看，每当教育问题涉及国家的根本利益时，各国都不约而同地将解决问题的路径诉诸法律，期望通过出台一系列相应的政策法令条文，以明确规范的形式来对教育问题进行干预，最终促进国家教育稳定、持续而高效地发展。因而"教育立法"就成为西方国家干预高等教育发展的主要方式。各国政府在高等教育领域通过立法的形式，并将出台的政策制度化、规范化，在制度上为高等教育的发展提供了坚实、有效的法律基础保障。同样，美国体育专业认证制度的发展也离不开法律法规政策的支撑，下面仅以美国体育教师教育专业认证制度为例进行分析。

早在1815年，俄亥俄州立法部门颁布了美国教师证书法令，规定了教师的入职标准、资格审查和证书的颁发要求等，这标志着美国早期教师资格制度的确立，同时也标志着政府对教师职业进行规范化管理的开始。第二次世界大战期间，美国作为主要参战国卷入了战争，但在征兵的过程中发现很多青年的身体素质不过关，这种状况引起了美国政府部门的高度重视。因此，自1940年起，美国政府强制在38个州建立公共体育师范学校，这使得体育教师培养规模进一步扩大。20世纪80年代以来，为了提高教师培养质量，美国政府和相关机构相继出台了一系列重点针对教师素质管理与培养的政策与法案。

1984年，《艾森豪威尔专业发展计划》颁布，该计划由艾森豪威尔基金会颁布，其内容主要涉及教育改革、教师专业发展等方面，教师资格认证制度也从中受益，得到了具体支持，该计划成为1994年《初等及中等教育修正法案》授权修正改革的基础之一；此外，美国优质教育委员会先后在1983年、1985年颁布了《国家处于危险之中：教育改革势在必行》和《教师教育变革的呼唤》，这推动了体育教师专业标准的制定；卡内基专业教学小组也于1986年发表了《国家为培养21世纪的教师做准备》，促进了体育教师教育专业认证体系的建立。

进入新世纪以来，美国更是从政府层面进一步强化教师培养质量。如2001年，布什政府颁布《不让一个孩子掉队法案》，该法案是21世纪以来美国联邦政府最具影响力的教育法案之一，该法案在美国历史上第一次以立法的形式对教师质量做出了明确的界定，该法案还提出了中小学高质量教师的具体标准和要求等。《不让一个孩子掉队法案》对于提升包括体育教师在内的基础教育教师整体质量具有十分重要的作用，而对于美国体育教师专业认证体系的完善也有着极大的推动作用。此外，2011年，美国联邦教育部颁布了《我们的未来，我们的教师》，这是奥巴马担任美国总统以来颁布的最有影响力的教育政策，更加强调了职前教师培养工作的重要性，提出了卓越职前教师培养的评价标准和发展方向。

高等教育质量保障体系建设的正常运作和持久开展，必须要有相应的法律、法规作为保证。美国通过建立健全法律、法规体系，将高等体育专业认证制度置于有法可依、有章可循的轨道上，从而确保了体育专业认证制度的有序运行。

二、多样的组织机构

从美国高等教育体系的结构来看，教育质量保障体系可分为两个部分，即内部质量保障体系和外部质量保障体系，内部质量保障体系的责任主体是高等院校自身，而外部质量保障体系则由不同性质和类型的专业组织机构负责。就体育专业来看，外部质

第六章 美国体育专业认证制度的借鉴与启示

量保障机构主要是指认证机构。实际上，外部质量认证机构所开展的各项评估活动可以看作是对高校内部自身质量评估的再评估。

从认证机构的层次上来看，美国体育专业认证机构由3个层次组成。

首先是宏观层面的认证管理机构，美国联邦教育部作为美国教育认证唯一的官方机构，对从事高等教育专业认证的机构进行监督。高等教育认证委员会作为美国的非官方机构，是认证的支持者，高等教育认证委员会代表认证机构、院校，承担着对美国所有高等教育认证机构认可的责任。联邦教育部和高等教育认证委员会两个机构从宏观层面代表政府对美国高等教育认证机构进行管理，所有从事体育专业认证的机构都必须通过联邦教育部或高等教育认证委员会的认可才有资格对高校专业进行认证。

其次是中观层面的认证决策机构，这类机构与多个单项认证协会合作，负责认证的宏观管理、标准制定及最终认证结果的决议，但不负责具体的认证实施工作。如成立于2010年的美国教师培养认证委员会是美国教师教育专业的认证机构，2013年，教师培养认证委员会与900多所教师培养机构达成了认证实施协议，负责包括体育教师教育专业在内的所有教师教育专业认证工作。此外，教师培养认证委员会的认证服务范围包括国内外所有提供学士、硕士及博士学位的教师培养机构。再如，成立于1994年的美国联合健康教育专业认证委员会也是一个由高等教育认证委员会认可的高等教育专业认证机构，目前联合健康教育专业认证委员会已经与29个单项认证协会合作开展认证活动，在30个健康科学职业领域内认证了2100多个相关专业，认证的专业类别包括医学类、体育类、医师类、艺术类等。

最后是微观层面的单项认证实施机构，一般来说，单项认证实施机构隶属于中观的认证决策机构，他们是认证决策机构的附属机构，单项认证实施机构只负责一个专业的认证实施工作，

237

包括认证申请管理、材料审核、实地考察、认证联络与认证建议等。如美国体育教师专业认证工作由美国体育运动国家协会具体负责，美国运动科学专业认证工作由运动科学认证委员会具体负责实施。

从认证机构的性质来看，美国专业认证体系的组织机构可分为官方和非官方两种，美国联邦教育部作为官方机构主要从宏观上对认证进行政策性指导，履行监督和调控的职责，非官方的认证机构负责在操作层面落实具体实践，如教师培养认证委员会、教练教育国家认证委员会、体育管理认证委员会和运动科学认证委员会，这些认证机构都属于独立自治的认证机构，虽然接受联邦教育部的认可，但联邦教育部不会干涉认证机构的具体工作。这些独立的认证机构都有自己的董事会、职业认证协调员和认证专家库，这些独立的认证机构作为政府、高校和社会三方联系的桥梁，承担着高等院校体育专业教育质量保障的主要责任。

三、全面的标准体系

20世纪七八十年代以来，世界发达国家对高等教育质量逐渐重视，"标准"被引入到教育领域。21世纪以后，英国、美国等发达国家先后颁布并实施了不同体育专业的认证标准，这对于保障体育专业教育质量，推动整个体育专业教育质量的提升不无裨益。美国体育专业认证标准具有全面性特征，主要体现在以下两个方面。

（一）类别多样性

专业标准是针对专业人才培养过程制定的准则和要求，而教育机构、课程和职业与高等教育专业人才培养息息相关，因此，美国体育专业认证机构颁布了与人才培养相关的教育机构标准、课程标准和职业标准，并将这三个类别的标准作为认证的重要依据。

第六章　美国体育专业认证制度的借鉴与启示

首先，职业性是美国高校体育学科专业设置的特征之一，美国是典型的分权制国家，高等院校拥有自主设置学科专业的权利。一般来说，社会上有什么样的职业需求，大学就会开设相应的专业。因此，认证组织机构在专业认证实施的过程中会颁布相应的职业标准，并以职业标准为准则对学生进行评审和认定，如美国教师培养认证委员会按照体育教师专业标准对职前体育教师进行审核，并将审核结果作为认证结果的重要参考；教练教育国家认证委员会也颁布相应的教练员标准。

其次，体育专业人才的培养依附于高等教育机构，教育机构为人才培养提供了必要的师资、课程、设施等支持性资源，是高等院校体育专业人才培养的基础保障。因此，美国体育专业认证机构把教育机构标准作为认证的基础性条件，如教师培养机构认证委员会在体育教师标准的基础上颁布教育机构标准，并从教师知识和技能、机构自评体系、教学实践、教师资质、机构管理等方面对教师培养机构进行评价；教练教育国家认证委员会也颁布了机构标准，其内容包括专业使命、专业师资、课程教学和学生学习4个方面。

最后，课程是专业人才培养的依托，不同类别课程的组合构成了某一个专业，课程质量的好坏直接决定了专业教育质量的高低。鉴于此，在颁布职业标准和机构标准的基础上，美国体育专业认证机构制定专业核心课程标准，并以课程标准为依据，在认证过程中要求培养机构配备高质量的课程师资，提交完备的课程教学资料，同时在认证实地考察中将听课、学生访谈、教师访谈作为对课程教学效果的反馈。如美国体育管理认证委员会将课程教学作为专业认证的一个维度，分别从专业课程设置、通识课程设置、课程内容的宽度与深度、课程评价与改进、课程设置人员资格等方面对体育管理专业课程进行评价；美国运动科学认证委员会针对核心课程，分别从学习领域和学习结果两个方面制定了详细的学习要求。

（二）能力倾向性

能力本位教育是20世纪60—70年代在美国出现的一种新的高等教育模式，这种教育模式一直影响着体育专业标准的制定。如休斯顿指出，能力是指"在接受了适当的培训以后符合某种资格要求，然后才开始进入专业生涯，它与资格制度的要求有直接的联系"。受其影响，美国体育专业标准内容特别强调毕业生应该掌握什么，应该能做什么，从以下5个方面描述学生的能力：认知能力、行为表现能力、学业成绩能力、情感表达能力和探索能力。如美国体育运动国家协会规定初级体育教师需掌握生理学、生物力学、动作学习、动作发展、历史学和社会学等领域的基础知识，并能够在体育教学实践中加以运用，还要具备基本的交流沟通能力、教学反思反馈能力、突发事件应变能力和教学环境创设能力，主动探索专业知识和实践，提升自身专业能力。

从美国运动科学专业课程标准来看，该标准更是凸显了能力本位的培养理念，如健身与健康评估课程包括运动前的健身筛查和评估，体能评估和锻炼计划，健康参与者和疾病患者健身评估，心肺功能的评估与解释，肌肉力量、耐力和灵活性评估，身体成分的测量和评估6个领域。运动科学认证委员会针对每个领域又分别从认知和技能两个角度对学生的学习结果进行阐释，对于认知性知识一般采用"了解""感知"等动词进行描述，如"了解次最大和最大心肺功能评估方案""了解血压测量技术""了解测量收缩压和舒张压的克洛特夫声音测定方法"等；而对于技能则采用"解释""测定""采用""掌握"等动词进行描述，如"识别主要骨骼、肌肉和关节""掌握肌肉力量、肌肉耐力和灵活性的评估方法（最大力量、手握肌力、俯卧撑、仰卧起坐、坐位体前屈）""采用较低阻力测试最大力量""解释肌肉力量、肌肉耐力和灵活性评估的结果"等，从以上动词的运用中可以看出，美国体育专业认证的最终目的是促进学生掌握一定的技能，从而使其具备成为一名职业运动康复师的基本能力。

四、精简的核心课程

专业核心课程是指可以体现专业特有面貌、反映学科基本原理、且不会随着时间推移而有较大变动的优质课程。学生通过核心课程的学习，可以掌握该专业的核心知识体系，能够形成专业核心素养。体育专业作为高等院校设置的专业之一，必定存在着区别于其他学科专业的核心知识体系和课程体系，以体现体育专业的自身特色。因此，国外体育专业非常重视核心课程的设置，并且把核心课程的设置作为体育专业人才培养过程不可或缺的一部分。如澳大利亚体育运动科学协会规定了15门体育专业核心课程，俄罗斯第三代体育专业教育大纲规定了15门核心课程，加拿大体育教育与运动学管理者协会规定了8门核心课程。2009年，美国运动学协会经过充分协商，认为体育专业课程体系应该包括以下四个方面的内容：（1）体育保健、运动康复方面的知识（为提高健康水平、生活质量所进行的身体活动性知识）；（2）体育运动的科学基础知识；（3）体育文化、体育史、体育哲学方面的知识；（4）运动实践性知识[153]。美国不同体育专业的认证协会一般在美国运动学协会规定的基础上，划定本专业的核心课程。

美国体育管理认证委员会规定体育管理本科专业必须包括以下6个领域的课程：其一为社会、心理和国际体育管理基础类课程，包括体育管理原理、体育领导、体育运营管理、项目及场馆管理和体育行政管理；其二为体育道德类课程；其三为体育市场营销和交流，课程包括体育市场营销、交流与沟通等；其四为金融、财务和经济类，课程有体育金融原理、会计和体育经济等；其五为体育法律，包括体育政策、法规等课程；其六为综合类课程，如实习、管理政策与战略、毕业论文等。虽然体育管理认证委员会对参与认证的体育管理专业没有具体课程设置要求，但是，体育管理认证委员会要求各个体育管理专业的课程设置在内容上必须包含上述领域。此外，美国运动科学认证委员会也规定，所有开设运动科学专业的高等教育机构必须开设以下5门核心课程，即健身与健康评估、运动处方、锻炼规划、法规制度和健身管理，并且给出了每门课程的能力指标，这些能力是运动科学专业毕业生必须具备的核心素养。

五、规范的运行机制

专业认证是高等教育质量保障的重要方式，认证运行机制是指认证机构按照标准对专业教育质量进行评审认定的流程。具体来说，是指认证机构依据一定的标准、针对特定的对象、采用一定的程序进行质量监督和保障的过程。从以上体育专业的认证流程来看，美国体育专业认证流程均包括以下几个基本环节，即前期准备、中期审核与考察、后期总结与执行（表6-1）。

表6-1 美国体育专业认证流程

专业 阶段	体育教师教育 （CAEP）	教练教育 （NCACE）	体育管理 （COSMA）	运动科学 （CoAES）
前期准备	认证资格申请、预先自我评估、认证途径的选择	专业初评、认证注册	认证申请、机构自评	机构认证申请
中期审核	自我评估、实地考察、CAEP认证委员会评审	认证文本的准备、认证材料提交	实地考察	CoAES的认证建议、实地考察

第六章　美国体育专业认证制度的借鉴与启示

（续表）

专业阶段	体育教师教育（CAEP）	教练教育（NCACE）	体育管理（COSMA）	运动科学（CoAES）
后期总结	认证结果决议、认证申诉、提交常规年度报告	认证结果决议、提交反驳报告、重新认证	认证结果公布、持续检查与监督、再认证	CAAHEP的认证决议、持续质量申请

前期准备阶段以高校自我评估为主，包括指定认证申请负责人、提交认证申请、上缴认证费用、准备认证材料，同时认证机构会与高校沟通，就认证材料提交时间、实地考察进校时间、评估流程等环节与高校达成协议。高校自我评估是前期准备阶段的主要任务，如美国教练教育专业的初步评估要明确以下内容：专业使命与目标、专业管理人员、教师和教练员、课程内容、教学设计、课程规划、教学文档。通过对以上文件的审核，发现专业教育中存在的问题，确定是否符合全美教师教育认证委员会的认证要求。在前期准备阶段除了完成自我评估之外，高校专业需要完成认证申请，如教师培养认证委员会规定未经认证的体育教师培养机构必须完成认证申请，以满足认证资格要求。规定由培养机构的管理人员完成认证申请，并将认证申请表以电子邮件的形式提交给教师培养认证委员会办公室。

中期审核与考察主要包括两个方面的内容：一是根据相关标准审核认证申请专业的评估报告，从文字中判断形成对高校体育专业教育现状的整体认识；二是实地考察，搜集证据，与任课教师、学生、用人单位和实习单位开展交流沟通，从中了解体育专业教育现状，保证体育专业教育质量评估的真实可信。通过中期考察和审核掌握高校体育专业办学的基本状况，了解存在的问题和有待改进的领域，并为最终认证鉴定结果提供依据。

后期总结与执行是认证实施的最后一个环节，认证机构根据认证文本和实地考察的材料，撰写评估报告，评估高校在体育专业建设或质量保障方面采取的措施、取得的成效和存在的问题，并将结果反馈给学校，要求学校整改，评估报告要公布于众并接受社会监督。同时，对高校的专业认证申请作出决定：通过、有条件通过或不通过。高校可以根据认证结果在一定期限内作出修改，重新提交认证。如果对认证结果有异议也可提起申诉，由独立的申诉机构进行最终裁决。

六、公平的认证过程

美国体育专业认证制度的公平性体现在3个方面。

首先，认证机构的独立性。美国宪法规定，州与各地政府对各自区域的教育负责，这一传统对美国高等教育专业认证产生了深远影响。虽然美国体育专业认证机构会接受来自政府的财政补贴，但是每个认证机构的章程中都明文规定自身为独立、自治的机构，其认证质量标准的制定、评估方式和认证结果的发布，皆不受政府的直接干预和控制。美国教师培养认证委员会是在全美教师教育认证委员会和教师教育认证委员会的基础上成立的一个非官方、自愿性的认证机构；教练教育国家认证委员会是由美国健康与体育教育协会派生出来的一个非政府的、第三方认证机构，它既不隶属于政府，又相对独立于任何教育机构或教育利益组织，在进行专业认证时保持高度的独立性；体育管理认证委员会受美国联邦教育部和高等教育认证委员的监督和管理，其成员主要由体育管理教育机构代表、体育管理专家等专业人员组成，也是具有第三方性质的非政府、公益性机构；美国联合健康教育专业认证委员会及其下属机构运动科学认证委员会都是非营利性组织。以上认证机构介于政府、学校和社会中间，对于保障认证结果的公正性和有效性具有重要意义。

其次,保障受评机构的权益。如果受评机构对认证结果存有异议可以提起申诉,例如,美国教师培养认证委员会章程规定,认证决议结果公布之后,教师培养机构可以针对否决认证或撤销认证的决议结果提出复议或申诉。在此过程中,教师培养机构可向教师培养认证委员会提交正式的复议或申诉书面文件,以便重新审议撤销或拒绝的认证决议,教师培养认证委员会的工作人员将对教师培养机构的请求进行初步审查,随后,将该请求提交给认证委员会主席和副主席,他们将以投票的形式决定是否向全体委员会成员提交该请求。如果接受了申诉请求,教师培养认证委员会的董事会主席会从认证申诉委员会成员中挑选5位成员组成申诉小组,申诉小组通过查阅认证委员会接触到的所有文件(包括教师培养机构的自评报告、实地考察团队的报告及其他补充性资料),并查看教师培养机构的申诉书和财务报表。在此基础上,申诉小组给出最终的认证决议。通过申诉可以保障受评机构的权益,也避免了认证过程中可能存在的瑕疵,体现了认证过程的公平性。

最后,避免利益冲突。体育专业认证工作是由工作人员具体实施的,人与人之间的交往过程不可避免地会有利益冲突,进而影响认证过程的公平合理,为了避免这种情况的发生,美国体育专业认证机构在认证章程中都会做出明确规定。例如,运动科学认证委员会要求所有相关的人员(会员、工作人员、实地考察人员、顾问和其他代表)都应保持高标准的职业精神和诚信态度,在认证评审过程中必须符合保密要求,同时要求实地考察人员拒绝承担可能与自身利益存在冲突的任务,包括实地调查单位有个人的亲密朋友、竞争对手、前同事、前学生或亲戚,该单位是自己曾经的受雇机构,以及考察成员曾经担任该单位的顾问或其赞助机构的顾问等。

此外，运动科学认证委员会要求实地考察团队成员必须签署保密声明，不能与机构代表以外或认证过程中的任何人讨论机构认证方面的任何信息；在实地考察评估期间或认证过程结束之前，不能面向受评机构参加任何形式的个人招聘或求职活动；不得接受与评估机构相关的任何个人礼物、优惠或服务；必须客观、公正，严格按照《认证标准与指南》对专业进行评估。所有这些措施都是为了保障认证过程的公平合理，确保认证结果的权威可靠。

第二节　我国体育专业认证制度的构建

鉴于专业认证制度对美国体育专业教育质量提升的成效，世界各国纷纷效仿，以此来保障本国体育专业人才的培养质量。而我国体育专业教育管理体制要融入整个国际化市场，也应该建立起与国际接轨的专业认证制度。因此，本节主要对体育专业认证制度在我国的实施背景进行分析，进而提出我国体育专业认证制度的构建策略。

一、我国体育专业认证制度实施背景分析

随着我国高等教育大众化及高等教育办学自主权的日益扩大，如何保障高等教育质量日益成为社会各界人士普遍关注的热点问题。在这种背景下，我国相应地调整了高等教育评估制度，实施了包括专业认证在内的一系列调整和变动，更加有效地保障了教育质量、满足社会发展的需求。

（一）体育专业教育规模扩张的需求

自1999年起，我国大学开始扩招，我国高等教育走上了快速

扩张的道路。据统计，1998年各类高等教育在校生为640余万人；2003年为1900万人，毛入学率为17%；2008年在校生达2900万人，毛入学率达到23%。到2013年年底，在校人数已经达到3400多万，毕业人数接近700万，毛入学率近35%；2015年，我国高等教育毛入学率已达到41%，提前实现了国家教育规划纲要提出的"到2020年，高等教育毛入学率达到40%"的目标。截至2019年年底，我国各类高等院校共有2663所，高等教育毛入学率达到48.1%，在校大学生总数为3833万（表6-2），高等教育在校学生规模世界第一，我国已经成为名副其实的世界高等教育大国。依据马丁·特罗的"三阶段论"理论，我国高等教育已经进入普及化阶段，这一发展趋势必然将对高等学校体育学类本科专业建设产生重大影响。高等教育普及化发展的核心问题是质量保障，正如联合国教科文组织指出的："在当代高等教育发展中，质量保障无疑起着至关重要的作用，质量的实现既要求建立各种质量保障体系，形成多种评价模式，同时更需要在机构内部形成一种质量文化。"因此，将专业认证作为我国体育专业教育质量的保障措施，必将有效促进我国体育专业教育质量的提升。

表6-2　2018年我国高等教育体量规模

高校数量		本科专业			本科规模			专科规模	
本科	高职	专业类	专业	专业点	在校生	招生	毕业生	在校生	招生
1245所	1418所	92个	669个	58477个	1697.3万	422.2万	386.8万	1133.7万	368.83万

此外，从体育专业教育发展历程来看，我国高等体育本科专业类别持续增加、规模不断扩大。1954年11月，我国颁布了《高等学校专业分类设置（草案）》，将高校的专业按其对应的行业部门，分为11个大类和40个小类，体育部门是其中一个大类，其二级分类为体育和运动类，这种分类方法虽然有利于各行各业人才的培养，但是割裂了专业之间的学科基础。1963年，国家开始

对其进行修改，于当年颁布了《高等学校通用专业目录》，该目录分为通用专业和试办专业两种，其中，体育通用专业有：体育、田径运动、体操、球类运动、游泳、冰上运动、武术；试办专业为运动保健。1963年制定的体育专业目录在适应国家经济、社会、体育事业发展的需要方面表现出了很大的不适应性。因此，20世纪80年代以后，我国先后制定和颁布了3个版本的学科专业目录（表6-3）。至1998年，我国体育学类已经形成了以体育教育、运动训练、社会体育、运动人体科学和民族传统体育学5个专业为基础的本科专业模式，这为我国今后体育专业的设置奠定了基础。

表6-3　1988—1998年全国普通高等学校体育本科专业目录

1988	1993	1998
体育教育	体育教育	体育教育
运动训练	运动训练K	运动训练K
体育管理	体育管理	社会体育
体育生物科学	体育生物科学K	运动人体科学K
武术	武术K	民族传统体育K
体育保健康复S	体育保健康复K	
警察体育S	警察体育	
运动心理S	体育新闻K	
体育新闻S		

注：S为试办专业，K为控制专业。

进入21世纪，随着高等教育大众化的深入发展，社会环境不断变化、知识结构不断整合，这极大地影响了体育专业教育的发展。在5个体育学本科专业的基础上，根据社会人才需求我国先后增设了运动康复和休闲体育两个特设专业。面临着中国老龄化社会的到来，国家投入建设了大量的医疗康复机构，急需大批康复专业人才，因此，2004年我国新设了运动康复与健康本科专业。

经济的发展给人们提供了休闲的物质基础，自身需求的增长为人们的休闲提供了内在动力，休闲已经成为时代发展的需求，为了培养休闲方面的专业人才，我国于2006年在广州体育学院和武汉体育学院增设了休闲体育本科专业（表6-4）。

表6-4　2003—2014年体育学类专业布点情况

专业	2003	2004	2006	2008	2010	2012	2014
体育教育	195	248	273	287	303	314	318
运动训练	53	60	70	81	83	88	92
社会体育	106	143	188	219	246	269	275
运动人体科学	22	25	27	28	28	28	29
民族传统体育	33	34	40	43	46	46	50
运动康复与健康		3	9	13	14	26	42
休闲体育			2	7	10	34	47

2012年，教育部颁发了《普通高等学校本科专业目录》，该目录新设了艺术学门类，专业类由原来的73个增加至92个。这次专业目录的修订具有以下特点：第一，扩大了高校的专业设置权，规定高校可自主设置目录内除国家布点的所有专业，无须再审批，国家只对布点专业和尚未列入专业目录的新专业进行审批。如2017年开设了冰雪运动和体能训练两个体育类专业，2018年又相继增设了电子竞技运动与管理、体育旅游和智能体育工程3个专业。第二，形成专业动态调整机制，在扩大高校专业设置权的同时，针对办学条件严重不足、教学质量低下、就业率过低的专业建立了退出机制，形成专业动态调整，确保专业建设质量。2016—2018年这三年每年都有个别专业被撤销，如2017年撤销了5个体育类专业，2018年撤销了4个。但总体来看，我国体育学类本科专业布点总数呈现持续增长的趋势，截至2018年年底，我国已设有967个体育学类本科专业（表6-5）。

表6-5　2014—2018年体育学类专业布点情况

专业	2014	2016	2017	2018
体育教育	318	322	329	337
运动训练	92	92	96	99
社会体育指导与管理	275	279	287	292
运动人体科学	29	29	28	27
民族传统体育	50	51	52	54
运动康复与健康	42	49	60	67
休闲体育	47	54	68	78
冰雪体育			1	3
体能训练			1	6
电子竞技运动与管理				2
体育旅游				1
智能体育工程				1
总布点数	853	876	922	967

资料来源：2016—2018年度普通高等学校本科专业备案和审批结果。

随着我国体育学类本科专业类别的增加，招生规模和体量也不断增加，我们不能再用精英教育的标准来规范现阶段专业教育的质量。专业认证作为国外体育专业教育质量保障的有效手段，已经被越来越多的国家所采用。在此背景下，我国体育学类本科专业也有必要实施专业认证制度，通过认证保障专业教育质量。

（二）高等教育评估改革的需求

2012年，教育部颁布《关于全面提高高等教育质量的若干意见》（以下简称《意见》），《意见》明确指出："建立以高校自我评估为的基础，以教学基本状态数据常态监测、院校评估、专业认证及评估、国际评估为主要内容，政府、学校、专门机构和社会多元评价相结合的教学评估制度[154]。"《意见》是我国开展高等教育质量保障的行动指南,其中明确把专业认证作为我国高等教育质量保障的方式之一。

2017年10月,教育部颁发了《普通高等学校师范类专业认证实施办法(暂行)》,开始了师范类专业认证的试点和数据采集工作。师范类专业认证是我国继工程类认证和医学类认证之后的第三大专业类认证,我国体育教育专业作为师范类专业之一,同步参与师范类专业认证工作。2018年,教育部工作要点指出:高起点、高标准、高水平地开展本科专业认证,推动实现教育质量评价的国际实质等效。由此可以看出,教育部把本科专业认证作为2018年工作的重点任务之一。在实施专业认证的基础上,为加快建设高水平本科教育,全面提高人才培养能力,2018年10月17日,教育部印发《教育部关于加快建设高水平本科教育全面提高人才培养能力的意见》等文件,决定实施"六卓越一拔尖"计划2.0,即卓越工程师教育培养计划、卓越医生教育培养计划、卓越农林人才教育培养计划、卓越法治人才教育培养计划、卓越新闻传播人才教育培养计划和卓越教师培养计划(图6-1)。

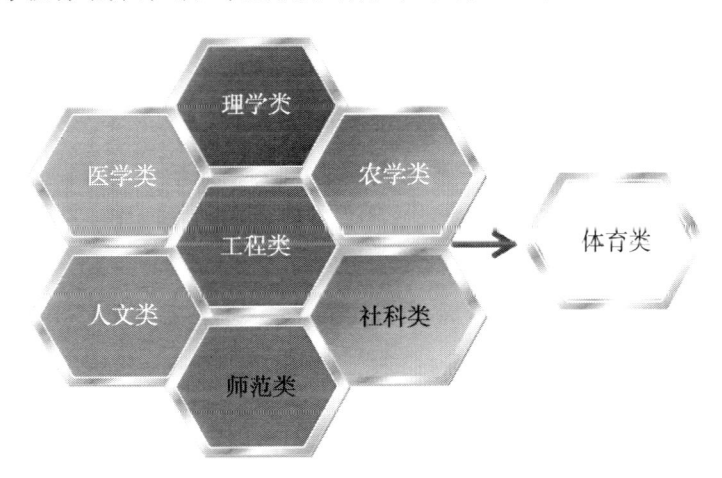

图6-1 我国卓越人才分类培养示意图

体育学类本科专业作为我国92个专业类之一，担负着培养体育专业人才的重任。在《"健康中国2030"规划纲要》实施之际、在体育产业繁荣发展的大背景下，确保培养大批高素质体育专业人才是现阶段我国体育事业发展的客观要求，是我国高等体育专业教育的职责所在，也是我国卓越人才培养的重要组成部分，而专业认证可以从专业层面保障我国体育卓越人才的培养质量。

此外，从我国高等教育人才培养质量保障的历程来看，2003年，教育部启动了普通高等学校本科教学工作水平评估，并从2003年下半年开始，用5年左右的时间，对全国所有高校进行了一次全面评估，形成了5年一轮的评估制度。2004年，国家成立了"教育部高等教育教学评估中心"，该中心的成立标志着我国高校教学评估有了组织上和制度上的保障，也标志着我国体育专业教育质量保障进入了逐步完善的发展阶段。从2003年到2008年，总共有589所普通高等学校接受了水平评估。2009年3月6日，教育部决定改革水平评估方案，新的评估方案分为两种模式，即合格评估和审核评估。2011年，教育部下发了《关于普通高等学校本科教学评估工作的意见》教高〔2011〕9号（以下简称《意见》），对新一轮评估做了全面规定，关于评估内容和形式，做了以下五条规定。第一，高校要建立本科教学基本状态数据库，在一定时间内及时更新并向社会发布。第二，高校要建立本科教学自我评估制度。第三，实施分类院校评估，即合格评估和审核评估。第四，开展专业认证及评估。第五，研究国际评估制度，鼓励高校开展本校学科专业的国际评估。《意见》的颁布标志着我国高等学校"五位一体"评估制度的正式确立。

专业认证是我国"五位一体"高等学校评估制度的重要形式，从质量保障层级来看，专业认证处于院校评估和课程评估的中间层次（图6-2）。三种人才培养质量保障方式各有特色和侧重，院校评估更多的是从学校宏观层面保障高等教育质量，主要涉及学校领导、教务处、学生处及科研处等职能部门；课程评估则是对具体课程微观层面的评估，仅涉及到任课老师和学生；而专业认证则是从中观层面的院系出发，针对具体专业，主要涉及学院领导、专业负责人、专业师资和学生。由于我国高等教育人才培养是以专业为基本单位，从这个角度来说，专业认证更契合我国高等教育人才培养的实际情况。

图6-2　我国高等教育质量保障层级示意图

二、我国体育专业认证制度构建的意义

目前，我国高校已经开展了工程类专业和师范类专业的认证工作，体育学类本科专业是我国高等教育的重要组成部分，在提升高等教育本科教学质量的背景下，专业认证必将成为未来我国体育学类本科专业教育质量保障的重要形式。因此，研究体育专业认证制度的构建具有重要的理论和现实意义。

（一）有利于推动体育专业的国际化发展

自1918年开始，美国正式在法律教育、工程教育、药学教育等领域建立了专业认证，到20世纪50年代末，几乎在所有专业领域都建立了类似的专业认证制度。当前,世界各国专业认证发展迅速,如美国的认证机构维持在45个左右,英国有100多个团体参与类似工作,加拿大有20多个专业认证机构,澳大利亚的专业认证处于蓬勃发展状态,墨西哥自1994年就开始了各类专业的认证工作等[155]。在体育专业教育领域,美国、加拿大、澳大利亚和英国等国家有专门的体育专业教育认证机构和标准体系,而部分国家的体育教育专业则与其他专业一起采用通用性标准进行专业认证。世界范围内蓬勃发展的专业认证事业,除了规范本国的专业建设之外,还提高了人才培养的国际认可度,增强了人才培养的"国际话语权",尤其是在工程教育、医学等专业领域非常明显。通过了符合国际规范认证体系的专业,可以在国际范围内促进相互之间的交流和认可,进入高级人才培养的主阵地。如中国注册结构工程师管理委员会与英国结构工程师学会曾签署过结构工程师职业能力考试互认协议,持有经过认证的土木工程专业学士学位的毕业生申请中国注册结构工程师或英国注册结构工程师学会正式会员时,拥有同等地位。

在体育专业教育领域,世界各国的体育专业教育和体育专业人才基本处于隔绝状态,我国体育专业教育培养的体育类人才,几乎不可能到国外从事体育类职业,这与中国长期以来体育专业建设和体育人才培养无法与国际接轨有一定关系。因此,开展体育专业认证,将客观公正的认证标准和程序面向全世界公开,有助于获得世界体育专业教育界的认可,有利于在国际舞台上讲好中国体育专业建设和人才培养的"中国故事"。具体体现在以下三个方面:一是建立与国际接轨和对标的体育专业认证制度体系,使我国体育专业的建设能够站在国际高度,为国际高等体育专业建设提供"中国经验",从过去专业建设的"跟跑"走向"领跑",这将是我国高等体育专业教育发展"文化自觉、文化自信"的典型体现,为不同国家或地区之间本科学位与培养的体育专业人才的国际互认奠定了基础；二是能够大力提升体育专业教育的国际化水平，建立具有国际水准的体育专业培养目标、毕业要求、课程教学、师资队伍、合作实践等培养体系，实现与国际体育专业建设的同等对话；三是为中国打造一批世界一流专业提供了可能性。在国家"双一流"建设的背景下，2018年8月印发了《关于高等学校加快"双一流"建设的指导意见》，意见明确指出，要加快培育一批"国内前列、有一定国际影响力的学科"，而一流学科的建设必须要以一流专业为基础。因此，2019年4月，教育部办公厅印发的《关于实施一流本科专业建设"双万计划"的通知》进一步明确了一流专业建设的要求。"一流专业"的建设是各个高校关注的焦点，部分高校也将建设一流的体育专业作为突破点。但如何实现"一流"对标与推进，需要有合适的载体，而专业认证则是推动"一流专业"建设的有效杠杆。在建设和认定一流体育专业时，应该要将是否通过专业认证作为最低标准，即国家级一流体育本科专业要通过三级认证，省级一流本科专业至少要通过二级认证，这样，专业认证的杠杆作用就得到了有效发挥。

（二）有利于构建多层次质量保障体系

在高等教育大众化、多样化、国际化的背景下，众多国家都面临着提升高等教育质量的议题。许多国家的高等教育质量保障都是通过国家层面的质量保障机制得以实现，政府出台系列措施评估高等教育质量，并制定质量监控指标体系。例如，芬兰的职前教师教育质量保障就由其教育部和高等教育议会负责，构建了内部与外部相结合的质量评估机制，形成了教师教育质量保障体系[156]。随着国务院颁布《统筹推进世界一流大学和一流学科建设总体方案》，我国急需全面提高高等教育质量，不断完善与之相适应的高等教育质量保障体系。实际上，我国从20世纪90年代开始实施了4次本科教学评估活动，即合格评估、优秀评估、随机评估和水平评估,确立了周期性的评估制度。但由于本科教学评估存在公众参与度低、评估对象未全面覆盖、评估技术不完善、评估标准缺乏多样性等问题,教育部又建立了与中国现代高等教育制度相适应的以"自我评估、院校评估、专业认证及评估、国际评估和教学基本状态数据常态监测"等为主要内容的"五位一体"高等教育评估制度。从我国高等教育评估制度的历史变迁来看,专业认证是高等教育质量保障的趋势与新途径,这种"五位一体"的专业认证面向"特定的专业",是对专业办学水平的评估。

目前,我国体育教育专业参与整个师范类专业认证,师范类专业认证作为国家建立的教师教育质量保障体系,其指导思想是"构建中国特色、世界水平的教师教育质量监测认证体系,分级分类开展师范类专业认证"。基于该思想,师范类专业认证包括三个级别:第一级定位于师范类专业办学基本要求监测,第二级定位于师范类专业教学质量合格标准认证,第三级定位于师范类专业教学质量卓越标准认证(图6-3)。

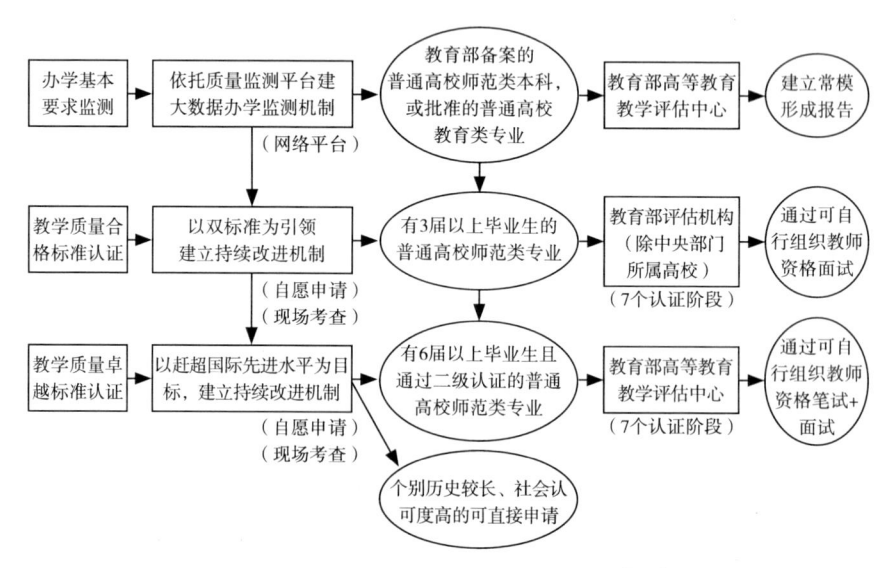

图6-3 我国师范类专业三级认证程序[157]

全国所有开设体育教育专业的高校都必须参与第一级认证，这是国家保证体育教育专业建设基础水平的最基本要求。第二级和第三级认证采取自愿原则，其中第二级认证旨在保证体育教育专业的教学质量达到国家合格标准，第三级认证以赶超体育教师教育国际先进水平为目标，以评促强，追求卓越，打造一流的体育教师教育质量标杆。这种专业认证，既彰显了体育教育专业认证的过程性和发展性，又体现了质量保障体系之间不同阶段的相互衔接，是一个完整的系统。此外，教育部高等教育司于2018年3月颁布了《普通高等学校体育学类本科专业教学质量国家标准》对7个体育学本科专业从培养目标与规格、学制、学分与学位、课程体系及说明、专业师资、教学条件、质量管理等方面提出了规范性的质量要求。虽然该要求与专业认证有所不同，但却为推动各体育专业规范化和标准化建设以符合专业认证的要求奠定了基础，加速推进了在国家层面形成完整的体育专业质量保障体系。

（三）有利于高校合理调配资源

自1999年中国高等院校扩招以来，很多大学追求学科建设的全面性，通过院校合并、申请开设新专业等方式成为综合性大学。高等体育专业也跟随扩招经历了超速发展的过程，之所以导致专业数量急剧增加，一方面是大量地方专科学校升格为本科院校，开始增设体育类本科专业，部分学校招生数量每年达200～300人；另一方面，一些原来只有公共体育的高校也纷纷开展体育专业教育。在这样的背景下，体育类专业数量急剧增多，体育学类专业招生规模也随之增加，但部分高校可能并不完全具备培养体育专业人才的经验和各种资源，导致部分体育专业建设质量低下。据麦可思数据有限公司2017年发布的《中国大学生就业报告》显示，体育教育专业位列就业"红牌"专业的第六位，部分体育教育专业学生将可能面临毕业即失业的情形。

实际上，从中国高等教育发展轨迹来看，我国的高等教育已经从"精英教育"转向了"大众教育"，实现了建设高等教育大国的梦想，但数量的增加并不意味着质量的提升，推进高等教育强国建设成为当前我国高等教育发展的新诉求。高等教育强国建设要求体现在理念、制度、结构等多方面，但核心仍然是教育质量的提升，那么就必须要从"追求数量的高等教育"向"追求质量的高等教育"转变。高等教育是一个庞大的体系，其发展的载体在于大学专业的建设，在过去，高校层面只管增设新专业，很少主动停招那些培养质量较低的本科专业，这在追求快速发展和盲目建设综合性大学的地方本科院校尤为明显。虽然我国近几年开始启动专业建设淘汰机制，但目前主要针对硕士、博士学位点进行动态调整，在本科专业建设层面未形成完整的机制。在这样的背景下，通过开展体育本科专业认证，可以为高校提供科学权威的决策信息，帮助各高校清晰地监控该校体育专业的建设质量，了解本校体育专业在全国的地位，知晓专业建设的优势和短板，评估专业建设的潜在优势和发展前景。这有助于高校在政策、经费、人力、物力等方面进行合理调配，避免全面撒网式地将有限的高等教育资源平均投向所有专业。根据认证结果，可以停办一部分教育质量较低的体育类专业，而对于那些高质量的体育类专业，可以通过精品建设的方式，集中资源进行精心建设，打造成本校本科专业建设的"王牌"，凸显学校专业建设的特色，更好地服务于人才培养。总之，通过专业认证对体育专业建设形成的动态监控，是推进专业建设规范化、标准化与质量化的有效措施。

（四）有利于提高专业人才培养质量

专业认证是一种外部评价方式，但教育质量的提升更加强调专业内部保障机制，如果专业自身不从内涵建设上下足功夫，挖掘专业自身潜力，强化内生动力，即使再完善，系统的外部评价所起的作用也有限，甚至还会产生反作用。从教育部的文件来看，专业认证非常强调"举证"问题，即任何认证材料都需要有证据证明。实际上，专业建设如果规范有序，准备充分，在专业认证过程中并不麻烦，只需要花时间将已形成的材料按规定整理即可。但很多专业在建设过程中，由于长期以来针对特定专业评价的缺失，存在专业建设不规范情况，而这些现象又很容易被掩盖和忽视。如是否建立了多方位的实习基地、是否配备了足够数量的高水平师资和设施器材等。因此，从专业自身发展的角度来讲，参与专业认证的过程是极佳的提升专业建设规范性和声誉，并最终提高人才培养质量的过程。

体育类专业通过参与专业认证，将会获得巨大的收益，主要体现在3个方面：（1）有助于提高体育专业建设的规范性。我国过去在高等教育领域的评估认证主要针对院校层面，对专业本身并未提出具体的要求。即使颁布了《普通高等学校体育教育本科专业各类主干课程教学指导纲要》，但主要针对专业的课程设置，并未涵盖专业建设的其他方面，这在很大程度上导致各个大学在体育专业建设方面差别较大。而专业认证可以从培养目标、毕业要求、课程与教学、合作与实践、师资队伍、支持条件、质量保障、学生发展等方面对专业建设提出详细的要求，这有助于高校体育专业对照认证标准进行有的放矢的建设，从而提升专业建设的规范化程度。（2）提升体育专业的声誉。通过认证的高校体育专业可以获得业内的认可，提升专业建设的科学化水平，提高专业的社会知名度与美誉度，增强专业自我发展能力，尤其是在生源扩充与质量提升、调整专业建设方向、聚合专业发展实力等方面获得利益。（3）增强体育专业获取资源的能力。众所周知，各高校在专业建设方面的投入力度并不均衡，优势专业投入资源较多，而边缘性专业则往往意味着较少的资源投入，尤其是在"双一流"建设背景下,部分高校已开始撤销、合并部分学科,通过加大优势专业的投入,突出和强化"一流学科",从而向国家争取更多资源。长期以来,体育学科在绝大部分高校都处于边缘位置,一般很难得到足够的支持,获得的资源相对较少。通过认证的专业可向学校表达发展诉求,有助于专业向大学争取利益与资源,从而获得更多支持,弥补通过专业认证发现的不足和劣势,推动体育教育专业实现跨越式发展,提升专业生存能力和综合竞争力,培养更多符合社会需求的高质量人才,最终形成良性的循环发展机制。

三、我国体育专业认证制度构建途径

我国体育专业认证制度的构建不能简单照搬国外的模式,而必须立足于我国国情和体育专业教育及评估状况,在借鉴国外体育专业认证制度实施经验的基础上,构建具有中国特色的体育专业认证制度。

(一)完善专业认证制度的法律规范

完善的法规保障是美国体育专业认证制度顺利实施的法宝之一。通过制定相关法律法规,可以从根本上保障专业认证制度的持续性发展。戴维·菲尼指出,制度快速供给的最好方式是发挥政府优势[158],即开展以政府为主导的强制性制度变迁,同时,为了避免陷入路径依赖困境,政府应"自上而下"建立与体育学类本科专业认证相关的政策法规制度。近些年来,我国陆续出台了一些教育评估改革方面的法律和行政法规,如1985年,《中共中央关于教育体制改革的决定》首次提出"加强对高等教育的宏观指导和管理";1990年10月31日,我国颁布了第一部关于高等教育评估的行政法规文件《普通高等学校教育评估暂行规定》;

2001年8月28日，教育部颁布了《关于加强高等学校本科教学工作提高教学质量的若干意见》；2004年8月，教育部颁发了《普通高等学校本科教学工作水平评估方案（试行）》；2010年，国务院颁布的《国家中长期教育改革与发展规划纲要（2010—2020年）》中明确提出"实行分类管理和分类评估"；2011年，教育部下发了《关于普通高等学校本科教学评估工作的意见》，对新一轮评估的内容和形式做了规定；2017年，教育部颁布了《普通高等学校师范类专业认证实施办法（暂行）》，开始了师范类专业认证试点和数据采集工作。

从性质上来看，以上已颁布的国家文件基本都属于行政法规，较少涉及法律层面；从内容上来看，这些文件主要涉及高等教育评估管理方面。由此可见，我们目前还缺乏专业认证制度的专门性法规，这就使得我们专业认证制度的实施缺乏法律依据，处于无法可依、无章可循的尴尬状况。基于此，我国政府应尽快制定并出台与专业认证制度相关的法律法规和管理制度，使我国的体育专业认证制度在国家法律和有关政策规范指导下正常开展。从法律条文和内容上来看，涉及的法律应包括：（1）对体育专业认证机构性质、宗旨、作用的规定，体育专业认证法律责任、认证人员资质的规定等；（2）对认证机构进行认可的规定，监督认证机构的认证活动，提高认证机构认证工作的科学性、公平性、客观性和系统性；（3）对体育专业认证所需人力、财力、物力的规定，确保认证评估活动顺利开展。通过体育专业认证机构建设、运行机制、物质保障等方面的法律法规建设，明确专业认证在体育专业教育质量保障中的地位，确保专业认证机构在明确的法律框架内开展工作，为体育专业认证制度的实施搭建良好的法律平台。基于此，可考虑出台《体育学类本科专业认证总体方案》《体育学类本科专业一流课程建设指导意见》《体育学类本科专业认证机构资质建设指导意见》等法律法规。同时，为了防止体育专业认证所带来的制度创新与原有利益集团所产生的冲突，应该建立科学客观的监督机制，并明确显性的量化监督指标，确保认证工作顺利进行，认证结果客观、公正、有效。

（二）制定激励政策，激发高校认证参与的积极性

专业认证制度有效实施的前提是专业认证利益相关群体的共治，而如何调动利益相关者的认证参与积极性，就成为我国体育专业认证有效实施的前提条件。在我国现有的高等教育治理体系下，社会公众对专业认证制度的认识有限，因此，政府应该充当认证制度实施的引导者，通过相应的激励机制来激发各利益相关者对专业认证制度的认知和参与，从根本上保障体育专业认证制度的实施。

具体来说，可将体育专业认证结果与政府给高校的拨款相挂钩，以此调动体育专业院系认证参与的积极性。通过实施专业认证制度，政府可根据认证评价结果对体育专业院系进行不同等级的拨款和相应政策的扶持，实现政府对体育专业院系的部分拨款与教育质量、办学效益挂钩，督促高等体育院系不断提高教育质量，扩大高校对体育专业院系的经费投入力度，优化高等体育院系的教育资源配置。而对于未通过认证的体育专业院系则进行相应招生、拨款限制。这样一来，不仅有效地调动了各高校参与专业认证制度的积极性，还有利于政府对有限教育资金的分配和优化及对高等教育机构的管理。同时，政府部门应建立体育专业认证制度的公开、公告制度，促进体育专业认证信息的及时披露，扩大体育专业认证信息的社会使用价值，使认证高校和认证机构接受社会的广泛监督。

此外，将专业认证与专业的动态调整结合起来。如前所述，我国部分体育专业多次被列为就业"红牌警告"专业，这与部分专业人才培养的质量较低有关。因此，有研究提出应健全与完善

体育专业教育准入与退出机制,实行淘汰制度,从而减少或杜绝"随意产能"和"低质量产能"[159]。体育专业认证为我国开展体育专业动态调整提供了科学有效的依据,对于认证结论为"通过"的专业,各校在教师招聘、经费投入、场馆设施建设、招生数量等方面要给予大力支持,为进一步打造精品、建设国家或省级一流专业做好铺垫;对于认证结论为"有条件通过"的专业,高校应该根据认证意见仔细分析该专业建设的短板,对标认证标准的多个维度进行重点投入;对于认证结论为"不通过"的专业,所在高校要认真分析并建立整改机制,通过亮牌警告、限制投入、约谈专业负责人、减少招生数量等方式予以改进。如果经评估表明该专业的确缺乏发展前景,应果断予以停招。

(三)成立"政社"结合的认证机构,确保认证制度的权威性

在我国体育专业认证制度实施的过程中,建立一个具有专业性质、符合国情要求、能够担负教育质量保障和改进任务的专业认证机构是关键。鉴于我国体育专业认证尚未起步,应建立一个具有"政社"结合、半官方特征的专业认证机构。纵观美国体育专业认证制度的实施经验,体育专业认证都是由专业协会来具体负责,如教师培养认证委员会、教练教育国家认证委员会、体育管理认证委员会、运动科学认证委员会。这些专业认证机构以行业为背景、以行业专家为核心,如教练教育国家认证委员会由董事会、评审员、协调员和审查小组构成,董事会由6~9人组成,其中大学校长3人,执行董事1人,成员3~6人;评审员从教练教育国家认证委员会会员中招募,需要经过专业培训并获得相应资格;协调员由教练教育国家认证委员会的董事会任命;审查小组由3名评审员组成。这种非官方、非营利性的专业评估机构是美国实现体育专业认证制度的关键,它具有独立性、公正性和权威性。

鉴于此，我国体育专业认证机构必须建立在专业协会基础之上，普通高等学校体育教学指导委员会（简称"教指委"）长期以来在我国体育教育专业质量保障中起到了重要作用，如参与了2003年《全国普通高等学校体育教育本科专业课程方案》[160]和2018年《体育学类本科专业教学质量国家标准》等文件的制定。"教指委"汇集了我国体育学界众多专家、学者，他们具有丰富的教学和领导工作经验，对体育教育专业发展动态具有深刻认知，因此，我国可以成立以"教指委"为主体的体育专业认证机构。此外，中国体育科学学会学校体育分会、中国高等教育学会体育专业委员会等组织都可参与体育专业认证工作，并与教育评估机构在认证专家构成、实地考察、组织协调、标准修订和数据分享等方面相互合作。

同时，我们也应该认识到，我国高等教育管理体制及教育评估体系有自身特点，这就决定了由专业协会独立承担专业认证是不现实的，在其具体实施中必然会遇到重重困难，如其合法地位受到人们怀疑、认证结果的可信度和市场接受度较低、资金来源有限等，由此导致其认证效率低下。因此，结合我国国情，我们应该在政府的引导下联合专业学会，建立以行业为依托、以同行专家为主体的半官方专业认证机构。通过政府的参与和支持，有利保证体育专业认证实施的权威性和独立性。如教育部评估中心和省级教育评估院在师范类、工程类专业认证中发挥了重要作用，我国体育专业认证机构可在教育部评估中心宏观监控之下，各省教育评估院、"教指委"共同参与，形成"政社"结合的体育专业认证机构。

（四）分类制定体育专业认证标准

认证标准是体育专业认证制度的核心，为了实现我国体育专业认证制度的国际化发展，在体育专业认证制度建构过程中，需

第六章 美国体育专业认证制度的借鉴与启示

要首先制定专业认证标准。从标准的制定过程来说，体育专业标准的制定既要考虑国家教育行政部门对高等体育专业教育的宏观管理，又要反映社会对体育专业人才的多样化需求，广泛吸取体育院校、体育行业部门和用人单位的意见和建议，通过各利益相关群体的沟通和协调，制定出满足各方共同需求的体育专业认证标准。

从专业标准的制定理念来说，当前我国高等教育评估标准更多强调教育投入、资源和教育过程，即物质设备、师资和经费等基本条件，对于教育过程产生的结果却处于忽略的状态。对于体育专业教育而言，教育投入固然重要，但体育专业人才的培养是否能够得到社会认同才是根本。因此，应该基于教育结果产出制定体育专业认证标准的具体指标，如重视毕业学生所获得的各种能力、毕业学生所掌握的基本知识、技术，就业率、职业资格考试通过率、用人单位对学生的认同度等。

从专业标准的内容结构来说，美国体育专业认证标准总体上包括3个部分，即教育机构标准、职业标准和课程标准。如美国体育教师教育专业标准包括教育机构标准和体育教师标准，教练教育专业标准包括机构标准和教练员标准，运动科学专业标准包括教育机构标准和课程标准。由此，我国体育专业认证标准的结构也应该包括3个部分，2018年3月，我国已经颁布了《普通高等学校体育学类本科专业教学质量国家标准》，该标准是对体育学类本科专业的准入、评估标准，即体育专业教育机构标准；标准以"7+3"的形式给出了10门体育专业核心课程，在我国体育专业认证实施过程中，应该针对这10门课程制定详细的课程标准；此外，体育专业认证的最终目的是保障培养机构为社会培养所需的高质量专业人才，因此，职业标准也是专业认证标准的重要组成部分，并对体育专业认证起着引领作用。

(五)组建专业认证队伍,提高认证的社会声誉

专业认证能否促进教育质量的提高在很大程度上取决于认证人员的素质,因此,建立一支思想水平过硬、业务能力较高的专业认证评估专家队伍,是保障体育专业认证顺利实施的重要前提。从国外体育专业认证的经验可知,认证人员应具有以下两个特点,一是专职认证人员比较精干,如美国教师培养认证委员会的董事会下设认证理事会、咨询委员会和申诉委员会,每个委员会由5~7名成员组成,教练教育国家认证委员会的董事会由6~9名成员组成;二是认证人员由体育领域内的精干专家组成,这些专家一般都不是专职人员,他们具有丰富的体育专业教学和管理经验,或具有丰富的体育行业实践经验,如教练教育国家认证委员会的董事会成员包括3名大学校长、1名执行董事和3~6名评审员,评审员需要经过专业培训并获得相应资质,认证协调员由董事会任命,申诉小组由3名评审员组成。运动科学认证委员会要求实地考察小组设组长和副组长2人,其中,组长必须具有运动科学专业系主任的任职条件,必须是运动科学认证委员会的成员,且具有实地考察培训的经历;副组长必须参加过一次由运动科学认证委员会举办的实地考察培训,或曾担任组长助理一职,或具有实地考察的工作经历。

在我国体育专业认证队伍建设中应该突出专家参与的重要性,包括体育科学研究领域的专家、体育专业教育领域的教学专家、体育职业领域的管理实践专家等,通过设计相应的制度,确保专家能积极参与到体育专业认证活动。在体育专业认证评估队伍的组建过程中,可以参考国外模式成立执委会和委员会两个机构,执委会由教指委主任、副主任及秘书组成,根据体育学类本科专业数量成立7个委员会,执委会和委员会分工合作,共同参与

体育专业认证工作。另外，为了更好地参与国际合作，在认证队伍建设过程中，可以酌情考虑聘请国外专家作为我国体育专业认证队伍的成员，以加强国际合作，提高我国体育专业认证的国际认可。

（六）谨慎规划认证流程，保障认证制度的公平性

美国不同体育专业在认证实施过程中一般都制定一套可操作的、严格的认证流程，以此保障认证过程的严谨性和认证结果的可靠性。如美国教师培养认证委员会的认证过程包括认证资格申请、选择评估工具、职业资格认定、自我评估、实地考察、认证结果决定、年度报告7个步骤；运动科学专业认证包括认证申请、提交自评报告、实地考察、运动科学认证委员会的认证评审与建议、联合健康教育专业认证委员会董事会认证决议、持续质量审查6个阶段。从我国师范类专业认证流程来看，也分为申请与受理、专业自评、材料审核、现场考察、结论审议、结论审定、整改提高7个阶段。因此，借鉴国内外认证经验，我国体育专业流程也可采用以上7个阶段。

此外，为了保障我国体育专业认证结果的有效性，必须确保认证实施过程的公平性。首先，确保所有认证信息的公开性，高等院校人才培养的相关信息都必须向社会、学生、家长公布，只有在信息充分交流和掌握的情况下，认证过程和人才培养过程才能公平实施。其次，认证人员在实地调查过程中要遵守行为规范，避免考察成员与受评机构之间存在朋友关系、竞争关系、师生关系、亲戚关系和工作关系；避免考察人员在认证过程中接受礼物、酬金和服务等额外恩惠；避免个人价值观影响评审判断；避免介入培养机构内部冲突或紧张关系中；避免受到学术权威的影响；避免滥用职权；避免职务诱惑等。最后，为了保障认证申请机构的合法权利，应设立认证结果申诉机制。美国不同体育专

业认证结果公布后,认证机构会将认证结果及时告知培养机构,允许培养机构对有异议的认证结果进行申诉。如美国体育教师机构可根据教师培养认证委员会的认证结果提出复议或申诉,教师培养认证委员会将成立专门的申诉委员会进行调查,并根据调查结果,由认证委员会全体成员以投票的形式对申诉结果进行裁决。申诉机制的成立可以有效保障认证申请机构的权益,同时也可以督促认证人员的规范操作,提高体育专业认证结果的公平性、权威性和有效性。

(七)建立专业认证与职业资格认证的衔接制度

美国体育专业认证制度的特点之一就是将专业认证与职业资格许可相挂钩,将是否通过体育专业认证作为该专业毕业生能否具备某一职业资格的先决条件。如美国教练教育国家认证委员会规定,只有通过该机构认证的教练员培养机构,其培养的教练员才有资格注册成为教练教育国家认证委员的会员,只有其会员才有资格申请教练员从业资格。这表明只有经过认证机构认可的体育院系才能为学生提供专业执业所需的专业知识和技能,使该院系毕业的学生能够达到最基本的从业要求,以此保障专业从业人员的基本素质。2015年10月出版的《中华人民共和国职业分类大典》汇集了30多种体育核心及辅助职业,体育职业类型的划分为体育专业人才的培养提供了重要依据,但是如何将体育专业与体育职业紧密结合起来,使高校能够根据社会需求有针对性地施教,保障体育毕业生的社会需求,是我国高等教育大众化背景下亟待解决的问题。

目前,我国师范类专业认证已经开始启动,体育教育专业同步参与师范类专业认证,通过二级认证的体育教育专业在教师资格证考试中将具有自主面试的权利,通过三级认证后高校将同时具有教师资格证理论考试和面试的权利,由此可见,师范类专业认证已经同职业资格考试相衔接。就体育专业认证情况而言,由于我国没有建立体育专业认证与体育职业认证的关联机制,导致大量非体育专业大学生自由进入体育系统就业,挤压体育专业大学生的就业市场,如国家体育总局近几年新进人员多半来自体育系统之外[161]。与此相反,其他就业领域却对体育专业毕业生的进入设置了层层壁垒,如医学界对运动康复专业的课程设置、人才培养目标认识不够深入,导致运动康复专业学生无法进入医学体系就业[162]。从这个角度来看,有必要构建体育专业认证与职业认证的衔接制度,确保体育专业与体育职业之间的有效互通,这也是提高我国体育专业人才社会地位和认可度的必要措施。

附录

美国体育专业主要认证机构中英文名称对照一览表

序号	中文名称	英文名称	英文简称
1	联邦教育部	The United States Department of Education	USDE
2	高等教育认证委员会	Council for Higher Education Accreditation	CHEA
3	运动学协会	American Kinesiology Association	AKA
4	体育运动国家协会	National Association for Sport and Physical Education	NASPE
5	学科专业目录	Classification of Instructional Programs	CIP
6	全美教师教育认证委员会	National Council for Accreditation of Teacher Education	NCATE
7	教师教育认证协会	Teacher Education Accreditation Council	TEAC
8	教师培养认证委员会	The Council for Accreditation of Education Preparation	CAEP
9	国家专业教学标准委员会	The National Board for Professional Teaching Standards	NBPTS
10	州际新教师评估支持联合会	Interstate New Teacher Assessment and Support Consortium	INTASC
11	健康与体育教育协会	Society of Health and Physical Education	SHAPE
12	教练教育国家认证委员会	National Council for Accreditation of Coaching Education	NCACE
13	体育教练员国家标准	National Standards for Sport Coaches	NSSC
14	北美体育管理协会	North American Society for Sport Management	NASSM
15	体育管理认证委员会	Commission on Sport Management Accreditation	COSMA
16	运动科学认证委员会	Committee on Accreditation for the Exercise Sciences	COAES

附录

(续表)

序号	中文名称	英文名称	英文简称
17	联合健康教育专业认证委员会	Commission on Accreditation of Allied Health Education Programs	CAAHEP
18	体育管理专业评审理事会	Sport Management Program Review Council	SMPRC

参考文献

[1] 赵志荣. 学科门类视域下我国高校体育专业的困境与出路[J]. 体育学刊, 2014, 21（6）: 92-95.

[2] 王伟明. 高校社会体育专业毕业生就业困境与思考[J]. 湖北体育科技, 2011（5）: 576-578.

[3] 教育部. 教育部公布就业率较低本科专业名单[EB/OL]. [2018-12-26]. http://learning.sohu.com/20141016/n405163648.shtml.

[4] 喻晶. 美国体育专业本科人才培养研究[D]. 北京：北京体育大学, 2014: 16.

[5] 律海涛, 金春光. 美国近代体育科学化先驱萨金特的体育思想及实践[J]. 成都体育学院学报, 2012, 38（8）: 15-18.

[6] Springfield College. We live our history every day[EB/OL]. [2019-12-28]. http://baike.haosou.com/doc/6237477-6450842.html.

[7] 张建华, 杨铁黎. 美国体育专业教育的发展和改革[J]. 体育与科学, 1998, 19（3）: 52-55.

[8] 张建华, 杨铁黎. 美国体育专业教育的历史沿革[J]. 体育文史, 1997（6）: 46-48.

[9] John, D Massengale, et al. Trends Toward the Future in Physical Eduaction[M]. Huma Kinetics Publisher, 1987: 13-19.

[10] 赵大超, 常璐艳. 中、美、英、澳高校体育专业与课程设置的对比分析[J]. 武汉体育学院学报, 2011, 45（8）: 75-80.

[11] Metzger, Walter. The Academic Profession in the United States.Form Clark, Burton [M] //The Academic Profession: National, Disciplinary and Institutional Settings. Berkley and Las angles and London: University of California Press, 1994: 131-132.

[12] NCES. Classification of instructional programs-2020 [EB/OL]. [2020-02-15]. https://nces.ed.gov/ipeds/cipcode/browse.aspx? y=55.

[13] American Kinesiology Association. Careers in Kinesiology [EB/OL]. [2020-04-08]. http://www.american kinesiology.org/career-center.

[14] Tomas J. Templin, Bonnie Tjeerdsma Blankenship. Accreditation in Kinesiology: The Process, Criticism and Controversy, and the Future [J]. Quest, 2007, 59: 143-153.

[15] Allington, R L Ignoring the policy makers to improve teacher education [J]. Journal of Teacher Education, 2005 (9): 199-204.

[16] Council for Higher Education Accreditation. Presidential perspectives on accreditation: A report of the CHEA presidents project [EB/OL]. [2019-11-06]. http://chea.org/pdf/CHEA Monograph_Apr06.pdf.

[17] Zeichner, K. Reflections of a university-based teacher educator on the future of college-and university-based teacher education [J]. Journal of Teacher Education, 2006 (57): 326-340.

[18] Zeichner K. Reflections of a universtity-base teacher education on the future of college and univcrsity based teacher education [J]. Journal of Teacher Education, 2006 (5): 309-315.

[19] 董秀华. 试论"专业高等教育"——基于人才培养规格差异的视角 [J]. 复旦教育论坛, 2008, 36（2）: 38-41.

[20] Lenn, M. P. Accreditation, Certification, and Licensure [J]. New Direction for Higher Education, 1987, 57（1）: 49-52.

[21] 康芒斯. 制度经济学 [M]. 北京: 商务印书馆, 1997: 81.

[22] 周业安. 中国制度变迁的演化论解释 [J]. 经济研究, 2000: 5.

[23] 陈学飞. 美国高等教育发展史 [M]. 成都: 四川大学出版社, 1989: 122-123.

[24] Judith S. Eaton. An Overview of U.S. Accreditation [R]. Council for Higher Education Accreditation, 2009: 256.

[25] Paruicia M.O'Brien, SND. Accreditaiton: Assuring and Enhancing Quality [M]. San Francisco: California Spring, 2009: 69-77.

[26] Terry W. Hartle. Accreditation and the Federal Government: Can This Marriage Be Saved? [J]. Presidency FAll, 2011（8）: 56-62.

[27] 杨晓波, 费爱心. 美国高等教育质量保证机制探析 [J]. 黑龙江高教研究, 2008（5）: 169.

[28] Kenneth E. Young. Understanding Accreditation: Contemporary Perspectives on Issues and Practices in Evaluating Educational Quality [M]. San Francisco: Jossey-Bass Publishment, 1983: 241.

[29] Alma, Craft. Quality Assurance in Higher Education [M]. London: The Falmer press, 1992: 78-79.

[30] Gerald H. Gaither. Quality Assurance in Higher Education: an International Perspective [M]. San Francisco: Jossey-Bass Publishers, 1998: 125-128.

[31] Jose Cuetojr. Assessment in medical education [J]. Educaion for Health, 2006, 19 (2): 207-222.

[32] Don F. Westerheijden. Quality Assurance in Higher Education: Trends in Regulation, Translation and Transformation [M]. Berlin: springer, 2007: 329.

[33] Mohamed M, Ghoneim Sywelem. Higher Education Accreditation in View of International Contemporary Attitudes [J]. Contemporary Issues In Education Research, 2009, 25 (2): 41-54.

[34] Young K E. Prologue: The Changing Scope of Accreditation [M]//Young K E, Chambers. Understanding Accreditation: Contemporary Perspectives on Issues and Practices in Evaluating Educational Quality. San Francisco: Jossey-Bass Publishers, 1983: 49-52.

[35] Leon, MP. The Globalization of Higher Education and the Professions: the Bridge Role of Accreditation, Qualification Assessment and Registration for Professional Engineers and Quality Assurance in Higher Education [R]. Oxford: Kluwer Academic Publishers, 1994: 156.

[36] Sandra Myers. School Accreditation [M]. Ipswich: EBSCO Publishing Inc. 2008: 21.

[37] Gora, Tim. CHEA Fights Back Against Degree Mills [J]. University Business, 2007, 10 (5): 16.

[38] Shin J, Milton S. The effects of performance budgeting and funding programs on graduation rate in public four-year colleges and universities [J]. Education Policy Analysis Archives, 2004, 22 (12): 231-237.

[39] Frank B. Murray. An Accreditation Dilemma: The Tension Between Program Accountability and Program Improvement in Programmatic Accreditation [J]. New Directions for Higher Education, 2009 (1): 145.

[40] Department of Education. Accreditation in the United States [EB/OL]. [2020-08-08]. http://www.ed.gov/admins/finaid/accred/accreditation_pg2.html.

[41] Harold L. Berrid. Standards for Institutional Accrediting [J]. Journal of the American Association for Health, Physical Education, and Recreation, 1950, 21 (2): 65-68.

[42] Susan G. Zieff. NASPE Sets the 35 Years of National Leadership in Sport and Physical Education [J]. Journal of Physical Education, Recreation & Dance, 2009, 80 (8): 46-49.

[43] Karren Simaa, Richard Tinningb. The social tasks of learning to become a physical education teacher: considering the HPE subject department as a community of practice [J]. Sport, Education and Society, 2008, 13 (3): 285-300.

[44] Nancy P. Gallavan, Porter L. Cultural Diversity and the NCATE Standards: A Story in Process [J]. Multicultural Perspectives, 2001, 3 (2): 13-18.

[45] Fiona Dowling. Physical education teacher education' professional identities, continuing professional development and the issue of gender equality [J]. Physical Education and Sport Pedagogy, 2006, 11 (3): 247-263.

[46] Shane G. Frehlic. Accreditation in Athletic Training and Exercise Science: Beauty or the Beast [J]. AAHPERD, 2007, 18 (2): 5-9.

[47] Jo Williams, Colleen Colles. Specialized Accreditation of Sport Management Programs: Perspectives of Faculty and Administrators [J]. Sport Management Education Journal, 2009, 3 (1): 26-46.

[48] Ronald B. Head, Michael S. Accreditation and Its Influence on Institutional Effectiveness [J]. New Directions for Community Colleges, 2011, 153 (1): 125-136.

[49] Curt Laird, Dennis A. Johnson & Heather Alderman. Aligning Assessments for COSMA Accreditation [J]. Journal of Physical Education, Recreation & Dance, 2015, 86 (8): 27-33.

[50] 孙进. 德国高等教育认证——机构、程序与标准 [J]. 高等教育研究, 2013, 34 (12): 88-92.

[51] 熊耕. 美国高等教育认证制度的特点分析 [J]. 比较教育研究, 2002 (9): 8-12.

[52] 熊耕. 简析美国高等教育认证的民间性 [J]. 高校教育管理, 2008, 2 (1): 12-16.

[53] 熊耕. 美国高等教育认证制度的起源及其形成动力分析 [J]. 外国教育研究, 2004, 31 (6): 61-64.

[54] 唐艳. 荷兰的高等教育认证体系 [J]. 中国高等教育, 2015 (11): 61-63.

[55] 卢晶. 专业认证制度的治理模式研究 [D]. 天津：天津大学, 2008: 69.

[56] 汪雁. 试析中国高等教育评估中介机构的构建——借鉴美英法三国评估经验, 构建我国高等教育评估中介机构 [D]. 南京：东南大学, 2005: 3.

[57] 袁丽. 中美高等教育认证相关问题的比较研究 [J]. 高教发展与评估, 2007, 23 (4): 91-95.

[58] 张瑞林. 关于制定《体育学类本科专业类教学质量国家标准》的思考 [J]. 吉林体育学院学报, 2014 (6): 1-5.

[59] 凌晨. 专业认证——我国体育教育专业人才培养质量保障的新举措 [J]. 武汉体育学院学报, 2017, 51 (1): 77-81.

[60] 尹志华, 汪晓赞, 覃立. 体育教育专业认证: 重大意义、面临问题与推进策略 [J]. 体育科学, 2020, 40 (3): 1-9.

[61] 洪明. 美国教师质量保障体系历史演进研究 [M]. 北京: 北京师范大学出版社, 2010 (7): 24-25.

[62] 王保华. 国际教师教育机构认证制度研究 [M]. 武汉: 华中师范大学出版社, 2007: 40-43.

[63] T M, Stinnett. Accreditation and the Professionalization of Teaching [J]. Journal of Teacher Education, 1952, 1 (3): 31-35.

[64] Wong K K, Nicotera A. Education quality and policy redesign: Reconsiderting the NAR and federal Title I policy [J]. Peabody Journal of Education, 2004, 79 (1): 87-104.

[65] Fraser, J. W.R. Preparing teachers for democratic schools: The Holmes and Carnegie reports five years later critical reflection [J]. Teachers College Record, 1992 (94): 7-40.

[66] 尹志华. 中国体育教师专业标准体系的探索性研究 [D]. 上海: 华东师范大学, 2014: 63-64.

[67] 周珂, 周艳丽, KEATING Xiaofen, 等. 标准驱动的美国体育教师教育质量动态保障体系研究 [J]. 体育科学, 2016, 36 (1): 20-26.

[68] 马健生. 高等教育质量保证体系的国际比较研究 [M]. 北京: 北京师范大学出版社, 2014: 88-89.

[69] NCATE. Standard of Teacher Education Institutions [EB/OL]. [2019-07-26]. http://www.ncate.org/Standards/Unittandards/tabid/123/Default.aspx.

[70] Gardner W E, Scannell D, Wisniewski R. The Curious Case of NCATE Redesign [J]. Phi Delta Kappan, 1996, 77（9）: 624-625.

[71] Elaine El-Khawsa. The Teacher Education Accreditation Council in the USA [J]. Public Policy for Academic Quality, 2009, 30（11）: 37-54.

[72] Murray F B. Lessons from Ten Years of TEAC's Accrediting Activity [J]. Issues in Teacher Education, 2010（1）: 7-19.

[73] 白玫. 从NCATE到CAEP: 美国职前教师教育认证的价值反思 [J]. 外国教育研究, 2018, 45（4）: 40-42.

[74] CAEP. CAEP Commission Structure [EB/OL]. [2019-06-22]. http://www.Caepsite.org/documents/structure.pdf.

[75] CAEP. CAEP Accreditation Resources [EB/OL]. [2019-05-20]. http://CAEPnet.org/accreditation/CAEP-accreditation/CAEP-accreditation-resources.

[76] Office of Postsecondary Education, Department of Education. Teacher Preparation Issues [EB/OL]. [2019-04-06]. https://www.Federalregister.gov documents/2014/12/03/2014-28218/teacher-preparation-issues.

[77] Aronson B, Anerson A. Critical Teacher Education and the Politics of Teacher Accreditation: Are We Practicing What We Preach? [J]. Journal for Critical Education Policy Studies, 2013（3）: 244-262.

[78] Office of Postsecondary Education, Department of Education. Teacher Preparation Issues [EB/OL]. [2019-04-06]. https://www.federal register.gov documents/2014/12/03/2014-28218/teacher-preparation-issues.

[79] Ingvasonl, Beavis A, Klfeinhenz E. Factors Affecting the Impact of Teacher Education Programs on Teacher Preparedness: Implications for Accreditation Policy [J]. European Journal of Teacher Education, 2007 (4): 351-381.

[80] National Research Council, Division of Behavioral and Social Science, Center for Education. Preparing Teachers: Building Evidence for Sound Policy [M]. Washington DC: National Academies Press, 2000: 255-256.

[81] Brown, Mark Graham. Baldrige Award Winning Quality: How to Interpret the Baldrige Criteria for Performance Excellence [M]. Portland: Productivity Press, 2013: 20-21.

[82] SHAPE America. Initial Physical Education Teacher Education Standards [EB/OL]. [2018-06-10]. https://www.shapeamerica.org/accreditation/upload/National-Standards-for-Initial-Physical-Education-Teacher-Education-2017.pdf.

[83] Anne Gibbonea, Kevin Merciera. Accomplishing PETE Learning Standards and Program Accreditation through Teacher Candidates' Technology based Service Learning Projects [J]. Journal of Physical Education, Recreation & Dance, 2014, 85 (5): 18-22.

[84] CAEP. CAEP Accreditation Handbook [EB/OL]. [2018-06-22]. http://caepnet.org/accreditation/caep-accreditation/caep-accreditation-handbook.

[85] Greenberg J, Walsh K. 2014 Teacher Preparation review [EB/OL]. [2019-08-29]. http: // www. Nctq. org/dms View/Teach-er_Prep_review_2014_report.

[86] CAEP. Report and Reconnemendation of the NCATE/TEAC Design Team to Our Respective Boards of Directors [EB/OL]. [2020-06-29]. http://www.Caepsite.org/documents/designteam-report. Pdf.

[87] Sawchuk S. Teacher education is facing higher bar [J]. Education Week, 2013 (36): 30-31.

[88] 龙宝新. 美国师范专业认证工作对构建我国师范专业认证工作框架的启示 [J]. 教师发展研究, 2018, 2 (2): 109-118.

[89] US Department of Education. Our future, our teachers: The Obama administration's plan for teacher education reform and improvement [EB/OL]. [2019-04-06]. http://www.ed.gov/teaching/documents/our-future –our-teachers.Pdf.

[90] 尹志华, 汪晓赞. 我国体育教师专业标准制订的基础与推进路径探索 [J]. 武汉体育学院学报, 2018, 52 (7): 88-94.

[91] 赵进, 王健, 周兵. 基于教师专业标准的体育教师专业标准构建研究 [J]. 山东体育学院学报, 2013, 29 (2): 100-104.

[92] 教育部. 关于完善教育标准化工作的指导意见 [EB/OL]. [2019-01-12]. http://www.moe.gov.cn/srcsite/A02/s7049/201811/t20181126_361499.html.

[93] 孙卫红. 高校体育教育专业教育实践课程体系的构建 [J]. 成都体育学院学报, 2017, 43 (3): 121-126.

[94] 易森林, 刘晓曦. 合作教学：美国教师职前教育实习的新模式[J]. 当代教育科学, 2016 (23): 44-49.

[95] 黄汉升, 陈作松, 王家宏, 等. 我国体育学类本科专业人才培养研究——《高等学校体育学类本科专业教学质量国家标准》研制与解读[J]. 体育科学, 2016, 36 (8): 3-33.

[96] Noble L, Sigle G, Minimum requirements for interscholastic coaches [J]. Journal of Physical Education, Recreation, and Dance, 1980, 51 (9): 32-33.

[97] Sabock R J, Chandler-Garvin P. Coaching certification in the United States requirements [J]. Journal of Physical Education, Recreation, and Dance, 1986, 57 (6): 57-69.

[98] Sisely B L, Chapel S A. Oregon coaches background survey: Background of coaches in Oregon high schools 1984-1985 [C]. OREGON: Document Reproduction Service, 1985: 280.

[99] Sisely B L, Wiese D M. Current status: Requirements for interscholastic coaches. Results of NAGWS/NASPE coaching certification survey [J]. Journal of Physical Education, Recreation, and Dance, 1987, 58 (7): 73-85.

[100] 耿培新, 梁国立. 美国学校体育国家标准研究[M]. 北京：人民教育出版社, 2007: 3-5.

[101] National Council for Accreditation of Coaching Education: Registry of Accredited Programs [EB/OL]. [2020-03-12]. http://www.qualitycoachingeducation.org/accredited-programs.

[102] NCACE. Accredited-Programs [EB/OL]. [2020-03-12]. http://www.qualitycoachingeducation.org/accredited-programs.

[103] Treasure D C. Interscholastic athletics, coach certification, and professional development: Current status and next steps [M]. Washington: The State Education Standard, 2007: 32-38.

[104] Clark M A. Sport in school: The future of an institution [M]. New York: Columbia University, 2000: 55-65.

[105] NCACE. Why Accredit Your Coaching Education Program? [EB/OL]. [2019-03-15]. http://www.quality coaching education.org/accreditation-information/why-accredit/.

[106] SHAPE America. National Standards for Sport Coaches 2nd Edition: Quality Coaches Quality Sports [M]. Reston: Human Kinetics Publishers, 2005: 7-32.

[107] NCACE. Guidelines for Accreditation of Coaching Education [EB/OL]. [2019-12-20]. http://www.quality coaching education.org/accreditation-information/why-accredit/getting-started/.

[108] 黄汉升, 陈作松, 王家宏, 等. 我国体育学类本科专业人才培养研究——《高等学校体育学类本科专业教学质量国家标准》研制与解读 [J]. 体育科学, 2016, 36 (8): 1-33.

[109] 鲁长芬, 王健, 罗小兵, 等. 运动训练专业改革的问题、原因及策略研究 [J]. 武汉体育学院学报, 2011, 45 (1): 80-86.

[110] 吴阳, 王德新. 美国体育教练员职业化研究及启示 [J]. 体育文化导刊, 2016 (10): 119-123.

[111] 贾明学. 我国体育学类本科专业教育质量保障体系研究 [M]. 北京: 人民体育出版社, 2019: 103.

[112] 王建成. 美国高等教育认证制度研究 [M]. 北京: 高等教育出版社, 2007: 50-56.

[113] 人民网. 教育部明年或推行本科人才培养质量国家标准 [EB/OL]. [2019-11-01]. http://expo.people.com.cn/n1/2016/1101/c57922-28825944.html.

[114] 邓涛. 中国教师教育专业认证办法探析 [J]. 高教发展与评估, 2015, 31 (6): 35-43.

[115] 王彤, 唐卫民. 美国高等教育专业评估体系及其启示 [J]. 现代教育管理, 2010 (10): 112-114.

[116] 吴阳, 王德新. 美国体育教练员职业化研究及启示 [J]. 体育文化导刊, 2016 (10): 119-123.

[117] 中华人民共和国教育部高等教育司. 普通高等学校本科专业目录和专业介绍 (2012年) [M]. 北京: 高等教育出版社, 2012: 82-84.

[118] 国家职业分类大典修订工作委员会. 中华人民共和国职业分类大典 [M]. 北京: 中国劳动社会保障出版社, 2015: 55-85.

[119] Pitts, B G. Sport management at the millennium: A defining moment [J]. Journal of Sport Management, 2001, 15 (1): 1-9.

[120] Hoag D. The Business of Sports: Comparing the NHL to NFL, NBA, MLB & more [EB/OL]. [2018-12-10]. http://hockey gear hq.com/business-sports-comparing-nhl-nfl-nba-mlb-jobs-industry.

[121] NASSM. Sport Management Programs: United States 2012 [EB/OL]. [2018-02-20]. http://www.nassm.com/Info About/Sport Mgmt Programs/United_States.

[122] 李永红. 美国体育管理专业认证准则分析 [J]. 北京体育大学学报, 2014, 37 (4): 106-112.

［123］Jones D F. Examining Sport management programs in the United States［J］. Sport Management Review，2008，11（1）：77—91.

［124］COSMA. History［EB/OL］.［2018-11-18］. http：//www.cosmaweb. org/history.

［125］COSMA. Mission and core values［EB/OL］.［2018-11-18］. http：//www.cosmaweb. org / mission.

［126］COSMA. About COSMA［EB/OL］.［2018-12-10］. http：//www. cosmaweb. org/about COSMA.

［127］AKA. U-M Kinesiology. Undergraduate Bulletin 2013—2014 Sport Management Major［EB/OL］.［2019-12-26］. http：//www. kines. umich. edu/sites/webservices. itcs. umich. edu. drupal. kinesprod /files /bulletin_sm_2013—2014. pdf.

［128］AKA. Sport management undergraduate record sheet 2011—2012［EB/OL］.［2019-11-18］. http：//www. kines. umich. edu/sites/webservices. itcs. umich. edu. drupal. kinesprod/files/bulletin_sm_2013—2014. pdf.

［129］Kristi L，Schoepfer. Internships in Sport Management Curriculum：Should Legal Implications of Experimental Learning Result in the Elimination of the Sport Management Internship［J］. Marquette Sport Law Review，2010，21（1）：183-201.

［130］AKA Sport Management Advisory Board［EB/OL］.［2020-09-18］. http：//www. kines. umich. edu/programs/sport-management/advisory-board.

［131］Adam Love，Damon P S，Andrew. The intersection of sport management and sociology of sport research：A social network perspective［J］. Sport Management Review，2012（2）：244-256.

[132] Mary A Hums. The Conscience and Commerce of Sport Management: One Teacher's Perspective [J]. Journal of Sport Management, 2010 (24): 1-9

[133] 李永红. 我国体育管理专业发展中若干问题的反思 [J]. 体育学刊, 2014, 21 (3): 84-87.

[134] COSMA. History of COSMA [EB/OL]. [2019-11-11]. http: //www.cosmaweb. rg/history, 2012-10-09.

[135] 周川. 专业散论 [J]. 高等教育研究, 1992 (1): 79-83.

[136] 夏征农. 辞海 [M]. 上海: 上海辞书出版社, 1999: 3194.

[137] CoAES. Benefits of CoAES Accreditation [EB/OL]. [2019-10-26]. http: //www.coaes.org/2016/11/05/benefits-of-coaes-accreditation/.

[138] CAAHEP. Committees on Accreditation [EB/OL]. [2019-09-21]. https: //www.caahep.org/About-CAAHEP/Committees-on-Accreditation.aspx.

[139] CoAES. Accredited Programs [EB/OL]. [2019-11-01]. http: //www.coaes.org/#ribbon_bottom.

[140] CoAES. Standards and Guidelines for the Accreditation of Educational Programs in Exercise Sciences [EB/OL]. [2019-11-01]. http: //www.coaes.org/resources/.

[141] CAAHEP. Accreditation Process Assessment [EB/OL]. [2019-11-01]. https: //www.caahep.org/Accreditation/CAAHEP-Accreditation-Process.aspx.

[142] 吴薇, 何晓龙, 陈佩杰. 美国"积极生活研究"计划解读及启示 [J]. 体育学刊, 2014, 21 (6): 44-48.

[143] 范成文, 金育强, 钟丽萍, 等. 发达国家老年人体育服务社会支持体系及对我国的启示 [J]. 体育科学, 2019, 39 (4): 39-50.

[144] 胡精超，赵斌. 我国运动康复与健康专业现状与发展对策研究［J］. 中国康复医学杂志，2014，29（9）：851-854.

[145] 卫生部科教司. 康复治疗专业技术人才准入标准［EB/OL］.［2020-09-01］. https：//wenku.baidu.com/view/3144a49e77c66137ee06eff9aef8941ea66e4b19.html#.

[146] 齐大路，方千华. 大健康产业视野下我国运动康复专业人才培养改革与创新［J］. 武汉体育学院学报，2016，50（12）：71-78.

[147] 贾明学. 美国CIP体育学科专业设置分析与启示［J］. 沈阳体育学院学报，2019，38（4）：18-23.

[148] 教育部. 教育部关于推动高校形成就业与招生计划人才培养联动机制的指导意见［EB/OL］.［2017-12-15］. http：//www.moe.gov.cn/srcsite/A08/s7056/201801/t20180123_325312.html.

[149] 教育部. 教育部关于普通高等学校本科教学评估工作的意见［EB/OL］.［2016-12-03］. http：//www.moe.edu.cn/s78/A08/s8341/s7168/201403/t20140313_165450.html.

[150] 罗丹. 规模扩张以来高校专业结构变化研究［M］. 广州：广东高等教育出版社，2010：33-34.

[151] 贾明学，方千华. 英国QAA体育《学科基准声明》的解读与启示［J］. 北京体育大学学报，2015，38（12）：95-101.

[152] ESSA. About the Department［EB/OL］.［2020-02-12］. http：//www.dec.nsw.gov.au/media/downloads/guidelines-b.pdf.

[153] AKA. The Undergraduate Core［EB/OL］.［2020-01-12］. http：//www.american-kinesiology.org/AcuCustom/Sitename/DAM/091/Sample_AKA_Core_Oshkosh.pdf.

[154] 教育部. 教育部关于全面提高高等教育质量的若干意见：教高〔2012〕4号［EB/OL］.［2019-01-12］. http://www.gov.cn/zwgk/2012-04/20/content_2118168.htm.

[155] 董秀华. 专业认证：高等教育质量保障的重要方法［J］. 复旦教育论坛, 2008, 6（6）: 33-38.

[156] 李玲, 周钧. 芬兰职前教师教育质量保障制度研究［J］. 比较教育研究, 2018, 54（10）: 84-90.

[157] 李宁, 杨颖秀. 基于历史制度理论的我国高校师范专业认证制度研究［J］. 现代教育管理, 2019, 39（4）: 96-100.

[158] 陈天祥. 论政府在制度变迁中的作用［J］. 中国行政管理, 2001, 17（10）: 50-53.

[159] 刘世磊, 方千华. 供给侧改革视角下我国高校体育教育本科专业教育发展思路［J］. 西安体育学院学报, 2008, 35（3）: 361-365.

[160] 唐炎. 现行体育教育本科专业课程方案存在的问题与改进建议［J］. 体育学刊, 2014, 21（2）: 61-64.

[161] 易剑东, 任慧涛, 朱亚坤. 中美体育人才培养系统、就业路径的比较研究——从行业·专业·职业匹配与顺应的视角出发［J］. 武汉体育学院学报, 2014, 48（9）: 5-11.

[162] 王龙龙. 运动康复专业毕业生就业难被挡在医院门外很痛苦［EB/OL］.［2019-11-12］. https://edu.youth.cn/jyzx/jyxw/201702/t20170206_9087051.htm.